Kohlhammer

Rat + Hilfe

Fundiertes Wissen für Betroffene, Eltern und Angehörige –
Medizinische und psychologische Ratgeber bei Kohlhammer

Eine Übersicht aller lieferbaren und im Buchhandel angekündigten Ratgeber aus unserem Programm finden Sie unter:

 https://shop.kohlhammer.de/rat+hilfe

Die Autorin

Dr. med. (univ. Pécs) Delia Grasberger ist Neurologin, Psychiaterin, Psychotherapeutin, Psychoanalytikerin und seit 25 Jahren in eigener Praxis in München tätig.

Weitere Informationen zur Autorin unter: www.praxis-grasberger.de

Delia Grasberger

Lebensmut schenken bei Suizidgedanken

Ein Ratgeber für Angehörige und professionelle Helfer

Verlag W. Kohlhammer

Dieses Werk einschließlich aller seiner Teile ist urheberrechtlich geschützt. Jede Verwendung außerhalb der engen Grenzen des Urheberrechts ist ohne Zustimmung des Verlags unzulässig und strafbar. Das gilt insbesondere für Vervielfältigungen, Übersetzungen und für die Einspeicherung und Verarbeitung in elektronischen Systemen.

Pharmakologische Daten verändern sich ständig. Verlag und Autoren tragen dafür Sorge, dass alle gemachten Angaben dem derzeitigen Wissensstand entsprechen. Eine Haftung hierfür kann jedoch nicht übernommen werden. Es empfiehlt sich, die Angaben anhand des Beipackzettels und der entsprechenden Fachinformationen zu überprüfen. Aufgrund der Auswahl häufig angewendeter Arzneimittel besteht kein Anspruch auf Vollständigkeit.

Die Wiedergabe von Warenbezeichnungen, Handelsnamen und sonstigen Kennzeichen berechtigt nicht zu der Annahme, dass diese frei benutzt werden dürfen. Vielmehr kann es sich auch dann um eingetragene Warenzeichen oder sonstige geschützte Kennzeichen handeln, wenn sie nicht eigens als solche gekennzeichnet sind.

Es konnten nicht alle Rechtsinhaber von Abbildungen ermittelt werden. Sollte dem Verlag gegenüber der Nachweis der Rechtsinhaberschaft geführt werden, wird das branchenübliche Honorar nachträglich gezahlt.

Dieses Werk enthält Hinweise/Links zu externen Websites Dritter, auf deren Inhalt der Verlag keinen Einfluss hat und die der Haftung der jeweiligen Seitenanbieter oder -betreiber unterliegen. Zum Zeitpunkt der Verlinkung wurden die externen Websites auf mögliche Rechtsverstöße überprüft und dabei keine Rechtsverletzung festgestellt. Ohne konkrete Hinweise auf eine solche Rechtsverletzung ist eine permanente inhaltliche Kontrolle der verlinkten Seiten nicht zumutbar. Sollten jedoch Rechtsverletzungen bekannt werden, werden die betroffenen externen Links soweit möglich unverzüglich entfernt.

1. Auflage 2022

Alle Rechte vorbehalten
© W. Kohlhammer GmbH, Stuttgart
Gesamtherstellung: W. Kohlhammer GmbH, Stuttgart

Print:
ISBN 978-3-17-041806-6

E-Book-Formate:
pdf: ISBN 978-3-17-041807-3
epub: ISBN 978-3-17-041808-0

Inhalt

1	**Vorwort**	9
2	**Einleitung**	14
	2.1 Fakten und Zahlen – das Leben so nah am Tod	14
	2.2 Gibt es eine bewusste Entscheidung zur Beendigung des Lebens?	16
	2.3 Selbstmord, Freitod, Suizid? – Begriffsbestimmungen	22
	Der Begriff »Selbstmord«	23
	Der Begriff »Freitod«	25
	Umschreibungen, sich das Leben zu nehmen	26
	Suizid und Selbsttötung – die wertfreiesten Bezeichnungen	27
3	**Konzepte zum Suizidverständnis**	28
	3.1 Psychologische Konzepte als »Krankheitsmodell«	28
	Sigmund Freud, Begründer der psychoanalytischen Theorie	29
	Heinz Henseler und seine Theorie der Narzissmuskrise	32
	Eugen Bleuler und der Ambivalenzkonflikt	33
	Die verhaltenspsychologische Theorie	33
	Das Stress-Bewältigungsmodell der Suizidalität	34
	Die interpersonelle Theorie des Suizids	35
	Die Traumatisierung und der Suizid	35

		Das »Krisenmodell« als Gegenspieler zum »Krankheitsmodell«	36
	3.2	Biologische Konzepte	37
	3.3	Soziologische Konzepte zum Suizid	42
	3.4	Risiko- und Schutzfaktoren bei einem Suizid	46

4 Suizidale Entwicklungsauslöser **49**

	4.1	Psychische Erkrankungen als Suizidgefahr	49
		Depression	50
		Bipolare Störung	55
		Ängste	59
		Schizophrenie	63
		Alkohol-, Medikamenten- und Drogenmissbrauch	67
		Borderline-Persönlichkeitsstörung	71
		Die sexuelle Abweichung – Suizidalität bei Opfern und Tätern	75
	4.2	Weitere individuelle Auslöser als Suizidgefahr	78
		Die Einsamkeit	78
		Die Narzissmusfalle	81
		Liebeskummer und Verlustgefühle	85
		Der Bilanzsuizid	87
		Die Lebenskrise – äußere Veränderungen führen zu einer inneren Reaktion	89
	4.3	Gesellschaftliche Hintergründe mit Suizidgefährdung	94
		Im Teufelskreis der Fremdbestimmung	94
		Mobbing und Ausgrenzung	99
		Wirtschaftliche Not	106
		Politischer Suizid	107
	4.4	Sozio-kulturelle Einflüsse	107
		Der Nachahmungseffekt – wer ist stärker, Werther oder Papageno?	107
		Suizidforen – Gefahr oder Hilfsangebot?	114
		Die Faszination von Autoritäten und Sekten	116
		Erweiterter Suizid – ich nehme dich mit!	118

	4.5	Körperliche Einflüsse	119
		Jugendliche – Selbstwert und Identität entwickeln sich	119
		Alter – da kommt ja nichts mehr!	123
		Endstation körperliche Erkrankung?	127
5	**Anzeichen**		**133**
	5.1	Anzeichen – können wir merken, ob sich jemand töten möchte?	133
	5.2	Warnsignale, die sich summieren	146
6	**Die Entwicklung zum Suizid**		**150**
	6.1	Stadieneinteilung nach Pöldinger – Erwägung, Ambivalenz, Entschluss!	150
	6.2	Präsuizidales Syndrom nach Ringel – Denkeinengung, Aggressionsumkehr und Suizidfantasien	152
	6.3	Postsuizidales Syndrom	154
7	**Suizidgedanken – Hilfe und Unterstützung**		**156**
	7.1	Es wird akut – was tun?	156
		Adressen, die weiterhelfen, und ein »Notfallkoffer«	157
		Gesprächsleitfaden bei Suizidgedanken – da ist jemand und spricht mit mir	165
		Wenn jemand immer wieder mit Suizid droht	172
	7.2	Raus aus dem Präsuizidalen Syndrom – ein Richtungswechsel	174
		Hilfe zur Erweiterung der Lebensbezüge! ...	174
		Aggressionsumkehr – von der eigenen Person zurück in äußere konstruktive Bahnen	195
		Weg von den Suizidfantasien – hin zu neuen Visionen	197

8	Was Sie als Angehöriger sonst noch tun können – Sie könnten dem Betroffenen einen Brief schreiben …	203
9	Schlusswort an das Leben	207

Literatur 217

Sachwortregister 223

Namensregister 226

1 Vorwort

*Das Geheimnis des Lebens und das Geheimnis des Todes
sind verschlossen in zwei Schatullen,
von denen jede den Schlüssel zur anderen enthält.*
Mahatma Gandhi

Manchmal genügt nur ein Wort, oder eine kleine Aufmerksamkeit, um ein Menschenleben zu retten. Es bedarf dafür nicht viel. Umso hilfreicher kann derjenige[1] sein, der entsprechende Kenntnisse hat.

Da Suizidgefährdete häufig noch bis zur letzten Minute hin- und hergerissen sind zwischen dem Wunsch zu leben oder zu sterben, besteht immer eine kleine Chance, dass diese Menschen sich entscheiden, doch weiterzuleben.

Falls Ihnen also in Ihrem Umfeld auffällt, dass jemand den Gedanken hegen könnte, sich das Leben zu nehmen, so sprechen Sie ihn darauf an! Es ist ein inzwischen widerlegter Mythos zu glauben, dass Sie dadurch Ihr Gegenüber erst auf so eine Idee bringen.

Wer nicht anfällig für einen Suizid ist, wird nicht deshalb einen verüben, weil darüber gesprochen wurde. Und wer es insgeheim überlegt, wird erleichtert sein, einen verständigen Gesprächspartner zu haben. Fassen Sie sich also ein Herz, schieben Sie den Dialog nicht hinaus! Was Sie dabei wissen müssen und wie Sie am besten helfen können, werden Sie in diesem Buch genauer erfahren. Selbst mit kleinen Aktionen können wir als Menschen viel füreinander bewirken!

---

1 Aus Gründen der besseren Lesbarkeit wird hier wie im Folgendem auf die gleichzeitige Verwendung der Sprachformen männlich, weiblich und divers (m/w/d) verzichtet. Sämtliche Personenbezeichnungen richten sich gleichermaßen an alle Geschlechter.

1 Vorwort

Dieses Buch habe ich geschrieben, weil ich Mut machen möchte. Als Psychiaterin und Psychoanalytikerin erlebe ich oft verzweifelte Menschen, die nicht mehr wissen, wie es weitergehen soll. Und ich habe gemerkt, dass mit dem nötigen Wissen viel Gutes bewirkt werden kann! Wie ein Gärtner sich daran erfreut zu sehen, wie seine Blumen aufblühen, so erlebe ich im Umgang mit Menschen, wie viel eine gute Intervention bewirken kann.

Einige der Erfahrungen, die ich in dreißig Jahren Berufspraxis gesammelte habe, möchte ich Ihnen zur Verfügung stellen. Oft sind es nicht die »großen Aktionen«, die Veränderungen einleiten, viel wirksamer sind im Alltag die Kenntnisse von Zusammenhängen und die dadurch entstandene helfende Aneinanderreihung Ihrer Interventionen.

Doch wie bei allen Angelegenheiten, die den Menschen betreffen, würden eindimensionale Erklärungen zu kurz greifen – suizidalem Verhalten liegt ein Geflecht von Ursachen zugrunde, dass bei jedem anders gewirkt ist und es macht Sinn, eine Bewusstheit für die jeweilige einzelne menschliche Tragödie zu wecken. Zwar mag es dabei richtig sein, nicht zu offensiv und überschwänglich für die Thematik zu werben, denn das könnte tatsächlich einen sogenannten Nachahmungseffekt auslösen, bei dem die Flucht in den Tod als idealisierte Konfliktlösung aufscheint. Aber ein Verschweigen der Problematik bedeutet auf der anderen Seite, die Betroffenen und auch ihre Angehörigen in ihrer großen seelischen Not allein zu lassen.

Psychologische Untersuchungen haben übrigens in diesem Zusammenhang ergeben, dass der Nachahmungseffekt immer dann ausbleibt, wenn nach der Berichterstattung über einen Suizid ein anschließender gemeinsamer Gedankenaustausch stattfindet. Dann verringert sich die Häufigkeit der anschließenden Selbsttötungen sogar.

Noch besser ist es, sich darüber Gedanken zu machen, wie man als Angehöriger, Nahestehender oder Berater im Vorfeld Einfluss nehmen kann. Woran erkennt man, ob sich jemand das Leben nehmen möchte? Und wie redet man beispielsweise mit einem Suizidgefährdeten? Das möchte ich Ihnen später genauer erläutern. Oft habe ich diese Fragen von meinen Patienten gestellt bekommen.

1 Vorwort

Christiane (37 Jahre)

»Was kann ich tun?«, fragt sich Christiane, ihr ist anzusehen, wie sehr sie leidet. Ihre Kinder sind sechs und neun Jahre, ihr Mann, Bernd, arbeitet als Arzt bis an den Rand der Selbstaufgabe, er möchte sich um seine Patienten und um die Familie kümmern. Aber immer häufiger treten bei ihm Anfälle von Niedergeschlagenheit auf. Er hat schon versucht, sich mit Medikamenten zu helfen. Aber es geht ihm immer schlechter, auch für Außenstehende lassen sich seine Schwermütigkeit, Antriebslosigkeit und die selbst gewählte Isolation nicht mehr übersehen. Christiane versucht, so gut es geht, den Alltag zu stemmen. Aber sie ist als Lehrerin selbst berufstätig, und aufgrund der kargen Freizeit ihres Mannes kümmert sie sich fast allein um die Kinder. Kommt ihr Mann aus dem Krankenhaus, so ist er nur noch erschöpft. »Was kann ich tun, damit es ihm besser geht? Er ist doch abhängig von seinem Arbeitgeber und den Vorgesetzten, sein Handlungsspielraum ist begrenzt. Er hat schon einmal einen Suizidversuch unternommen und ich habe solche Angst, dass er es wieder tut.«

Mit diesen und ähnlichen Sätzen und Fragen kommen viele Patienten in meine Praxis: »Meine Schulfreundin sagt ständig, dass sie sich umbringen möchte. Was soll ich ihr entgegnen?« »Mein Nachbar, den ich gut kenne, hat zu mir gesagt, dass er lebensmüde ist. Soll ich das ernst nehmen, oder nicht?« »Bin ich schuld, falls es passiert und ich habe dann nichts dagegen unternommen? Ich verstehe nicht, warum sich mein Mann das Leben nehmen will. Wir sind doch so eine gute Familie und ich helfe ihm, wo ich kann. Ich habe Angst, mache ich was falsch?«

Warum möchte sich jemand das Leben nehmen? Ist derjenige verwirrt oder »nur« krank? Es würde der Komplexität des Sachverhaltes nicht ausreichend gerecht, den Suizid lediglich als Folge einer psychiatrischen Erkrankung zu sehen, wir würden damit die Problematik allein an die Krankenhäuser und Ärzte delegieren, damit sie heilen und dann ist alles gut. Doch so einfach ist das nicht und ein Suizid geht uns alle etwas an, gemeinsam müssen wir hinschauen.

Ein Suizidgefährdeter befindet sich immer in einer komplexen krisenhaften Situation, er hat die Handlungskontrolle verloren und es

1 Vorwort

lohnt sich zu beleuchten, wodurch und wie die einzelnen Belastungen ineinandergreifen.

Was man da tun kann, beschreiben weitere Kapitel. Doch eines muss vorangestellt werden: Ein Suizidgefährdeter fühlt sich innerlich immer einsam und unverstanden, für ihn fühlt es sich wie ein Sog an, in den ihn seine Suizidgedanken immer weiter hineintreiben. Er fühlt sich isoliert und kommt allein nicht mehr da heraus. Selten ist das für Nahestehende nachzuvollziehen.

Stellen Sie sich dazu vor, Sie schütten Salz auf Ihre Haut. Das macht doch nichts, oder? Und nun stellen Sie sich vor, Sie haben eine Wunde, eine Verletzung. Wieder streuen Sie Salz darauf, es tut dieses Mal aber gehörig weh. So unterschiedlich empfindet jemand, der suizidal ist.

Es kann sein, dass Sie ihn sogar verstehen und ihm die Hand reichen möchten, dass er sie aber nicht nimmt. Vielleicht sind sein Denken und seine Wahrnehmung da bereits so eingeengt, dass er das nicht mehr wahrnimmt, oder er glaubt nicht mehr ernsthaft, dass ihm jemand wirklich helfen kann. Oder er hat Angst, negativ bewertet zu werden.

Dieses Buch gibt Hinweise, wie man als Angehöriger mit dem Betroffenen versuchen kann, dann wieder in einen wirklich emotionalen Kontakt zu treten. Sich dabei für sich selbst und für den Betroffenen zusätzliche Unterstützung zu holen, ist durchaus legitim.

Jeder, der sich mit Suizidgedanken auseinandersetzt, sei es den eigenen oder in seinem Umfeld, gewinnt die Chance, in dieser Situation auch in seiner eigenen Persönlichkeit zu wachsen und zu reifen. Er wird vermutlich dadurch selbst mehr über das Leben reflektieren und lernen, achtsamer in der Realität zu sein. Außerdem wird er seinen eigenen Werten einen größeren Platz in seinem Leben einräumen, sei es Liebe, Freundschaft, Verantwortung, Herzlichkeit, Toleranz, Humor, Weiterentwicklung, Disziplin, Ehrlichkeit, Erfolg, Wertschätzung, Wohlstand, sinnliche Befriedigung, Gesundheit, Zuverlässigkeit, Gerechtigkeit, Selbstbestimmung, Sicherheit, Abenteuer, Treue, Intimität, innerer Frieden, und sie klug für sich auswählen. Und er wird Einsichten gewinnen, die er so vorher nicht hatte.

Ernst Bloch schreibt in seinem Buch »Das Prinzip Hoffnung« dazu: »Wer sind wir? Wo kommen wir her? Wohin gehen wir? Was erwarten wir? Was erwartet uns?« Und er fährt fort: »Viele fühlen sich nur als verwirrt. Der Boden wankt, sie wissen nicht warum und von was. Dieser ihr Zustand ist Angst, wird er bestimmter, so ist er Furcht.« Die Antwort, die er darauf gibt, heißt: »Es kommt darauf an, das Hoffen zu lernen … Die Arbeit dieses Affekts verlangt Menschen, die sich ins Werdende tätig hineinwerfen, zu dem sie selber gehören.« (Bloch 1959, erster Band, Vorwort, S. 1).

Deutlich wird bei diesen Sätzen, dass es sich dabei keineswegs um eine illusorische Hoffnung handeln kann, die dazu führt, dass sich jemand mit Tagträumen und schönen Wunschvorstellungen begnügt. In krisenhaften Momenten stecken die größten Wachstumschancen, sie zwingen uns, uns zu entscheiden, wer wir wirklich sein wollen, unsere Grenzen zu erforschen und zu sprengen. Dazu brauchen wir die Begegnung mit anderen Menschen, nur das ermöglicht uns, weiter zu wachsen. »Der Mensch wird am Du zum Ich«, so sagte schon einst der israelisch-österreichische Philosoph Martin Buber (Buber 2008, S. 28).

2 Einleitung

Selbstmörder! Dies entehrende Wort konnten nur Menschen erfinden ohne Herz – also ohne Leiden.
Emanuel Wertheimer, deutsch-österreichischer Philosoph (1846–1916)

2.1 Fakten und Zahlen – das Leben so nah am Tod

Studien ergaben, dass sechzig Prozent der Bevölkerung irgendwann in ihrem Leben vorübergehende Suizidgedanken haben. Meistens handelt es sich dabei aber nicht um eine Todessehnsucht an sich, sondern um den Wunsch, nicht mehr in der gleichen Art weiterleben zu müssen. In der darauffolgenden Zeit der Ambivalenz – mit widerstrebenden Gefühlen zum Leben und zum Tod – gewinnt irgendwann eine der beiden Seiten die Überhand.

Der Suizid ist dabei kein Einzelfall! Alle fünf Minuten, so sagt die Statistik, wird in Deutschland versucht, selbstzerstörerisch ein Leben zu beenden, glücklicherweise funktioniert es oft nicht. Nach Angaben des statistischen Bundesamtes sterben in Deutschland aber immer noch zwischen 9000 bis 10000 Menschen jährlich durch einen Suizid. Es bedeutet, dass sich täglich 25 Menschen das Leben nehmen, knapp jede Stunde einer. In unserem Land gibt es dadurch im Jahr mehr Tote als durch Verkehrsunfälle, Drogenmissbrauch und AIDS zusammen.

Auf jeden Suizidversuch fallen noch einmal zehn bis zwanzig Versuche, wobei diejenigen nicht berücksichtigt sind, die eine Todesart haben, welche als Suizid nicht erkannt wird, sei es mit einer riskanten Fahrweise, einem kaschierten Absturz in den Bergen oder dem Unterlassen der nötigen Medikamenteneinnahme.

International liegt die Suizidrate nach Angaben der Weltgesundheitsorganisation (WHO) bei jährlich rund 800000 Menschen, das sind mehr Verstorbene, als in Kriegen und durch Gewaltdelikte getötet werden. Nach Aussagen der WHO im Ärzteblatt vom 09. September 2019 stirbt weltweit alle 40 Sekunden ein Mensch durch Selbsttötung und alle drei Sekunden ereignet sich ein Suizidversuch, das wären acht Millionen pro Jahr.

So ist es kein Wunder, dass jeder Mensch schon einmal von einem Suizid in seiner Umgebung erfahren hat, denn unterschwellig ist das Thema ständig präsent.

Sind die eigenen Angehörigen suizidgefährdet, fällt es aber meist schwer, darüber offen zu kommunizieren, zu eng ist das Thema mit negativen Gefühlen und Selbstvorwürfen verknüpft, als Ausdruck der Hilflosigkeit wird es häufig verschwiegen. Umgekehrt haben aber auch viele Suizidgefährdete Schwierigkeiten, sich jemandem anzuvertrauen, weil sie Angst haben, diskriminiert oder weggesperrt zu werden. Ist das Thema noch immer ein Tabu?

In unserer Gesellschaft gibt es inzwischen viele Anlaufstellen und Angebote für Betroffene. Das ist sehr gut, auch wenn es noch Möglichkeiten der Verbesserung gibt. Und das führte in den letzten zehn Jahren auch zu rückläufigen Zahlen, doch das momentane Niveau ist noch immer zu hoch und relativ stabil. Noch ist nicht genug geschehen. Der Mantel des Schweigens wurde nur leicht angehoben, ausreichend gelüftet wurde er noch nicht.

Nach Angaben der WHO hinterlässt jeder Suizidtote im Schnitt sechs bis acht Angehörige. Werden zusätzlich neben den direkten Eltern, Kindern und Lebenspartnern, auch Freunde, Kollegen, Nachbarn, Lehrer und Mitschüler, Krankenschwestern, Polizisten, Kriseninterventionsteams, Ärzte, Notfallseelsorger, Bus- und U-Bahnfahrer berücksichtigt, so steigt diese Zahl nach Aussagen des Nationalen Suizid Präventionsprogramms auf mehr als 24 Personen, vermutlich klettert sie sogar noch höher. Sie alle suchen nach Informationen, um das Geschehene zu begreifen und falls möglich einzugreifen.

2.2 Gibt es eine bewusste Entscheidung zur Beendigung des Lebens?

Wäre unser Leben nur eine Generalprobe, so könnte man bei einem Suizid von einer bewussten Entscheidung ausgehen. Aber da es nicht der Fall ist, lohnt es sich, die Frage differenzierter zu betrachten. Verfügen wir wirklich über einen »freien Willen«, der uns so handeln lässt, wie es für uns immer am besten ist?

Bereits das Wort »Wille« lässt darauf schließen, dass sich etwas Bestimmtes frei verwirklicht. Um es mit den Worten Hegels zu formulieren: »Ich will nicht bloß, sondern ich will etwas. Ein Wille, der […] nur das abstrakt Allgemeine will, will nichts und ist deswegen kein Wille« (Hegel 2004, S. 35).

Nun könnte man davon ausgehen, dass der Mensch als vernunftbegabtes Wesen die Umstände begreift, denen er unterworfen ist und dank seines Intellektes danach strebt und alles dafür tut, sein Leben zum Guten zu wenden. Wie passt da der Suizid als abschließender Teil hinein? Wie sieht es in diesem Zusammenhang mit der Willensfreiheit aus?

Vielleicht wurden ja Gedanken und Gefühle durch negative Erlebnisse im Vorfeld zu pessimistisch geprägt? So dass sich ein bedrückendes emotionales Erleben selbst bestärkte? Dann bräuchte es Zweitmeinungen, Drittmeinungen usw., um die von der Wirklichkeit präsentierten Inhalte wieder objektiver zu betrachten.

Neurowissenschaftler gehen davon aus, dass der Mensch von seinen Gehirnfunktionen gesteuert wird und dass er somit nicht frei in seinen Entscheidungen sein kann. Die Schlussfolgerung wäre aber, dass man ihn vor sich selbst beschützen muss, so er nicht zu seinem Besten handelt und beispielsweise sein Leben leichtfertig wegwirft. Handelt er dann unzurechnungsfähig aus einer momentanen Stimmungsschwankung heraus, die ihm Nervenbotenstoffe vermitteln? Ist er dann psychisch krank?

Kontrovers dazu argumentieren die Bewusstseinspsychologen, dass der Mensch eine Fähigkeit zum selbstbestimmten Handeln besitzt.

Wer hat recht? Wovon lassen wir uns beeinflussen? Wie autonom dürfen wir also selbst entscheiden, ob wir Suizid begehen? Jahrzehnte-

2.2 Gibt es eine bewusste Entscheidung zur Beendigung des Lebens?

lang überwog bei vielen Fachleuten die Haltung, dass jemand, der sich selbst töten möchte, dies aus Gründen einer psychischen Erkrankung vorhat und dass man ihm deshalb helfen muss, davon abzulassen. Das würde bedeuten, sein Bewusstsein reagiert orientierungslos und er ist nicht mehr Herr seiner selbst. Ist dieses Urteil gerechtfertigt?

Was können uns Beispiele dazu mitteilen?

Es war an einem frühen Sonntag im August, als ein 86-Jähriger seiner Frau, die noch im Halbschlaf vor sich hindämmerte, liebevoll einen Kuss auf den leicht geöffneten Mund gibt und aufsteht. Er wäscht sich, zieht sich sorgfältig an und geht in den Schuppen. Fünf Minuten später hat er sich erhängt. Warum? Er hatte Krebs, das war bekannt, er wäre in ein paar Monaten gestorben. Hatte er Angst davor, zu leiden? Er war immer kräftig gewesen, an ihn wandten sich alle, wenn sie einen Rat brauchten. Den Enkelkindern wird erklärt, dass er nicht damit klarkam, plötzlich immer hinfälliger und hilfloser zu werden, Schmerzen zu erdulden und sich ausgeliefert zu fühlen. War es seine bewusste Entscheidung? Durfte er das für sich bestimmen, oder hätte er noch abwarten müssen?

Vor einigen Jahren hörte ich von einem Steuerberater, der sich im Wald erhängt hatte. Erst hieß es, er habe Fehler begangen und gefürchtet, dass diese aufgedeckt würden. Im Nachhinein wurde erklärt, dass er an einer Depression litt, die er sich nicht anmerken ließ. Warum behielt er diese Information für sich?

Einer meiner schizophrenen Patienten berichtete mir in den anfänglichen Therapiesitzungen, dass er zwischendurch laute Stimmen hörte, die ihm die Anweisung gaben, sich vor die U-Bahn zu werfen. Intensiv musste er gegen sie ankämpfen, um dem nicht nachzugeben und das kostete ihn sehr viel Kraft und Energie, die ihm in seinem sonstigen Leben fehlte. Medikamente konnte er nicht nehmen, da er zusätzlich an einer schweren Lebererkrankung litt. Im Verlauf der Therapie schaffte er es aber, sich gedanklich immer mehr von den Aussagen der Stimmen zu distanzieren, indem er sich mit ihnen in der Sitzung lösungsorientiert auseinandersetzte. Wie frei und selbstbestimmt war er in dieser Zeit?

Selbst Sigmund Freud, der sich als Begründer der Psychoanalyse mit der menschlichen Psyche gut auskannte, entschied sich am 23. September 1939 in seinem Londoner Exil für einen Suizid. Als starker Zigarren-Raucher litt er über viele Jahre an Gaumenkrebs. Schon 1923 waren ihm der Gaumen und ein Teil des Oberkiefers entfernt und durch eine Prothese ersetzt worden. In den folgenden Jahren wurde er über dreißigmal operiert. Im Alter von 83 Jahren roch er so stark aus dem Mund, dass sein Lieblingshund nicht mehr auf ihn zuging. Da sagte er zu seinem Arzt und Freund Max Schur, es sei jetzt alles nur noch eine Quälerei und forderte von ihm die befreiende Spritze Morphium in tödlicher Dosis, die der alte Freund ihm nicht verweigerte.

Und auch Anna und Karl Neumeyer, die damaligen Eigentümer des Hauses in der Königinstraße am Englischen Garten, in welcher ich meine Praxis habe, wählten gemeinsam als Ehepaar die Selbsttötung mit Gas, als sie von der Gestapo die Aufforderung erhielten, sich für den Abtransport ins Konzentrationslager einzufinden. Sie waren zu diesem Zeitpunkt 62 und 72 Jahre alt. Karl Neumeyer war zuvor viele Jahre lang als Dekan der Ludwig-Maximilians-Universität und als anerkannter Professor für Völkerrecht tätig gewesen, beide hatten einen großen Freundeskreis mit vielen Wissenschaftlern und Philosophen gepflegt, ihrem Sohn war es zuvor gelungen, mit seiner Familie nach Kalifornien auszuwandern, er war aus ihrer Sicht gerettet. War es selbstbestimmt, sich das Leben zu nehmen, um den unerträglichen Zuständen des Konzentrationslagers zu entgehen? Hätte es einen Sinn für sie ergeben, noch ein bitteres Ende zu erdulden?

Unlängst erzählten Freunde, dass ihr dreizehnjähriger Neffe sich plötzlich und ohne bekannte Gründe selbst getötet hatte. Wie frei war er in seiner Entscheidung gewesen?

Ein Professor für Psychologie hatte mehrfach wegen seiner Eheprobleme Suizid begehen wollen. Am Ende tat er es doch nicht und als sich dann mit 86 Jahren abzeichnete, dass sein Ende nicht mehr lange dauern würde, kämpfte er verzweifelt um jede Minute, doch noch auf dieser Erde bleiben zu können, obwohl es ihm körperlich nicht gut ging und er verzweifelt mit jedem Atemzug nach Luft rang.

Gleich ihm gibt es Menschen, die letztendlich ihren Entschluss nicht umgesetzt haben und später sogar froh darüber waren. Waren sie sich also zu diesem Zeitpunkt ihrer Überlegungen bewusst?

2.2 Gibt es eine bewusste Entscheidung zur Beendigung des Lebens?

Das führt uns noch einmal zurück zu der Frage nach der Willensfreiheit und spannt den Bogen zu der sowohl naturwissenschaftlichen als auch philosophischen Überlegung: Wieso denkt ein Mensch, wie er denkt?

Bemerkt oder unbemerkt läuft in jedem Menschen pausenlos ein innerer Dialog ab, oft auch gleichzeitig auf mehreren Ebenen. Ob wir wollen oder nicht, ständig denken wir und können es nicht einfach abstellen. »Ich denke, also bin ich«, sagte bereits der französische Philosoph René Descartes. Könnte man nach dieser Logik weiter schlussfolgern: Was ich denke, bin ich? Ließe sich daraus unser persönliches Ich-Bewusstsein ableiten?

Alles, was in unser Gehirn gelangt, wird zuvor durch Sinneseindrücke aufgenommen und als Erfahrung abgespeichert. Würden sie auf einer Täuschung basieren, wie das in dem Film »Matrix« zum Ausdruck gebracht wird und wären dann unsere abgeleiteten Überzeugungen wohlmöglich Irrtümer, so entstünde daraus trotzdem ein Bewusstsein, sobald wir zu denken beginnen würden.

Nun könnten wir argumentieren, dass auch unser Denken selbst und das damit verbundene Bewusstsein eine Illusion sein könnten. Die Unterscheidung zwischen dem Bewusstsein und der Illusion eines Bewusstseins ist auch immer die Unterscheidung zwischen dem, wie die Dinge wirklich sind und wie sie uns bewusst sind. Stellen wir uns beispielsweise einen Sonnenuntergang vor, dann scheint es so, als ob die Sonne hinter den Bergen versinkt, aber genau das ist eine falsche Vorstellung und sie führt zu einem falschen Denken. Unser Bewusstsein kann nicht zwischen den Dingen unterscheiden, wie sie uns bewusst sind und dem, wie sie wirklich sind.

Würde nun behauptet werden, wir wären nur ein Computerprogramm, dann würden wir dem keinen Glauben schenken, weil wir das anders empfinden, unsere Bewusstseinszustände haben immer auch einen qualitativen Charakter und sind subjektiv. Genauso, wie wir mit all unseren Sinnen spüren, dass wir Schokolade essen, oder lieben, empfinden wir auch die schmerzhafte Traurigkeit, wenn wir einen Verlust erleiden.

Mit unserem subjektiven Bewusstsein verleihen wir den Dingen in unserem Leben Bedeutung, egal ob es sich dabei um Liebe, Wissenschaft, Kultur und Philosophie oder Musik handelt. Ohne dieses hätte das alles für uns keinen Wert und man kann sich seiner nicht entledigen, indem man es als Illusion abtut.

Seit der Antike haben sich die Philosophen mit diesem Thema auseinandergesetzt, Art und Herkunft dieser Wahrnehmungen wurden von ihnen dabei als Qualia bezeichnet, wovon auch das Wort Qualität abgeleitet werden kann. Gäbe es Qualia nicht, so erschiene uns unser Universum als bedeutungsleer und sinnlos.

Sowohl die äußeren Umstände als auch die subjektive Einstellung spielen also eine wichtige Rolle dabei, wie unser Bewusstsein etwas erlebt und es entscheidet, wie wir uns verhalten. Manchmal sind wir demnach vernünftig und manchmal nicht.

Aus Sicht der Philosophen verfügt ein Mensch immer dann über ein Bewusstsein, wenn er in der Lage ist zu bedenken, ob das, was er tut, vernünftig ist, oder wenn er in der Lage ist zu entscheiden, dass er etwas aus bestimmten Gründen nicht tut.

Doch weil unser Gehirn darauf ausgerichtet ist, Gefahren möglichst frühzeitig zu erkennen, um uns zu schützen, sind viele unserer Gedanken negativ. Wir sorgen uns über unser Schicksal, unsere Mitmenschen oder das Leben überhaupt. Dann bemängeln wir, dass wir ein besseres Leben verdient hätten, dass wir erfolgreicher und unsere Beziehungen erfüllter sein müssten. Und allzu oft haben wir dabei eine negative Meinung über uns selbst. Im schlimmsten Fall glauben wir, dass nur der Tod einen Ausweg und die erhoffte Ruhe aus dem negativen Gedankenkreislauf bieten kann.

Aber wie kommt es, dass wir die Macht unserer Gedanken und Worte durch solche negativen Vorstellungen zu unserem eigenen Nachteil einsetzen? Sollten wir diese nicht einsetzen, um glücklicher, gesünder und erfolgreicher zu sein?

Gedanken und Vorstellungen haben die Tendenz, sich zu realisieren, im Negativen wie im Positiven. Hat ein Kind beispielsweise ein Glas umgeschüttet und seine Eltern sagen zu ihm, es sei ein Tollpatsch, so wird es vermutlich die autoritäre Meinung glauben und akzeptieren. Wiederholen sich derartige Situationen, so wird sich in ihm die Überzeugung festigen, dass es ungeschickt ist und es wird unter Umständen diese Auffassung ein Leben lang mit sich tragen. Sein Gehirn hat diese

2.2 Gibt es eine bewusste Entscheidung zur Beendigung des Lebens?

Meinung akzeptiert, sein Selbstbewusstsein ist entsprechend vermindert. Dadurch hat es möglicherweise weniger Erfolg im Leben.

Unsere Fähigkeit, eine Aufgabe oder auch unser Leben zu bewältigen oder ein Problem zu lösen und ein Ziel zu erreichen, hängt zum großen Teil von der Meinung unseres Geistes über unsere Fähigkeiten ab.

Sollen wir uns auf eine bestimmte Weise verhalten, so ruft dieser Teil des Verstandes alle damit zusammenhängenden Informationen ab, die in sämtlichen Ebenen unseres Geistes gespeichert sind. Dann wertet er diese Informationen aus und sagt uns, ob wir uns auf diese Weise verhalten können oder nicht. Und je nachdem, wie wir geprägt sind, wird auch das Ergebnis unterschiedlich sein. Für den einen ist dann der Suizid eine Option und für jemand anders ist er es in der gleichen Situation nicht.

Ein Mensch, der aber die Realität bis zu dem Grad verkennt, dass er sich in belastenden Wahnvorstellungen verliert oder Dinge wahrnimmt, die objektiv so nicht vorhanden sind, ist krank. Anders liegt der Fall, wenn jemand depressiv ist. Er teilt zwar die Wahrnehmung seiner Mitmenschen, aber er ordnet sie anders ein.

Ist ein Mensch körperlich erkrankt und aus diesem Grund zum Sterben bereit, so zeigt sich oft eine Vehemenz in der Gesellschaft, die ihn mithilfe der modernen Medizin zurückhält, obwohl er sich lieber verabschieden möchte. Erhebt die Gesellschaft Anspruch auf ihn? Das wäre ein mangelndes Interesse an seinem subjektiven psychischen Befinden.

Vielleicht finden wir doch noch Antwort auf unsere Frage, wenn wir uns veranschaulichen, dass den Suizid bis zuletzt ein kleiner Funke »Hoffnung an das Leben« begleitet, bevor er endgültig verglimmt und dann die »Erlösung« nur noch im Jenseits vermutet wird. Doch mit dem Tod wird die Person ausgelöscht und sie kann dann nicht mehr ihre »Rettung« erleben. Ebenso widersprüchlich bleibt der Appellcharakter des Suizidgefährdeten. Häufig hat er selbst zum Schluss den Wunsch, seinen Mitmenschen, sei es seiner großen Liebe, seinen Kollegen, Angehörigen und Freunden mit seinem Tod eine Botschaft zu übermitteln. Aber gleichzeitig entzieht er sich mit seinem Handeln radikal der möglichen Antwort.

Die Gefühle des Betroffenen bleiben widersprüchlich und schmerzhaft, sie wechseln in immer raschrem Tempo, sie sind nichts Absolutes und werden durch die jeweiligen Umstände, Konstellationen, Erlebnisse beeinflusst. Ungewohnte krisenhafte Lebensumstände lösen immer neue Verknüpfungen des Denkens aus, neue Fähigkeiten werden plötzlich erforderlich und im günstigsten Fall entwickeln sie sich.

Es hilft dem Suizidgefährdeten, die Situation auch aus weiteren Perspektiven zu betrachten, so lässt sie sich besser verändern. Kann der Wunsch nach einem Suizid überwunden werden, so kommt es zu einem Aufschwung des jeweiligen Bewusstseins, des »Selbstbewusstseins« und damit der eigenen Persönlichkeit.

Die Kontroverse zwischen den Hirnforschern und der analytischen Philosophie zur freien Selbstbestimmung ist noch nicht abgeschlossen.

Einig sind sich die Wissenschaftler jedoch darin, dass der freie Wille grundsätzlich bei jedem Individuum besteht, dass aber Umstände bewirken können, dass dieser sich als Folge der inneren oder äußeren Gegebenheiten nur beschränkt ausleben lässt. Insofern sollten wir eine mögliche Einflussnahme auf den Verlauf bis zuletzt nicht ausschließen.

2.3 Selbstmord, Freitod, Suizid? – Begriffsbestimmungen

Begrifflichkeiten der Sprache verraten viel über unser Denken – denn Denken ist Sprechen, ist das »innere Gespräch der Seele mit sich selbst« – wie es Platon in seinem Werk »Sophistes« formulierte. Er erwähnt auch an anderer Stelle: »Mir nämlich stellt sich die Sache so dar, als ob die Seele, wenn sie denkt, nichts anderes tut, als dass sie redet, indem sie selbst sich fragt und die Frage beantwortet und bejaht und verneint. Wenn sie aber, sei es langsamer, sei es schneller vorgehend, zur Klarheit gelangt ist und, mit sich einig geworden, in ihren Behauptungen nicht mehr schwankt, dann ist sie, wie wir dies nennen, im Besitze einer Meinung. Ich nenne also das Meinen ein Reden und die Meinung ein ausgesprochenes Urteil, nur nicht gegen andere und nicht laut, sondern leise zu sich selbst.« (Platon 1990, S. 190a).

Doch welche Meinung zeigt sich beim Akt der Selbstaufgabe? Suizid, Selbstmord, Selbsttötung und Freitod, es wird davon gesprochen, sich umzubringen, oder Hand an sich zu legen. Bereits an den Begrifflichkeiten erkennen wir, wie komplex dieses Thema ist und wie um eine nötige Einsicht und Klarheit gerungen wurde und zum Teil noch wird.

Menschen, die sich das Leben nehmen, werden von ihren Zeitgenossen dafür entweder bewundert oder verachtet, heldenhaft gefeiert oder als kriminelle Täter eingestuft. Einige Glaubensrichtungen betrachten die Selbsttötung als Sünde, wie auch in sich geschlossene politische Gemeinschaften, in denen das Leben des Einzelnen als Besitz einer höheren Instanz oder der Gemeinschaft angesehen wird. Umgekehrt gibt es wiederum dahingehend kollektive Vorstellungen, dass der Suizid ein wirtschaftlich notwendiges Erfordernis oder eine Heldentat im Sinne der Selbstaufgabe für die Gemeinschaft ist.

Vom Verschweigen als Tabu bis hin zum sensationellen Aufbauschen – es gibt viele moralisch unterschiedliche Abstufungen für den Suizid und die entsprechenden Bezeichnungen.

Der Begriff »Selbstmord«

Bei diesem Wort sind Täter und Opfer eine Person, es handelt sich um einen kriminellen Akt, um einen Mord. Der Täter verübt ein Verbrechen am eigenen Körper. Diese Bezeichnung wirkt moralisch missbilligend und diskriminierend, ein Mord ist der schwerste Straftatbestand in unserem Strafgesetzbuch, er bezeichnet die Tötung aus niedrigen Beweggründen.

Die damit zusammenhängende und dahinterliegende Not wird gleichzeitig verkannt, die als »peinlicher Vorfall« eingestufte Handlung rasch übergangen und zum Tabu erklärt. Wird jemand dann nach einem Suizidversuch gerettet, so kann ihn die geballte Verurteilung seiner Umgebung treffen, im schlimmsten Fall bekommt er sogar die Aufforderung, es »beim nächsten Mal wenigstens richtig« zu machen. Ihm wird unterstellt, andere durch den demonstrativen Akt manipulieren zu wollen. In den alten Lehrbüchern der Psychiatrie wurde noch eine Dreiteilung der Suizidhandlungen vorgenommen, in »Theater, Kurzschluss, oder Flucht« (Lindner-Braun 1990, S. 33). Darin zeigt sich die deutliche Diskriminierung, die der Verzweiflung der Betroffenen nicht gerecht wird.

Wie aber kam es zu dieser Herabwürdigung? Bereits Platon (427–347 v. Chr.) bekannte sich als Gegner einer Selbsttötung. Nach seiner Auffassung ist das menschliche Leben ein Eigentum der Götter und somit habe der Mensch kein Recht, über sein Leben frei zu verfügen, nur den Göttern sei das erlaubt. Aus seiner Sicht war das größte Unrecht, das jemand begehen kann, ein Unrecht gegen sich selbst, er tötet damit seinen allernächsten Verwandten. Als Ausnahme war es nur erlaubt, wenn man damit, wie im Fall von Sokrates, dem Staat zuvorkam, bei einer unheilbaren Krankheit oder bei einer großen Schande.

Sein Schüler Aristoteles (384–322 v. Chr.) verurteilte ebenfalls die Selbsttötung, wenn auch aus einer anderen Argumentation heraus: Aus seiner Sicht verstieß man bei einer Selbsttötung gegen seine Pflichten gegenüber der Gemeinschaft und dem Staat. Ausnahmen von diesem Verbot gab es, wenn der Staat die Selbsttötung anordnete, wenn man unheilbar litt oder wenn man seine Ehre verloren hatte.

Das Christentum bezog sich ebenfalls auf die platonische Position, sein Vertreter Aurelius Augustinus (354–430) verkündete die Ansicht: »Wer sich selbst tötet, ist ein Mörder«. Er begründete damit die offizielle Position der Kirche als Fundament zur Verdammnis während des gesamten Mittelalters. Ab diesem Zeitpunkt bestand, in Erweiterung des fünften Gebotes »Du sollst nicht töten«, der Zusatz: »Weder einen anderen noch dich selbst.« Die Gründe für die Selbsttötung wurden dabei außer Acht gelassen, es wurde vermutet, der Teufel habe seine Hand im Spiel.

Ein Argument für die moralische Verurteilung ergäbe aber nur dann Sinn, wenn es dem Betroffenen tatsächlich darum ginge, tot zu sein. Faktisch geht es aber dem Suizidgefährdeten darum, die krisenhafte Zuspitzung nicht mehr aushalten zu müssen, er scheint keinen anderen Ausweg zu finden.

Im Februar 2020 beschloss das deutsche Bundesverfassungsgericht, dass »das allgemeine Persönlichkeitsrecht [...] als Ausdruck persönlicher Autonomie ein Recht auf selbstbestimmtes Sterben [umfasst].« Die Folge ist, dass im deutschen Bundestag derzeit an neuen Gesetzen gearbeitet wird, welche die Suizidbegleitung regeln.

Der Begriff »Freitod«

Wie scheinbar positiv wirkt dagegen der Begriff »Freitod«! Der Europäische Gerichtshof für Menschenrechte hat 2011 das Recht auf Beendigung des eigenen Lebens als Menschenrecht anerkannt. Dies vermittelt die Einstellung, dass es eine Form menschlicher Freiheit sei, jederzeit sein Leben aufzugeben. Aber wie frei ist jemand, der sich für einen Suizid entscheidet?

Der Ausdruck »Freitod« ist noch nicht so alt, er stammt aber weder, wie irrtümlich behauptet wird, von dem Wortschöpfer Mauthner aus dem Jahr 1906, noch findet er sich erstmalig im philosophischen Werk »Also sprach Zarathustra« (1884) von Friedrich Nietzsche, worin es heißt: »Den freien Tod predige ich Euch, der nicht heranschleicht wie Euer grinsender Tod, sondern der da kommt, weil ich es will.« Vielmehr wurde der Begriff bereits 1840 vom Schriftsteller Braun im Roman Freitod benutzt und dann wieder 1853 von einem anonymen Autor in einem Gedicht: »Selbstmord – jetzt denkt nur! – nennt's Wahnwitz der Weisen, 's ist aber nichts, Narr weiß es besser, ist Freitod geheißen, Hält's nicht, so bricht's!« (Ostwald 2017, S. 44) So wird bereits im 19. Jahrhundert mit diesem Begriff die freie Willensentscheidung zur Beendigung des Lebens ausdrücklich betont.

Als bekanntester Verfechter für den Ausdruck »Freitod« hat sich Jean Améry 1979 in seinem Buch »Hand an sich legen« geäußert. Er meint damit nicht die Freiheit von Lebensbedingungen, die zum Suizid leiten können, sondern die immerwährende Freiheit der Wahl für oder gegen das Hand-an-sich-legen, die jeder Mensch innehat. Seine Überlegungen münden dahin, dass der Mensch im Moment der Entscheidung absolut frei ist: »Im Augenblick, wo ein Mensch sich sagt, er könne das Leben hinwerfen, wird er schon frei [...]. Denn nun gilt nichts mehr. Die Last? Nur ein paar Meter noch ist sie zu tragen« (Améry 1999, S. 136).

Der Begriff Freitod beinhaltet Respekt für den Betroffenen, weder wird er als Krimineller noch als psychisch Verwirrter eingestuft, sondern als autonome Persönlichkeit. Doch die scheinbare Freiheit täuscht, denn rein freiwillig handelt der Suizidgefährdete nicht, eher befreit er sich aus einer für ihn unfreien und als ausweglos vermuteten Situation. Der Betroffene hat eher das Gefühl, keine freie Wahl zu haben, um ein anderes Leben zu führen. Sein Denken engt sich auf den Suizid ein, aber nicht in freudiger Erwartung, sondern die Entscheidung ist geprägt durch objektive und subjektiv erlebte Not, durch psychische oder körperliche Beeinträchtigung, durch gesellschaftlich-kulturelle bzw. ideologische Rahmenbedingungen. Sie geht einher mit einem hohen Gefühl an Hilf- und Hoffnungslosigkeit.

Die Benennung »Freitod« ist für den Großteil suizidaler Menschen schlichtweg irreführend. Freiheit der Wahl, also Selbstbestimmung, benötigt Alternativen. Die Einengung des Denkens und das emotionale Chaos werden aber als alternativlos empfunden.

Umschreibungen, sich das Leben zu nehmen

Die Quellen der römischen Antike verwendeten eine neutrale Ausdrucksweise für den Suizid. So verfügte die lateinische Sprache während eines langen Zeitraumes über keinen eigenen Begriff, sondern sie verwendete zusammengesetzte Umschreibungen, wie mors voluntaria, (deutsch: der freiwillige Tod), mors spontana (deutsch: der spontane Tod), exitus (deutsch: Ausgang), finis voluntarius (deutsch: das Ende eines Freiwilligen), oder man beschrieb die Handlung mittels Verben wie se occidere (sich töten) oder excedere e vita (das Leben verlassen).

Auch in Deutschland wurden bis in das Jahr 1370 Umschreibungen benutzt: sich erstechen, zu Tode springen, sich erhängen, oder Verben wie: sich umbringen, sich töten, sich ums Leben bringen. Im Mittelalter wurde auch von »Selbst-Entleibung« gesprochen, als könnte durch einen Suizid das »Selbst« von seinem Leib getrennt werden.

Die Umschreibungen haben sich bis in die heutige Zeit erhalten: jemand hat sein Leben selbst beendet, ist freiwillig aus dem Leben geschieden, hat sich das Leben genommen, hat die Welt auf eigenen Wunsch verlassen. Diese Sätze tauchen häufig in Abschiedsbriefen auf.

Suizid und Selbsttötung – die wertfreiesten Bezeichnungen

Zum Glück gibt es beim Suizid keine Diskriminierung und Strafverfolgung mehr!

So wird am wertfreiesten der Begriff »Suizid« verwendet. Er ist abgeleitet von dem lateinischem »sui caedere« (sich töten) und beschreibt neben seiner Eindeutschung als »Selbsttötung« alle Formen selbstbestimmten und eigenmächtigen Beendens des eigenen Lebens.

Eingeführt wurde die Bezeichnung Suizid um 1650 von den Franzosen und Engländern. Da der Begriff sprachlich eine neutrale Distanz impliziert, fand er auch in der Wissenschaft eine weitgehende Akzeptanz und Verbreitung.

Eingeschlossen in die Begrifflichkeiten könnten auch »Suizidäquivalente« sein oder ein indirektes selbstschädigendes Verhalten, das eine suizidale Absichten vermuten lässt, wie beispielsweise die Missachtung ärztlicher Verordnungen, die Verweigerung lebensnotwendiger Handlungen, beispielsweise Essen oder Trinken, aber auch »verdeckte Suizide«, wie sie manchmal bei ungeklärten Verkehrsunfällen vermutet werden.

> **Die gültige Definition für »Suizid«**
>
> »Unter Suizidalität wird die Summe aller Denk-, Verhaltens- und Erlebnisweisen von Menschen verstanden, die in Gedanken, durch aktives Handeln oder durch passives Unterlassen eines lebenserhaltenden Verhaltens (z. B. Non-Compliance bezüglich lebensnotwendiger Medikation) den eigenen Tod anstreben bzw. als mögliches Ergebnis einer Handlung bzw. einer Unterlassung in Kauf nehmen« (Wolfersdorf und Etzersdorfer 2022, S. 26).

3 Konzepte zum Suizidverständnis

Wenn wir die Gründe für das Verhalten der anderen verstehen könnten, würde plötzlich alles einen Sinn ergeben.
Sigmund Freud

Menschen haben verständlicherweise ein Bedürfnis, sich das Unerklärbare erklärbar zu machen, Gründe zum Entstehen der Suizidalität zu ermitteln, so dass diese für sie nachvollziehbarer und damit erträglicher werden. Die einzelnen Konzepte sollen dabei nicht gegeneinanderstehen, sondern als unterschiedliche Sichtweisen einander ergänzen.

3.1 Psychologische Konzepte als »Krankheitsmodell«

Wie lassen sich psychische Beweggründe, die zu einem Suizid geführt haben, herausfinden? Oft ist Umfeld überrascht. Da berichten Zeitschriften über einen Star, der doch alles hatte, wovon der Leser nur träumt: Ruhm, Geld, Macht und damit verbunden so viele potenzielle Partner, wie er sich nur wünschen konnte. Und »aus heiterem Himmel« hat er sich plötzlich das Leben genommen. Wie ließe sich herausfinden, warum der Verstorbene so dermaßen unglücklich war?

Manchmal findet sich ein Abschiedsbrief, doch oft ist das nicht der Fall. Weitere psychologische Einblicke ergeben Äußerungen von Menschen, die über ihre aktuellen Suizdgedanken berichten oder die einen Suizidversuch überlebt haben. Anhand dieser Informationen haben

Wissenschafter vielfältige Theorien entwickelt, die alle davon ausgehen, dass ein Mensch dann suizidal wird, wenn er es nicht schafft, seine äußere Lebenssituation anhand seiner »inneren Ausrüstung« zu bewältigen. Es wird sich bei einer Selbsttötung immer um ein Wechselspiel zwischen einer inneren psychischen Entwicklung auf der einen Seite und belastenden Lebensereignissen auf der anderen Seite handeln.

Und so unterscheidet auch der der österreichische Suizidforscher Erwin Ringel bei einem Suizid zwischen dem Anlass, also dem äußeren Umstand und der Ursache, dem inneren Geworden-Sein.

Sigmund Freud, Begründer der psychoanalytischen Theorie

Der Begründer der Psychoanalyse Sigmund Freud ging von einem innerseelischen Raum aus, in dem verschiedene Kräfte wirken, die er als Unbewusstes, Vorbewusstes und Bewusstsein bezeichnete. Jahre später entwickelte er daraus ein sogenanntes »Strukturmodell«, das aus den Instanzen: Es, Ich und Über-Ich bestand. Nach seiner Auffassung führten Reibungen zwischen diesen unterschiedlichen Systemen zu neurotischen Konflikten, die sich dann als psychische Störungen, psychosomatische Krankheiten oder auch als Wunsch zur Selbsttötung manifestierten.

Der Suizid entwickelt sich nach Freud dabei aus einer Depression heraus, in deren Zentrum ein Verlust steht, an welchen sich der Konflikt im Individuum entzündet.

Der Auslöser dafür ist eine Erschütterung in einer gemeinsamen Beziehung, beispielsweise weil sich die andere Person versagt, sich trennt, oder einen anderweitigen Verlust durch Enttäuschungen oder Verletzungen auslöst.

Die Liebe kippt zunächst um in Hass. Die entstehende Aggression wird aber aufgrund der ambivalenten Gefühle und der Abhängigkeit unterdrückt und richtet sich deshalb gegen die eigene Person. Die Kritik, die ursprünglich der anderen Person galt, richtet sich nun gegen die eigene Person, sie gibt sich selbst die Schuld und es kommt zu heftigen Selbstvorwürfen.

Bekannt ist das Beispiel des Liebeskummers. Eine Frau oder ein Mann wird verlassen und statt dem Partner nun selbst den Rücken zu kehren, entsteht ein großer Leidensdruck. Das kann sich im Extremfall bis zum Suizid steigern.

Da befürchtet wird, die eigentlich geliebte Person ganz zu verlieren, scheint schließlich die einzige Lösung aus der emotionalen Abhängigkeit darin zu bestehen, die verinnerlichte geliebte Person in sich selbst zu töten, wie der Psychologe Sonneck es beschreibt; »Das Objekt wird im Selbst getötet.« (Sonneck et.al. 2016, S. 201). Ein anderer Psychologe Henseler (Henseler 1984, S. 201) erklärt die Selbstaggression als Versuch der Rettung des Selbstwertgefühls, das durch die narzisstische Kränkung in eine Krise geraten sei. Er bezieht sich dabei besonders auf die aktuelle Situation, während Sonneck mehr die gesamte Biographie mit der so gewordenen Persönlichkeit im Auge hat.

Der Schmerz wird schließlich größer als die Bindungskraft an den Partner, die Familie oder die eigene Religiosität. Sobald der Gedanke auftritt: »Wenn ich nicht mehr am Leben bin, ist das besser für mich und meine Umwelt«, ist das hoch gefährlich, dann tauchen auch Suizidfantasien auf.

Sigmund Freud lieferte einen entscheidenden Baustein zum besseren Verständnis des Suizidgeschehens, als er von der Wendung der Aggression gegen die eigene Person (1917) ausging.

In seinem Buch »Trauer und Melancholie« schreibt Sigmund Freud dazu den folgenden Satz: »Kein Neurotiker verspürt Selbstmordabsichten, der solche nicht von einem Mordimpuls gegen andere auf sich zurückwendet« (Freud 1917, S. 205). Und weiter führt er fort: »In den zwei entgegengesetzten Situationen der äußersten Verliebtheit und des Selbstmordes wird das Ich, wenn auch auf gänzlich verschiedenen Wegen, vom Objekt überwältigt.«

Diese selbstzerstörerische Aggression wurde für Freud zum zentralen Kriterium der Unterscheidung zwischen Trauer und Melancholie.

In der Trauer versucht das Ich, eine verlorene Person wieder zum Leben zu erwecken, was durch eine Identifizierung mit dem Anderen geschieht. Sie wird assimiliert, im eigenen Ich konstituiert, als ob sie im eigenen Ich weiterlebt. Damit ist dann die Trauerarbeit normalerweise abgeschlossen.

3.1 Psychologische Konzepte als »Krankheitsmodell«

In der »Melancholie« werden dagegen die die Schuldgefühle und Aggressionen für den Leidenden so unerträglich, als sei das durch Tod, Trennung oder Zurückweisung verlorene Objekt durch ihn ermordet worden. Es kehrt deshalb als innerer Verfolger und Quälgeist wieder, strafend, rachsüchtig und sühnefordernd«.

Nach seinen Erfahrungen im Ersten Weltkrieg versuchte Freud noch einmal seine Untersuchungen zum Aggressionstrieb weiterzuentwickeln. In seinem früheren Werk »Trauer und Melancholie« hatte er noch geschrieben: »Endlich muss uns auffallen, dass der Melancholiker sich doch nicht ganz so benimmt wie ein normalerweise von Reue und Selbstvorwurf Zerknirschter. Es fehlt das Schämen vor anderen, welches diesen letzteren Zustand vor allem charakterisieren würde, oder es tritt wenigstens nicht auffällig hervor. Man könnte am Melancholiker beinahe den gegenteiligen Zug einer aufdringlichen Mitteilsamkeit hervorheben, die an der eigenen Bloßstellung eine Befriedigung findet.« Er vermutete, der Schmerz der Melancholie würde für den Melancholiker zu einer Quelle der Lust werden.

In seinem späteren Werk stellte er aber fest, dass die an Alpträumen und Kriegsneurosen leidenden Soldaten eher versuchten, »ihre Unlust« zu bändigen und postulierte daraus eine Art »Todestrieb«. Der Begriff ist zwar bekannt, aber in der Wissenschaft umstritten, in der modernen Psychologie findet er keinen Platz mehr. Freud selbst war sich unsicher und bezeichnete ihn als Spekulation.

Als Ausgangspunkt weiterer Theorien könnte man eher eine Todesneigung annehmen, die im Sinn einer Schwerkraft im Lauf des Lebens mit dem einsetzenden Verfall des Organismus allmählich anwächst und gegen die erfolgreich anzukämpfen nicht jeder Mensch in der Lage ist.

Vielleicht ließe sich sogar spekulieren, ob nicht eine solche Neigung als Ursache hinter so manchem Tod steckt, den man sonst als natürlichen einordnen würde: hinter dem passiven Sich-Vernachlässigen alter Menschen oder der schleichenden Selbstzerstörung eines Alkoholikers.

Heinz Henseler und seine Theorie der Narzissmuskrise

Ein weiteres Suizidkonzept wird von dem deutschen Psychoanalytiker Heinz Henseler mit der Narzissmustheorie (1974) beschrieben. Sie fußt auf dem ursprünglichen Ansatz von Freud, der den Unterschied in der Partnerwahl mit einem Anlehnungstyp und einem narzisstischen Typ herausgearbeitet hatte.

Der Anlehnungstyp sucht im Partner einen Gegensatz, um damit auch seine Andersartigkeit im eigenen Leben realisieren zu können. Dagegen versuche der narzisstische Typ, sich im anderen selbst zu finden. Auf dieser Grundannahme basierend entwickelte der Psychoanalytiker Kohut seine sogenannte Narzissmustheorie, welche anschließend von Henseler auf die Entstehung von suizidalem Verhalten hin angewandt und modifiziert wurde. Henseler interpretierte suizidales Verhalten als Folge einer narzisstischen Krise.

Anhand von Interviews mit 50 Patienten nach Suizidversuch entwickelte er folgende typische Merkmale für Narzissten:

1. Narzissten sind leicht verletzbar, sie halten Ablehnung und Kritik schwer aus, sei sie berechtigt oder unberechtigt. Ihr schwach ausgebildetes Selbstwertgefühl soll durch eine suizidale Tat wieder angehoben werden.
2. Parallel existiert – ob bewusst oder unbewusst – auch eine Überschätzung der eigenen Fähigkeiten. Beide Formen, sowohl das mangelnde als auch das überhöhte Selbstwertgefühl, können in das Gegenteil kippen, manchmal ist sich der Betroffene nur eines Teils, etwa des mangelnden Selbstwertgefühls bewusst.
3. Der Narzisst kann weder seine eigenen Fähigkeiten realistisch einschätzen noch die Fähigkeiten und Bedürfnissen der anderen, das nötige Einfühlungsvermögen fehlt ihm. Doch er fühlt sich abhängig von den Anderen, auch von dem eigenen Partner. Daraus ergibt sich eine fatale Situation. Der Betroffene hat einerseits nicht die Fähigkeit, die Eigenarten und Bedürfnisse der anderen wahrzunehmen, andererseits fühlt er sich von ihnen häufig verletzt. Be-

ziehungen sind starken Belastungen ausgesetzt und führen häufig zu Trennungen.
4. Um aber eine endgültige Trennung zu verhindern, richtet sich die Aggression des Betroffenen, wie schon in Freuds Theorie beschrieben, gegen das eigene Ich und zwar bis zur letzten Konsequenz, deren Folge ein Suizid sein kann. Dabei überschätzt er sein eigenes aggressives Potenzial, indem er glaubt, den eigenen Partner dadurch ebenfalls vernichten zu können. Der Ausweg wird praktisch in einem »toten Gleichgewicht« gefunden.

Mit diesen Schlussfolgerungen verknüpft Henseler die Aggressionstheorie mit der Narzissmustheorie im Hinblick auf den Suizid, wobei die Wut der Aggression durch eine narzisstische Kränkung ausgelöst wird.

Eugen Bleuler und der Ambivalenzkonflikt

Die beschriebene Widersprüchlichkeit in Beziehungen wurde zuvor bereits von dem Schweizer Psychiater Eugen Bleuler 1910 beschrieben.

In einer von emotionaler Ambivalenz getragenen Beziehung kommt es zu Konflikten, weil dem anderen Menschen gegenüber gleichzeitig Liebe und Hass empfunden wird. Letzteres ist ein sehr extremes und intimes Gefühl, das genau wie auch die Liebe bindet. Als Lösung wird versucht, diese Zerrissenheit aufzulösen, indem die geliebte Person zerstört wird, damit die Beziehung gerettet werden kann. Wo das nicht möglich ist, kommt es zum kompletten Verlust des Selbstwertgefühls, dem dann durch einen Suizid entgangen werden kann.

Die verhaltenspsychologische Theorie

Verhaltenstherapeutische Verfahren basieren ursprünglich auf der Lerntheorie, die besagt, dass störungsbedingtes Verhalten erlernt wird und entsprechend auch wieder verlernt werden kann, so dass sich eine Lebensführung entwickelt, die angemessener ist.

Es handelt sich dabei um eine Methodensammlung, die ständig weiterentwickelt wird. Auch mit dem Suizid haben sich die Verhaltensforscher beschäftigt, ein maßgebliches Erklärungsmodell zur suizidalen Entwicklung wurde von Schmidtke (Schmidtke 1988, S. 321) und seinem Arbeitskreis verfasst.

Er geht davon aus, dass dem Suizidgefährdeten aufgrund seiner bisherigen Entwicklungsgeschichte in einer ausweglos erlebten Belastungssituation kein brauchbares inneres Programm zur Verfügung steht, so dass er positive und negative Konsequenzen mit der suizidalen Handlung verknüpft. Positiv empfindet er die Beendigung eines unerträglichen Zustandes, der Wunsch nach Ruhe und Schmerzfreiheit, verbunden mit einem »ozeanischen Gefühl«. Negativ befürchtet er die Begleitumstände des Sterbens durch den Suizid und eventuell ein Strafgericht Gottes.

Bei einem bloßen Suizidversuch könnte hingegen als angestrebte Lösung besonders die verstärkte Aufmerksamkeit und die mögliche emotionale Zuwendung sein.

Das Stress-Bewältigungsmodell der Suizidalität

Die Stress-Bewältigungstheorie der Suizidalität geht auf Lazarus zurück und besagt, dass kritische Lebensereignisse sowohl vom Verstand als auch vom Gefühl her bewertet werden. Die Auswirkungen kritischer Lebensereignisse – dazu zählen beispielsweise der Verlust des Partners, oder schwere unheilvolle Erkrankungen – werden davon beeinflusst, welche persönlichen Ressourcen dem Betreffenden zur Verfügung stehen.

Es gibt dabei personale Ressourcen, die auf einem positiven Selbst und Selbstwertgefühl basieren. Sie gehen einher mit einer Offenheit für neue Erfahrungen, Gefühlen der Selbstwirksamkeit, sinnstiftenden Werthaltungen und dem Gefühl, die Kontrolle zu haben. Ist jemand suizidgefährdet, so sind diese Ressourcen bei ihm abgeschwächt.

Zu den sozialen Ressourcen gehört auch die Unterstützung und das Gefühl, gebraucht zu werden. Daran mangelt es dem Suizidgefährdeten, so fühlt er sich wertlos und er möchte so nicht mehr leben. Seine sozialen Bindungen sind ins Wanken geraten, die bisherigen Werte tragen nicht mehr, der Sinn ist verloren gegangen. Es ist wichtig, diese Gegengewichte zu erkennen und zu stärken, um jemanden vom Suizid abzuhalten.

Die interpersonelle Theorie des Suizids

Diese Theorie ist relativ jung und geht auf Thomas Joiner Jr. und seine Arbeitsgruppe zurück, nach ihr sind zwei Faktoren für einen Suizid verantwortlich:

- eine gescheiterte Beziehung, soziale Entfremdung und Vereinsamung
- die eigene wahrgenommene Belastung für andere

Der zweite Faktor kann auch dazu führen, dass sich jemand aus den sozialen Bezügen zurückzieht. Beide Faktoren verstärken gegenseitig den Wunsch, sich zu töten. Durch Schmerz und Gewohnheit kann sich die »Fähigkeit« zum Suizid selbst verstärken.

Die Traumatisierung und der Suizid

Einzelne oder auch eine Kette von Traumatisierungen können dazu führen, dass das seelische Gleichgewicht zerstört und das Selbstbewusstsein verloren geht. Manchmal sind es gesellschaftliche Umstände wie Krieg, Verfolgung oder eine gewalttätige Partnerschaft, in die jemand ganz ohne eigenes Zutun hineingeraten kann und die ihn vollkommen überfordern und in eine tiefste Verzweiflung stürzen. Die eigene Vorstellungswelt lässt sich dann nicht mehr kontrollieren, sie liegt in Trümmern.

Menschen, denen das passiert, halten es dann nicht aus, ihre Erfahrungen »im Zusammenhang« zu speichern. Sie spalten das Erlittene in einzelne Elemente auf – wie Mosaiksteine eines Bildes – um weiterleben zu können. Das Unerträgliche zu erinnern bleibt und davor muss sich der Betroffene schützen, gesplittet verliert es seine Übermächtigkeit. Jedes fragmentierte Element wird für sich gespeichert, losgelöst aus dem Zusammenhang.

Später verselbständigen sich diese Teile und versetzen einen Menschen, der sich durch äußere Einflüsse an die damalige Situation erinnert, erneut in den gleichen hilflosen, ohnmächtigen, ja suizidalen Zustand. Diese Zwangserinnerungen (Flashbacks) tauchen dann auf, ohne dass sich der Betroffene dagegen wehren kann, denn er möchte sie ja eigentlich lieber vergessen. Parallel mit der Schwächung des Reizschutzes und der Reizverarbeitung hat sich auch die Fähigkeit der inneren Abwehr reduziert, die Reizbarkeit ist erhöht und damit schwindet die Fähigkeit, störende Signale auszublenden, immer mehr.

Es gibt sogar den Fall, dass Betroffene aus blinder Gewohnheit ein Umfeld aufsuchen, das an die damalige traumatische Situation erinnert. Sigmund Freud geht da von einem Wiederholungszwang aus und beschreibt ihn wie folgt: »Lieber das gewohnte Unglück als das ungewohnte Glück.« Eine Gefahr zieht dann herauf, wenn der Betroffene die früheren traumatisierenden Erlebnisse nicht aufarbeitet hat, um zu einer neuen Lebenseinstellung zu gelangen, in der er mehr als zuvor seinen Selbstwert begreift.

Das »Krisenmodell« als Gegenspieler zum »Krankheitsmodell«

Wurden die bisherigen psychologischen Theorien zur Suizidalität von den Wissenschaftlern eher als innerer seelischer Prozess im Kontext eines medizinischen »Krankheitsmodells« eingeordnet, so bezieht sich das »Krisenmodell« ausdrücklich auf die auslösenden Begleitumstände und ihre Einflussnahme auf die Persönlichkeit.

Nach Gernot Sonneck (Sonneck 2016, S. 15) wird eine Krise definiert als: »Verlust des seelischen Gleichgewichtes bei Konfrontation mit Ereignissen und Lebensumständen, die nicht bewältigt werden können, weil diese von Art und Ausmaß die Fähigkeiten und Hilfsmittel zum Erreichen von Lebenszielen oder Bewältigung einer Lebenssituation überfordern«.

Daraus resultiert ein körperlicher und psychischer Spannungszustand. Auf der Körperebene finden wir Schlafstörungen, Herzklopfen und Appetitveränderungen; auf der Gefühlsebene ein Wechselbad mit Unruhe, Wut, Scham, Selbstvorwürfen, Gereiztheit und Depression, Verzweiflung, Hilf- und Hoffnungslosigkeit, Angst und Panik; auf der kognitiven Ebene eine Störung des Realitätsbezuges und der Orientierungsfähigkeit.

Wie der Einzelne seine Krise zu bewältigen versucht, ist unterschiedlich, entsprechend kann sich der Verlauf in wenigen Tagen zuspitzen, auflösen oder in einen chronisch verlaufenden Zustand übergehen, bei dem sich auch latent vorhandene psychische Krankheitsbilder aktivieren können.

Jede dieser Theorien liefert einen anderen Baustein zum ergänzenden Verständnis der Suizidalität, ohne dass sich eine Vollständigkeit bisher abzeichnen lässt.

3.2 Biologische Konzepte

Gilt die Formel: je mehr psychosozialer Stress, desto höher das Suizidrisiko? Doch warum reicht bei manchen Menschen auch eine geringere äußere Belastung aus, um Suizidgedanken zu entwickeln? Hat das biologische Ursachen?

Vielleicht hilft die moderne Hirnforschung bei dieser Frage, auch in der Suizidforschung gibt es nun anhand der bildgebenden Verfahren Erkenntnisse, die früher so nicht möglich gewesen wären.

Was hat man nun entdeckt? Es gibt zwei wichtige Hirnregionen, die im Zusammenspiel unser Verhalten steuern.

Tief an der Basis unseres Gehirns – im sogenannten Zwischenhirn – befindet sich ein emotionales Zentrum. Davor lagert das Stirnhirn, auch als Frontalhirn oder »Vernunfthirn« bezeichnet, denn es plant, analysiert und sucht nach Lösungen für schwierige Situationen. Beide Teile sind mit Nervenbahnen verknüpft.

Bei bedrohlichen Signalen werden zunächst die Informationen an unser Vernunfthirn geleitet, das daraufhin die Situation analysiert, um

Lösungen zu entwickeln. Wird die Lage aber zu gefährlich, so wird im emotionalen Zentrum direkt ein Alarmknopf ausgelöst. Er wird lateinisch als Amygdala bezeichnet und besteht aus zwei paarig angeordneten sogenannten »Mandelkernen«. Er schaltet sich ein, sobald uns die Situation veranlasst, unmittelbar zu handeln, weil wir beim Nachdenken zu viel Zeit verlieren würden.

In der Steinzeit war das vollkommen in Ordnung, denn sobald ein gefährliches Tier auftauchte, wurde sofort reagiert, durch Angriff oder Flucht. Wer zu lange nachdachte, wurde gefressen und hat sich deshalb vermutlich nicht fortgepflanzt.

In der heutigen Zeit ist die allgemeine Lage aber komplexer und die Gefahr lässt sich nicht mehr so leicht einordnen. Dadurch kann es passieren, dass vom Alarmzentrum vorschnell eine Situation als bedrohlich eingeordnet wird, weil sie unübersichtlich ist. Unser Vernunfthirn wird dann automatisch ausgeschaltet, um die Reaktionszeit zu verkürzen. Vage empfinden wir in so einer Situation, dass wir nicht mehr »klar denken« können. Stattdessen reagieren wir rein emotional und von Angst getrieben. Damit steht uns aber die Möglichkeit, nach der besten Lösung zu suchen und zu handeln, nicht mehr zur Verfügung.

Falls dann kein »Angriff« möglich ist, will das »Ich« nur noch dieser Situation entkommen und sei es, indem es seinem Leben ein Ende setzt. Das emotionale Gehirn hat die Steuerung übernommen und handelt komplett im Modus des Autopiloten.

Dadurch besteht ein kompletter »Kontrollverlust«, konstruktive Alternativen und langfristige Strategien werden nicht mehr berücksichtigt. Das Denken engt sich ein, so wie der Psychiater Ringel das in seinem »Präsuizidalen Syndrom« beschrieben hat.

Hilfreich können nur noch Nahestehende eingreifen, indem sie gemeinsam mit dem Betroffenen Alternativen überlegen. Sobald die Krise aber überstanden ist, schaltet sich das Vorderhirn wieder ein und bietet lebensorientierende Pläne erneut an.

Doch Vorsicht, jeder Suizidversuch hinterlässt Spuren im Gehirn! Tritt erneut eine emotionale Krise ein, so aktiviert sich der »Notfallknopf« gewohnheitsmäßig schneller und senkt die Schwelle für diese Art des Handelns.

Moderne bildgebende Verfahren belegen diesen Fakt: Erinnern sich Menschen während einer Untersuchung im Kernspintomogramm an ihre suizidale Krise, so ist sichtbar, dass die Gehirnaktivität im Frontalhirn abnimmt, während sie im Alarmzentrum zunimmt.

Auch traumatische Kindheitserfahrungen werden in der Amygdala für immer abgespeichert. Sie führen dazu, dass das Alarmzentrum seismographisch insgesamt sensibler reagiert. Wer also frühe Gewalterfahrungen sammelt, wie sexuellen Missbrauch oder andere Traumen, ist »geprägt« und suizidanfälliger, denn sein Gehirn neigt zu überschießenden unkontrollierten Emotionen. Jugendliche tragen dieses Risiko in einem größeren Ausmaß als Erwachsene in sich, denn ihr »Vernunfthirn« reift erst noch vollständig aus, deshalb sind impulsivere Reaktionen in dieser Zeit häufiger, die Steuerungsfähigkeit ist noch nicht ausgereift. Die Umgebung hinterlässt ihre Spuren in unserem Gehirn.

Doch könnte ein suizidbegünstigendes Verhalten auch genetisch vererbt werden? Gustavo Turecki vom Zentrum für Suizidstudien an der McGill University in Montreal in Kanada hat herausgefunden, dass es genetische Konstellationen gibt, die unter manchen Bedingungen förderlich und unter anderen schädlich sind. Seine Studien belegen, dass es Gene gibt, die am Verhalten »Impulsivität« beteiligt sind. Das ist vorteilhaft, wenn man in einem Job arbeitet, wo schnelle Entscheidungen und schnelles Handeln gefragt sind. Ist aber jemand depressiv und denkt an einen Suizid, dann könnte dieses Verhalten dazu führen, dass er sein Vorhaben auch rascher in die Tat umsetzt.

Weitere Studien beschäftigten sich mit den Zusammenhängen zwischen Genen und der Stressverarbeitung. Untersuchungsergebnisse von Wissenschaftlern der Universitätsklinik für Psychiatrie und Psychotherapie AKH in Wien unter der Leitung von Alexandra Schosser fanden heraus, dass bestimmte Veränderungen im Gen für das sogenannte COMT-Enzym, das Nervenbotenstoffe wie Adrenalin, Noradrenalin und Dopamin abbaut, offenbar mit einem erhöhten Suizidrisiko einhergehen (www.derstandart.de vom 07.10.2019, Zugriff am 05.03.2021).

Gedanken, Gefühle, Bewegungen – nichts würde ohne Nervenbotenstoffe funktionieren. Sie entscheiden über Motivation, Lust, Stimmung, Energie, Schlaf, Verlangen und beeinflussen die geistige Leistungsfähigkeit, die Lernfähigkeit, das Gedächtnis und auch die Art und Weise, wie man Stress verarbeitet. Solange ein Gleichgewicht zwischen ihnen besteht, ist alles gut. Aber wehe, wenn die Balance gestört wird: Stimmungsschwankungen, Konzentrationsprobleme, Antriebslosigkeit und Müdigkeit sind nur einige Probleme, die einen dann komplett aus der Bahn werfen können. Dauerhafter Stress führt langfristig zu einem Ungleichgewicht der Nervenbotenstoffe, es kommt zu Schwachstellen in der Informationsübertragung zwischen den Nervenzellen und zu Konzentrationsstörungen.

Schauen wir uns die einzelnen Nervenbotenstoffe im Zusammenhang mit einem Suizidgeschehen genauer an.

Da ist das Dopamin, es springt immer dann an, wenn eine Belohnung in Aussicht gestellt wird, egal worum es sich handelt, um eine Verliebtheit mit dem möglichen Partner als Belohnung, um ein Erfolgserlebnis, im Negativfall um ein Suchtmittel, dass eine schnelle Befriedigung verschafft. Das Dopamin setzt Anreize und bewirkt die zum Erreichen des Ziels notwendige Motivation. Wird es aber immer unerreichbarer oder tauchen Misserfolge auf, dann kommt es wie beim Fehlen eines Suchtmittels zu Entzugserscheinungen. Am deutlichsten wird das beim Liebeskummer.

Bereits der amerikanische Psychiater Karl Menninger stellte 1938 fest, dass bei über 80 Prozent der Betroffenen eines Suizids oder Suizidversuches Trennungen, drohende Trennungen oder eine soziale Isolation als Auslöser fungierten.

Besteht keine Aussicht auf Erfolg mehr, so kann sich das Gehirn auch keine Belohnung mehr vorstellen. Der Dopaminspiegel fällt ab, eine Abwärtsspirale entsteht, die sich selbst immer weiter verstärkt. Damit einhergehend wird auch die Realität immer pessimistischer eingeschätzt, der Spielraum und damit das Denken engen sich immer weiter ein. Allein ist es da schwer, wieder hinauszugelangen, wenn nicht fast unmöglich. Glücklich kann sich schätzen, wer Angehörige oder Freunde hat, die ihm helfen, wieder Aufwind zu bekommen, indem sie neue Anreize und Impulse setzen.

Ein weiterer Nervenbotenstoff ist das Serotonin. Es bewirkt Zufriedenheit und ein sattes Wohlbehagen. Entsprechend führt sein Absinken bekanntermaßen auch zu einer Depression. Genetisch verfügt dabei jeder über eine unterschiedliche Ausstattung. Wer weniger davon besitzt, ist anfälliger für eine Depression und rutscht schneller in eine Suizidgefahr.

Forschungen ergaben, dass depressive Patienten, die sorgfältig einen Suizid mit hohem Sterberisiko planten, eine niedrigere Konzentration des Serotoninstoffwechselproduktes 5-HIAA im Nervenwasser aufwiesen als depressive Patienten mit Suizidversuchen mit geringem Sterberisiko (Mann und Currier 2007).

Noradrenalin ist wiederum ein Nervenbotenstoff, der eher aktivierend und enthemmend wirkt. Antidepressiva der Wirkstoffgruppe SSRI, die sogenannten Serotoninwiederaufnahmehemmer, erhöhen zunächst das Noradrenalin und erst zu einem etwas späteren Zeitpunkt das Serotonin. Aus diesem Grund dürfen sie niemandem gegeben werden, der akut suizidal ist, es sei denn, er wird stationär ärztlich überwacht. Denn bevor sich die Stimmungslage verbessert, würde sonst das aktivierende Noradrenalin den suizidalen Patienten dazu verleiten, seinen Entschluss wohlmöglich in die Tat umzusetzen, bevor das Medikament antidepressiv wirken kann.

Ein direktes Selbsttötungs-Gen scheint es nach dem gegenwärtigen Forschungsstand aber nicht zu geben, es handelt sich vielmehr immer um ein komplexes Zusammenspiel, welches das Risiko erhöht.

Zu ähnlichen Schlussfolgerungen ist man auch bei den genetischen Untersuchungen der Depressionen gelangt. Das Max-Planck-Institut (MPI) für Psychiatrie in München kam zu dem Ergebnis, dass Mutationen im Tyrosin Kinase 2 Rezeptor Gen (NTRK2) das Risiko für einen Suizidversuch bei depressiven Menschen erhöhen. Es hat eine wichtige Funktion bei der zielgerichteten Netzwerkbildung von Nervenzellen und ihrer geordneten Kommunikation. »Unsere Untersuchung weist erstmalig eine genetische Assoziation von NTRK2 mit Suizidverhalten nach und eröffnet uns damit detaillierte Studien, um mögliche therapeutische Angriffspunkte an diesen Rezeptor zu identifizieren«, so die Erklärung von Dr. Elisabeth Binder vom MPI (www.scinexx.de, Zugriff am 08.05.2021).

Das bestätigt die von Forschern inzwischen vertretene Ansicht, dass Gene und Umwelt sich wechselseitig beeinflussen.

Ein Wissenschaftszweig, der den Einfluss der Umwelt auf unsere Gene untersucht, heißt Epigenetik. Er geht davon aus, dass Außeneinflüsse wie Nahrung, Stress oder Rauchen die Gene verändern. Durch schädliche Einwirkungen lagert sich beispielsweise eine Methylgruppe bei ihnen an. Die Veränderungen sorgen dafür, dass bestimmte Gene an- oder abgeschaltet werden.

Ursprünglich war das sinnvoll, denn dadurch war das gesamte System besser in der Lage, sich an die Umweltbedingungen anzupassen. Leider geschieht es auch im negativen Sinn. Einige Studien zeigen bereits, dass traumatische Ereignisse in der Kindheit ebenfalls dazu führen, dass sich wieder Methylgruppen an bestimmten Genen anlagern, insbesondere am Gen NR3CI, das die Aktivität eines Stresshormonrezeptors reguliert.

3.3 Soziologische Konzepte zum Suizid

Wie weit kann der Mensch zum Opfer seiner Umstände werden? Einer der ersten Forscher, der versuchte, diese Fragen zu beantworten, war einer der Begründer der Soziologie als akademischer Disziplin, der Franzose Emil Durkheim. Seine 1897 erschienene Monographie »Le suizide«, auf Deutsch übersetzt mit »Der Selbstmord«, erhält bis heute in der Suizidforschung große Beachtung und bildete für viele Wissenschaftler eine Grundlage für ihre weiteren Untersuchungen.

Sein Werk zählt dabei zu den ausführlichsten und originellsten Arbeiten auf diesem Gebiet, es gilt als Vorbild für ein sauberes methodisches Vorgehen zur empirischen Forschung. Durkheim bezieht sich ausschließlich auf soziale Faktoren, wenn er schreibt: »Unsere Absicht ist es nicht, eine möglichst vollständige Liste aller Bedingungen zusammenzustellen, die zur Genese der jeweiligen Selbstmorde beitragen mögen, sondern wir wollen nur diejenigen untersuchen, von denen jene Tatsache abhängt, die wir die soziale Selbstmordrate genannt haben« (Durkheim 1999, S. 35).

Die Suizidrate hängt dabei nach seiner Theorie vom Integrationsgrad in einer Gruppe ab: »Der Selbstmord variiert im umgekehrten Verhältnis zum Grad der Integration der sozialen Gruppen, denen der einzelne angehört« (ebd., S. 232).

Drei Gruppen beugen demzufolge nach Durkheim einem Suizid besonders vor: die Familie, der Staat und die Kirche, da in diesen Gruppierungen in der Regel eine hohe Integration ihrer Mitglieder vorhanden ist. Je fester dabei die Gruppe gefügt ist, desto nachhaltiger ist auch der Schutz gegenüber Suizidgedanken. Durkheim definiert das als »dynamischen Dichte« wie folgt: »Im Allgemeinen definieren wir die Dichte einer Gruppe nicht nach der absoluten Zahl der einzelnen Mitglieder […], sondern nach der Anzahl der Individuen, die bei gleichem Volumen tatsächlich in Wechselbeziehungen zueinanderstehen« (ebd., S. 224).

Voraussetzung für diese intakten sozialen Beziehungen sind gemeinsame Verhaltensregeln, Normen und Wertvorstellungen. Religionen beispielsweise formieren bestimmte Dogmen, die allen Gläubigen als Grundlage ihrer Integration verpflichtend geworden sind und die traditionell weitergegeben werden. Eine Religion grenzt sich auch dadurch von der anderen ab. Je kollektivistischer und geschlossener die religiöse Gemeinschaft dabei auftritt, desto mehr besitzt sie eine Schutzfunktion (vgl. ebd., S. 184 f.).

Zum Suizid kommt es nach Durkheims Auffassung dann, wenn ein Individuum nicht genügend an die Gesellschaft angepasst ist. In diesem Zusammenhang entwickelt er den Begriff der Anomie, die er als Situation definiert, in der Verwirrung über soziale und moralische Normen herrscht, weil sie widersprüchlich sind, sie begünstigt ein abweichendes Verhalten. Er unterscheidet drei Suizidarten, in einer Fußnote erwähnt er zusätzlich als vierte den fatalistischen Suizid.

Die gesellschaftlichen Formen des Suizides nach Durkheim

Der »altruistische Suizid«

Die altruistische Selbsttötung ist Ausdruck einer zu starken Bindung an Gruppennormen. In kollektivistischen Gesellschaften, in denen die Bedürfnisse des Einzelnen dem Ziel der Gemeinschaft größtenteils untergeordnet sind, wird das Leben des Einzelnen zum Wohlergehen der Gesellschaft geopfert, wie im Fall von Kamikaze-Piloten, bei Selbstverbrennungen aus Protest gegen Krieg und gesellschaftlicher Ungerechtigkeit.

Die »Idee« wird höhergestellt als das eigene Leben, es besteht auch die Gefahr, dass daraus ein erweiterter Suizid entsteht.

Der egoistische Suizid

Mangelt es in einer Gemeinschaft an innerer Integration, fehlt dem Einzelnen der Halt. Er identifiziert sich dann nicht mit den vorgegebenen Verhaltensregeln. Da die sozialen Bindungen geschwächt sind, handelt jeder nur aus Privatinteressen.

Der anomische Suizid

In einer Gesellschaft mit widersprüchlichen sozialen und moralischen Normen herrscht Verwirrung, die wirtschaftliche Entwicklung der Gesellschaft und die soziale Solidarität untereinander bleiben aus. Die Menschen finden keine Grenzen für ihre Bedürfnisse und sind in einem Dauerzustand der Enttäuschung. Abrupte einschneidende und schwerwiegende Änderungen im sozialen Status begünstigen auch einen Suizid, das gilt bei sowohl bei wirtschaftlichem Ruin als auch bei plötzlichem unerwartetem Reichtum, die bisherigen Erwartungen werden infrage gestellt.

Der fatalistische Suizid

Eine in sich geschlossene und repressive Gesellschaft schränkt den Menschen so stark ein, dass seine Bedürfnisse erstickt werden. Unter den gegebenen und nicht zu verändernden Bedingungen zieht er den Tod vor.

Seit Durkheim wurden soziologische Ansätze zum Suizid immer wieder aufgegriffen und ergänzt.

So finden wir beispielsweise bei J.P. Gibbs und W.T. Martin die Überlegungen, dass ein Konflikt zwischen Status und Aggression zum Suizid führen kann, die Soziologen A.F. Henry und J.F. Short vermuten, dass ein Statusverlust oft zu Aggression und letztlich zu Selbsttötung führt.

Robert King Merton, ein US-Soziologe des 20. Jahrhunderts, erweiterte die Anomietheorie dahingehend, dass die Abweichung des Einzelnen von den Zielen der Gruppe in einer Rebellion münde und dass letztlich auch die Selbsttötung ein Akt der Rebellion sei.

Neuere Forschungen weisen darauf hin, dass der Suizidale als einziger die neurotischen und psychotischen Symptome austrägt, welche eine ganze dysfunktionale Gruppe um ihn herum eigentlich hat und dass die Art der Beziehungen, welche die Mitglieder mit ihm führen, ihn in den Suizid treibt.

Bei den genannten Theorien fällt auf, dass jemand, der aus der Verbindung mit anderen herausfällt, sich irgendwann selbst tötet.

So können wir feststellen, dass der Grundgedanke Durkheims auch nach über hundert Jahren weitestgehend wichtige Aspekte zum umfassenden Verständnis des Suizidgeschehens beinhaltet.

Die soziale Integration und Desintegration, das Fehlen und die Vernachlässigung allgemein verbindlicher Normen und Werte, überbordende Zwänge und soziale Einengung werden sowohl in der Soziologie als auch in der Suizidologie als beeinflussende Bedingungsfaktoren für Suizidalität betrachtet.

3.4 Risiko- und Schutzfaktoren bei einem Suizid

Risikofaktoren

Umfassende Untersuchungen zu erfolgten Suiziden haben ergeben, dass sich bestimmte Risikofaktoren zur Einschätzung der Gefährdung als hilfreich erweisen. Einen raschen Überblick bietet dabei die SAD-PERSONS-Skala, die auch in der Notfallmedizin eingesetzt wird. Zur besseren Merkfähigkeit wurde dabei aus den zehn Anfangsbuchstaben ein Akronym gebildet.

> **SAD-PERSONS-Skala (»Traurige Personen-Skala«) von W. Patterson**
>
> S (sex) – männliches Geschlecht
> A (age) – höheres Lebensalter und Zugang zu Suizidmitteln (access to lethal mean)
> D (depression) – Depression und andere psychische Erkrankungen
> P (previous attempt) – Suizidversuche in der Vorgeschichte
> E (ethanol abuse) – Sucht
> R (rational thought loss) – Realitätsverlust
> S (social supports lacking) – Einsamkeit statt sozialer Unterstützung
> O (organized plan) – konkrete Pläne zum Suizid
> N (no spouse) – keine Partnerschaft oder Partnerschaftskrisen
> S (sickness) – chronische Erkrankung oder Diagnose, die zum Tode führt
>
> (Patterson et al. 1983, S. 343–349)

Je mehr Risikofaktoren vorhanden sind, umso größer ist die vermutete Wahrscheinlichkeit, dass ein Suizid begaben werden könnte.

Die Deutsche Gesellschaft für Psychiatrie und Psychotherapie, Psychosomatik und Nervenheilkunde (DGPPN) hat in Kooperation mit weiteren zwölf Organisationen eine Leitlinie zur unipolaren Depression erarbeitet, die im Kapitel Suizidalität ebenfalls die Risikofaktoren erfasst. Nach ihrer Aussage haben frühere Suizidversuche den höchsten Vorhersagewert für einen folgenden Suizid.

Neben den bereits beschriebenen Risikofaktoren erwähnt sie ergänzend (S3-Leitlinie/NVL Unipolare Depression, S. 162, Tab. 25):

- suizidales Verhalten bei Familienmitgliedern
- belastende Lebenssituationen und Lebenskrisen wie Mobbing, Belastungen, Kränkungen oder Arbeitslosigkeit
- junge Menschen, denen es noch schwerfällt, zu reflektieren und abzuwägen

Schutzfaktoren

Es gibt Schutzfaktoren, die einem drohenden Suizid entgegenwirken können Sie haben unter dem Begriff der Resilienz, also Widerstandskraft, in der Forschung eine zunehmende Bedeutung erlangt. Zu wichtigen Schutzfaktoren zählen Selbstvertrauen, soziale Kompetenzen, tragende Beziehungen, gute Strategien zur Problembewältigung und persönliche sowie berufliche Perspektiven.

Die wichtigsten Schutzfaktoren vor einen Suizid

- Kinder zu Hause
- Gefühl der Verantwortlichkeit für die Familie
- Schwangerschaft (mit Ausnahme: bei einer Psychose)
- Religiosität
- Lebenszufriedenheit
- Fähigkeit zur Realitätsüberprüfung
- Positive Bewältigungsstrategien
- Positive Problemlösungsstrategien
- Positive soziale Unterstützung
- Positive therapeutische Beziehung

(American Psychiatric Assoziation 2003, zit. nach Wolfersdorf und Etzersdorfer 2022, S. 124)

Je weniger Risikofaktoren und je mehr Schutzfaktoren vorhanden sind, desto weniger wahrscheinlich wird ein Suizid. Legen wir unser Augenmerk also verstärkt auch auf die aktive Bewältigung der Realität, die tröstende Fantasie, die liebevolle Beziehung zu den anderen in der Familie, im Freundeskreis, im Arbeitsumfeld und in der Gesellschaft allgemein!

4 Suizidale Entwicklungsauslöser

Alles das, was dazu führt, dass sich die Beziehungsfähigkeit von Menschen verbessert, ist gut fürs Hirn und gut für die Gemeinschaft ... was die Beziehungsfähigkeit von Menschen einschränkt und unterbindet, unterminiert, ist schlecht fürs Hirn und schlecht für die Gemeinschaft.
Prof. Dr. Gerald Hüther, Neurobiologe

4.1 Psychische Erkrankungen als Suizidgefahr

Grundsätzlich kann beinahe jeder Mensch unter bestimmten Umständen suizidal werden! In diesem Sinne ist die Suizidalität auch kein rein medizinisches Problem, umgekehrt haben aber seelische Beeinträchtigungen die Eigenart, dass sie sich in Krisen steigern können, bis sie nahtlos den Bogen vom »Normalen« bis hin zum »Gestörten« spannen. Der weitere Verlauf wird sich sowohl zur einen als auch zur anderen Seite neigen, bis hin zu psychischen Grenzerfahrungen und zum Suizid. Wer dann zu viel an die Vergangenheit denkt, wird beispielsweise immer depressiver und wer zu viel an die Zukunft denkt, wird immer ängstlicher.

Für die Betroffenen ist es oft schwer, ein Verständnis für ihr »So-Sein« zu gewinnen und ebenso für Nahestehende, sie zu verstehen – das Problem bei psychischen Erkrankungen besteht darin, dass sie von außen nicht sichtbar sind. Hinzu kommt, dass Betroffene häufig auf ihre »Probleme reduziert« werden und sich stigmatisiert fühlen.

Lassen wir uns auf diese Menschen ein, entdecken wir, dass ohne sie unsere Welt viel ärmer wäre, nicht so vielschichtig und menschlich, unter Umständen zu wirtschafts- und leistungsorientiert, als uns das immer guttut. Betroffene bringen neben ihrem Leid häufig auch viele positive Eigenschaften mit: sie sind vielleicht besonders sensibel, kreativ und sympathisch. Aufgrund ihrer psychischen Instabilität und Verletzlichkeit bringen sie oft ungewohnte Sichtweisen und Perspektiven mit.

Ihre Suizidgedanken sind ein menschlich nachvollziehbarer Ausdruck dafür, dass sie die krisenhafte Zuspitzung ihrer Probleme nicht mehr allein bewältigen und deshalb ist es wichtig und richtig, sich um sie zu kümmern und ihnen, wo es möglich ist, zu helfen. Während dieses Zustandes ist alles möglich, sowohl ein produktiver Prozess, der die Persönlichkeitsentwicklung vorantreibt, als auch eine Abwärtsspirale, wenn die Kraft fehlt, das weiter durchzustehen.

Depression

Stellen Sie sich vor, eine dunkle Nebelwolke bewegt sich auf Sie zu und hüllt Sie ein! Sie haben keine Chance zu entkommen, die kühle Nässe legt sich um ihren Körper, Sie beginnen zu frieren und zu zittern, kauern sich zusammen, Ihnen fehlt sowohl die Energie als auch die Lust, irgendetwas zu unternehmen, lieber möchten Sie sich verkriechen. Neben Ihnen steht jemand, der von dieser Wolke nicht betroffen ist, der sie noch nicht einmal sehen kann und Sie deshalb verständnislos anschaut.

Wer keine Depression hat, kann sich nur schwer in den betroffenen Menschen hineinversetzten. Dieser weiß oft selbst nicht, was mit ihm los ist, ist er nur traurig? Was bedeutet »depressiv«? Seinen Zustand kann er genau so wenig ablegen, wie ein Grippepatient.

Angehörige und Nahestehende vermuten mitunter, dass er sich nur hängen lässt und geben Kommentare ab in der Art: »Reiß dich doch zusammen, sei einfach mit uns fröhlich, das wird schon wieder, du wirst sehen.« Betroffene würden das ja gerne tun, aber sie schaffen das einfach nicht.

Diese Bemerkungen verschlimmern die Situation eher. Depressive neigen dazu, sich für ihren Zustand selbst zu verurteilen und empfinden es umso schlimmer, wenn sie noch zusätzlich von außen dafür beschuldigt werden: »Stell dich doch nicht so an. Verkriech dich doch nicht immer zu Hause, sonst bist du selbst schuld, dass es dir so schlecht geht.« Die Vorwürfe sind unpassend, es handelt sich um eine ernstzunehmende Störung, die im schlimmsten Fall sogar mit dem Tod enden kann. Liegt eine Depression vor, so sind die suizidalen Impulse anhaltend und gefährlich. Die Betroffenen ziehen sich zurück und behalten ihre Suizidgedanken irgendwann für sich, weil sie sich schämen, und es dann nicht wagen, sich anzuvertrauen. Je länger der Zustand anhält, desto mehr empfinden sie ihn als Schwäche, die es zu verbergen gilt. Hinzu kommt, dass das Thema Depression bei uns noch immer nicht frei von Stigmatisierung ist.

Oft gehen die Patienten erst mit körperlichen Symptomen in die Sprechstunde. Selbst für den Arzt ist es dann nicht immer einfach zu erkennen, dass die eigentliche Ursache der Schmerzen in einer depressiven und nicht in einer körperlichen Erkrankung liegt.

Die Statistik besagt, dass jeder fünfte Deutsche einmal in seinem Leben an einer Depression erkrankt, insgesamt über fünf Millionen Menschen, weltweit sind es sogar 350 Millionen Menschen. Die Dunkelziffer ist zudem hoch, weil die Diagnose manchmal sehr schwierig ist.

Typisch für eine Depression sind sogenannte »Losigkeitssymptome«, wie Hoffnungslosigkeit, Freudlosigkeit, Antriebslosigkeit, gefühlte Wertlosigkeit und Interessenlosigkeit. Immer herrscht eine grundlos auftretende tiefe Traurigkeit vor, bei schweren Verläufen kommt es auch zu einem Gefühl der inneren Leere. Weitere Symptome und Beschwerden sind Grübeleien, Ängste, Schlafstörungen, Gedächtnis- und Konzentrationsstörungen und übersteigerte Schuldgefühle. Selbst zu kleinsten Aktivitäten fühlt sich der Betroffene mitunter nicht mehr in der Lage, denn die Depression blockiert die eigene Beweglichkeit, sowohl im tatsächlichen als auch im übertragenen Sinn. Er ist erstarrt und ausgebremst, fast einer Ohnmacht nahe.

Wie es sich anfühlt, beschrieb Joanne K. Rowling, Autorin der Harry-Potter-Romane, 2015 in einem Interview mit der Süddeutschen Zeitung sehr anschaulich:

»Ich glaube, ich hatte schon sehr jung eine Neigung zur Depression. Es wurde akut, als ich zwischen 25 und 27 war; eine dunkle Zeit. Die Abwesenheit von Gefühlen – mehr noch die Abwesenheit von Hoffnung darauf, dass es wieder besser wird. Und es ist so schwer, es jemandem zu beschreiben, der es noch nie erlebt hat, denn es geht nicht um Traurigkeit. Ich kenne Traurigkeit, sie ist nichts Schlechtes. Zu weinen und zu fühlen. Aber eine Depression ist die kalte Abwesenheit von Gefühlen, eine echte Leere. So sind auch die Dementoren.«

Ihre schwere depressive Episode entwickelte sich im Verlauf ihrer unglücklichen Ehe, an deren Ende die Trennung stand. Aus Sorge für ihre kleine Tochter hielt sie durch und verarbeitete ihre Krise durch das Schreiben. In dieser Zeit begann sie mit den Potter-Büchern und verarbeitete ihre bedrückenden Gefühle in Gestalt der Dementoren, die förmlich jegliche Freude und Hoffnung aus den Menschen saugen.

Jeder Mensch erlebt seine Depression individuell. Mein Patient Martin berichtete, wie ihm die Depression alle Kräfte raubt.

Martin (32)

Ich kann nicht mehr schlafen, denn dann tauchen die Alpträume auf und ich fürchte mich mittlerweile vor ihnen. Deshalb versuche ich, mich bis ein Uhr nachts wach zu halten, damit ich anschließend möglichst tief schlafe und wenig mitbekomme. Wenn ich wach bin, kann ich mich von meinen Gedanken ablenken, wenn ich schlafe, bin ich ausgeliefert. Ich komme nicht aus der Gedankenabwärtsspirale raus. Ab und zu versuche ich, tagsüber Gefühle zuzulassen, es tut aber psychisch und physisch so weh, dass ich nach zehn Minuten weine und in eine Erstarrung verfalle, bis sich irgendwann alles taub anfühlt. Die anderen bekommen davon nichts mit. Die kleinsten Sachen werden zum Kampf, Einkaufen oder etwas zum Essen machen. Ich schaffe es einfach nicht.«

Kriterien einer Depression

- äußerer Eindruck: Traurigkeit, versteinerte Mimik, kraftlose Körperhaltung, vornübergebeugt. Fachleute bezeichnen das als Affektstarre. Die Gefühle und Stimmungen bewegen sich beim Gespräch nicht mit, der Blickkontakt wird vermieden, Scham ist spürbar. Die Sprache ist meist leise und verlangsamt.
- emotionale Veränderungen: Traurigkeit, Niedergeschlagenheit, Ängstlichkeit, Schuldgefühle, Reizbarkeit, innere Leere und schließlich eine Gefühllosigkeit, wenn einem alles egal ist. Dann fühlt man sich manchmal nicht mehr mit seinen engsten Bezugspersonen verbunden. Schuldgefühle, Äußerungen: Ich habe alles falsch gemacht, ich bin selbst schuld, ich bin nur eine Belastung.
- Veränderungen des Denkens: Konzentrations- und Gedächtnisstörungen, negative Gedanken und Einstellungen, negatives Grübeln, Selbstzweifel gegenüber den eigenen Fähigkeiten und dem Äußeren.
- körperliche Symptome: innerliche Unruhe oder Lethargie, Schlafstörungen, Morgentief, tagsüber kommen die Betroffenen nicht aus dem Bett und sind energielos und müde, Appetitlosigkeit oder ungezügeltes Vollstopfen, um damit Gefühle zu unterdrücken, sexuelle Lustlosigkeit und Impotenz.

Ursachen

Die Ursachen einer Depression haben biologische, psychologische und soziale Komponenten. Neurobiologisch ist die Depression ein Zustand, in dem das emotionale Mittelhirn überaktiv ist, während das Stirnhirn – der Teil des Gehirns, der uns befähigt, überlegt zu handeln – in seiner Funktion stark reduziert ist. Depressive Menschen müssen dadurch viel mehr Mühe aufwenden, ihr emotionales Hirn auch zu kontrollieren und zu steuern. Doch sie wissen nicht, was mit ihnen passiert ist, sie erleben sich als unfähig und geben sich die Schuld dafür. Verletzungen und seelischer Schmerz werden emotional ganz unmittelbar erlebt, ohne die Möglichkeit, dass der Verstand korrigierend und lösungsorientiert eingreift.

Inweiweit der depressive Reaktionsmodus vererbt wurde, ist bisher nicht abschließend geklärt. Dass sich unsere Ernährung auch auf unser Wohlbefinden auswirkt, ist jedoch seit langem bekannt.

Ebenso, dass schwere Grunderkrankungen häufig zu depressiven Symptomen führen.

Auch die Persönlichkeitsstruktur begünstigt den Ausbruch einer Depression. Ein schwaches Selbstwertgefühl, verbunden mit der Neigung, alles perfekt machen zu wollen und die Abhängigkeit von einer äußeren Bestätigung leisten einer Depression Vorschub. So sehr sich diese Menschen auch anstrengen, sie sind niemals zufrieden mit sich. Irgendwann sind sie dann völlig ausgebrannt und das fördert die Entstehung einer Depression. Die erforderliche situative Anpassung führt zu einer Entfremdung von der eigenen Person, man ist nicht mehr im Kontakt mit sich selbst.

Schicksalsschläge wie Trennungen und Todesfälle – also alles Negative, was uns in unserem Leben widerfährt – spielen eine Rolle und die Qualität unserer engsten Beziehungen. Erfahre ich Unterstützung und Bestätigung oder werde ich missachtet und ausgenutzt? Besonders prägend ist das frühere Verhältnis zur Mutter oder zum Vater.

Bei Aaron Beck (1921–2021), dem Begründer der kognitiven Verhaltenstherapie, ist suizidales Verhalten eng mit den verzerrten Denkschemata der Depression verbunden.

Sowohl der Depressive als auch der Suizidgefährdete sieht sich, die Welt und die Zukunft ausschließlich negativ. Hoffnungslosigkeit macht sich breit, so dass nur noch der Suizid als letzte Lösung übrigbleibt.

Der amerikanische Psychologe Martin Seligman (1991) fand wiederum heraus, dass Depressive dazu neigen, sich die Verantwortung für negative Ereignisse selbst zuzuschreiben, während sie positive Ereignisse eher auf äußere Umstände zurückführten. Ein Misserfolg wird von Depressiven eher mit mangelnder Begabung erklärt, an der nichts zu ändern ist.

Hilfestellung

Mit dem Willen allein kann ein Betroffener seine Depression kaum überwinden. Mit einem depressiv Erkrankten konfrontiert zu werden, ist für jeden Menschen eine Herausforderung, denn der Betroffene isoliert sich gern, weil es sich für ihn schwierig anfühlt, in diesem Zustand zu reden oder die Gesellschaft anderer überhaupt auszuhalten.

Da Nahestehende oftmals in eine Überforderung geraten, ist eine Psychotherapie die geeignete Unterstützung, entweder stationär oder ambulant. Ein stationärer Aufenthalt hat den Vorteil, dass der Betroffene für ein paar Wochen aus seinen schwierigen Lebensumständen herausgenommen wird.

Ziel ist dabei immer die Stärkung der seelischen Widerstandskraft. Sich selbst gegenüber Liebe und Verständnis zu erwerben, ist ein erster Schritt. Dabei spielt es eine große Rolle, ob der Depressive es schafft, zu seinem Gegenüber ein Vertrauen aufzubauen, einem Angehörigen oder auch Therapeuten. Keiner nimmt Unterstützung von jemandem an, dem er nicht vertraut.

Anders als oftmals gemutmaßt wird, sind viele Depressionen tatsächlich oft heilbar. Bei leichteren Episoden hilft oftmals schon eine kurze Psychotherapie, bei chronischen Depressionserkrankungen wird mit einer passenden Therapie oft nach langer Zeit noch eine wesentliche Besserung erreicht.

Bipolare Störung

Wir alle tragen einen traurigen und einen heiteren Anteil in uns. Bei einem Menschen, der an einer bipolaren Störung leidet, die auch als Manisch-Depressive Erkrankung bezeichnet wird, geraten jedoch beide Teile so außer Kontrolle, dass der Realitätsbezug verloren geht. Perioden des Hochgefühls, der Hyperaktivität, der Kritiklosigkeit und der damit einhergehenden Schlaflosigkeit wechseln mit solchen der Niedergeschlagenheit in schnellem oder langsamem Wechsel, der von wenigen Tagen bis zu einem Jahr reichen kann. Vier Millionen Menschen sind in Deutschland davon betroffen, die Suizidrate ist hoch. Häufig dauert es lange, bis die Krankheit erkannt wird: ist jemand besonders aktiv, na gut, oder ist jemand besonders traurig, das geht vorbei, so denkt anfangs sein Umfeld.

Hat jemand eine Manie, so ist sein Hochgefühl intensiv, meist fühlt er sich besonders leistungsfähig, Probleme werden verleugnet, Betroffene reagieren gereizt, wenn sie darauf hingewiesen werden. Unsinnige Käufe werden getätigt oder Firmen werden gegründet. Die Grenzen zwischen Wahrheit und Wunschdenken verwischen, der Betroffene fühlt sich wie ein König, dem alles möglich ist und für den es keine Beschränkungen gibt. So flog ein Patient beispielsweise als genialer Geschäftsmann um die Welt, obwohl er keiner war, eine weitere Patientin kaufte Immobilien in Südafrika, ohne die Angebote zu prüfen, ein Betroffener fuhr als Geisterfahrer die Autobahn auf der Gegenspur entlang mit der sicheren Überzeugung, ihm würde sowieso nichts passieren. Auch besondere künstlerische Besonderheiten können gelingen. In einer Therapiesitzung hörte ich einmal den Satz: »Ich glaube dann immer, die ganze Welt ist eine Party und ich rede mit jedem auf der Straße.«

Innerhalb von Stunden kann der große Zusammenbruch mit der schweren Depression einsetzen, voller Selbstvorwürfe, ständigem Grübeln und mit einem kompletten Verlust des Selbstwertgefühls. Dann ist die Suizidgefahr extrem groß, weil die Aktivität noch vorherrscht, aber die Stimmungslage bereits gekippt ist.

Es gibt Verläufe mit ausschließlich manischen oder depressiven Phasen, oder sie wechseln einander ab.

> Manische Episoden beginnen in der Regel abrupt und dauern zwischen zwei Wochen bis zu fünf Monaten. Die Depressionen tendieren zu einer längeren Dauer, im Mittel sind es etwa sechs Monate, selten dauert sie länger als ein Jahr, außer bei älteren Menschen. Episoden beider Arten folgen in der Regel einem belastenden Lebensereignis.
>
> Die erste Episode kann in jedem Alter, von der Kindheit bis zum hohen Alter auftreten. Die Häufigkeit von Episoden und das Verlaufsmuster sind dabei sehr unterschiedlich.

Manisch-depressive Erkrankte gelten in der Psychiatrie als diejenigen mit dem höchsten Suizidrisiko. Prof. Dr. Peter Bräuning, Direktor der Klinik für Psychiatrie, Psychotherapie und Psychosomatik in der Vivantes HUK Klinik in Berlin, geht in dieser Personengruppe sogar von einer zwanzigfach erhöhten Suizidmortalität im Vergleich zur Gesamtbevölkerung aus (Bräuning 2019).

Mindestens jeder vierte bipolar Erkrankte unternimmt einen Suizidversuch, oft bereits in den ersten Erkrankungsjahren. Eine rechtzeitige Diagnose und anschließende Therapie ist für eine erfolgreiche Behandlung und um einen Suizid zu vermeiden, unbedingt notwendig.

Franz (49)

»Schon zweimal habe ich versucht, mir das Leben zu nehmen. Erfolglos, ich wurde jeweils gerettet und in eine psychiatrische Klinik eingewiesen. Jetzt bin ich wieder kurz davor.« Vor mir sitzt ein großer, kräftiger Mann in den Vierzigern, der erfolgreich als Steuerberater tätig ist. »Ich wollte mich schon in einer Klinik anmelden, aber dort haben sie mir gesagt, dass sie eine lange Wartezeit haben. Ich kann nicht mehr warten, die Zeit drängt, ich bringe mich sonst dieses Mal todsicher um. In die andere Klinik, die mich sofort aufnehmen würde, möchte ich nicht, dort bekommt man nur Tabletten, aber ich muss grundlegend etwas ändern. Sie müssen mir helfen, es geht mir furchtbar.«

Man sieht es ihm an. Unruhig rutscht er auf seinem Stuhl hin und her. Der robust wirkende Mann ist in seiner Verletzlichkeit und Sensibilität ebenso spürbar wie sein verzweifelter Leidensdruck. Er berichtet mir von seiner Erschöpfung, seinen Schlafstörungen, seinen nihilistischen Gedanken. »Es hat doch alles keinen Sinn, dieser Zustand kehrt immer wieder zurück, ich kenne ihn ja nun bereits. Ich habe keinerlei Freude oder Interesse an irgendetwas.« Für mich sieht es so aus, als sei sein manisches Zustandsbild gerade in eine depressive Phase gekippt. Eine gefährliche Zeit im Hinblick auf einen eventuellen Suizid. Ich frage ihn, wie lange das schon geht. Wie er mir erzählt, leidet er bereits seit dem Studium an der bipolaren Störung. Ist er manisch, so arbeitet er hochriskant in seiner Kanzlei und nimmt alles nicht so genau, winkt Fälle, in denen es manchmal um sehr hohe Beträge geht, einfach durch und macht auch Fehler. Er schläft dann kaum, arbeitet nächtelang durch, kauft sich einen Oldtimer nach dem anderen. Er ignoriert alle Warnungen seiner Ehefrau. Und irgendwann schlägt die Manie plötzlich um in Niedergeschlagenheit und Verzweiflung, er fühlt sich, als hätte er einen gigantischen Scherbenhaufen hinterlassen. Dann ist er depressiv, quält sich mit Selbstvorwürfen, bereut seine Fehler, fühlt sich aber außerstande, sie zu korrigieren. Er verkauft wieder einen Oldtimer nach dem anderen. Er wird immer suizidaler und fasst konkrete Pläne, wie er sich das Leben nehmen könnte, ohne dass es auffällt.

»Es handelt sich um Fehler, die Folgen nach sich ziehen können, verstehen Sie? Es ist, als ob jedes Jahr auf dem Fließband eine Leiche angerollt kommt und ich muss sie wieder und wieder erschießen. Aber wenn ich die Fehler aufdecke, besteht die Gefahr, dass ich mit meiner Familie mein Dach über dem Kopf verliere und dass wir auf der Straße landen.«

Ursachen

Wie kommt es, dass Franz solche Stimmungsschwankungen hat? Aktuell vermutet man eine gewisse Vererbung. So kommt es bei Verwandten ersten Grades deutlich häufiger zu dieser Erkrankung. Ist nur ein Elternteil betroffen, so erkrankt ein Kind mit zehn- bis 20-prozentiger Wahrscheinlichkeit ebenfalls. Sind beide Elternteile manisch-depressiv, erhöht sich das Risiko auf etwa 50 Prozent. Leidet ein eineiiger Zwilling an bipolaren Störungen, so ist sein Zwilling mit einer 65-prozentigen Wahrscheinlichkeit ebenfalls davon betroffen. Die Gene sind aber keinesfalls allein ausschlaggebend. Experten gehen derzeit davon aus, dass zur genetischen Disposition äußere Faktoren hinzukommen müssen, damit sich die Erkrankung manifestiert. So können beispielsweise schwere seelische Belastungen wie eine schwierige Ablösung vom Elternhaus, Prüfungsstress, der Anfang oder das Ende einer Beziehung, oder der Tod des Partners eine bipolare Störung einleiten. Dies gilt besonders für die erste manische oder depressive Phase.

Hilfestellung

Aber welche Möglichkeiten gibt es, einem Menschen wie Franz doch zu helfen? Im manischen Zustand sind die Betroffenen oft nicht zu einer Behandlung bereit, sondern erst, wenn der Zustand ins Gegenteil gekippt ist. Dabei ist in der akuten Phase tatsächlich eine stationäre Aufnahme oft die beste Lösung, um den Patienten vor sich selbst zu schützen. Er benötigt vermutlich Medikamente, da sein biochemischer Neurotransmitterhaushalt aus dem Gleichgewicht geraten ist.

Bewährt hat sich das Medikament Lithium, da es die Stimmungslage stabilisiert. Es wird oft, je nach den Symptomen, mit weiteren Medikamenten, beispielsweise Antidepressiva, kombiniert. Franz erhielt zunächst ein Antidepressivum, Lithium wurde für später in Erwägung gezogen, und er begann mit der ambulanten Psychotherapie.

Es wurde besprochen, dass sowohl sein depressiver als auch sein manischer Anteil Komponenten aufwiesen, die potentiell gut oder auch pathologisch waren. Um welche es sich dabei handelte, versuchte Franz selbst herauszufinden. Der depressive Anteil ermahnte den anderen, doch auch die nachhaltigen Konsequenzen seines Tuns zu prüfen und lieber gründlich und sorgsam, wenn auch langsamer zu arbeiten. Er sollte die Langzeitfolgen bedenken. Außerdem sollte er nicht jeden Kunden annehmen, sondern genauer auswählen. Das konnte er sich leisten, da er einen guten Ruf hatte. Der manische Anteil hingegen ermahnte, sich nicht immer nur in Grübeleien hineinzusteigern, sondern auch zu handeln und sich etwas im Leben zu gönnen. Franz gewann durch diese Überlegungen einen besseren Realitätsbezug und setzte die gewonnenen Erkenntnisse um, indem er u. a. einen sehr gut strukturierten Geschäftspartner in die Kanzlei aufnahm.

Nicht immer verlaufen die Heilungsprozesse schnell, oft sind sie langwierig, wichtig dabei ist ein Vertrauensverhältnis zum Therapeuten.

Ist es möglich, die besondere Kreativität und Intelligenz der manisch-depressiven Persönlichkeiten in die richtigen Bahnen zu lenken, so sind sie oft produktiv. Bekannte Beispiele dafür sind Hermann Hesse, Friedrich Schiller, Ludwig van Beethoven, Leonardo da Vinci, Pablo Picasso, Charles Darwin und Martin Luther.

Ängste

Angst hat ursprünglich eine schützende Funktion, sie hilft, nicht leichtsinnig zu werden, um sich gegen potentielle Gefahren zu wappnen. Schwillt sie aber zu sehr an, kippt sie selbst ins Gefährden, führt zu Blockaden, tritt in unbegründeten Situationen auf, beeinträchtigt die Lebensführung und mündet in eine krankhafte Angststörung.

Ein verhängnisvoller Kreislauf beginnt: angstauslösende Situationen werden vermieden, die Lebensführung engt sich immer mehr ein, unter Umständen wird die Wohnung nicht mehr verlassen, zuletzt nicht einmal mehr das eigene Bett. So verliert sich die Lebensqualität ver und die Gefahr wächst, einen Suizid zu erwägen.

Nicht immer ist die Störung am Beginn schon erkennbar. So auch im nachfolgenden Beispiel.

Karoline (40)

Karoline wacht morgens meist schon gegen vier Uhr mit Herzklopfen auf. Sie spürt ihre innere Unruhe und hat das Gefühl, dass etwas nicht stimmt. Irgendwie fühlt sie sich bedrückt, ohne dass sie genau sagen könnte, was es ist. Fieberhaft fängt sie an nachzudenken und sich Sorgen zu machen. Hat sie wirklich an alles gedacht? Wie hat die Kollegin das gestern gemeint? Hat sie die Unterlagen für die Präsentation gut genug fertig gestellt? Hat sie Hautkrebs oder ist das nur ein Leberfleck auf ihrem Arm? Hat sie genug Geld auf dem Konto, dass es im Falle einer Erkrankung und der damit verbundenen Kündigung reichen würde? Macht sie bei der Erziehung ihrer beiden Kinder alles richtig? Hoffentlich geht bei ihnen in der Schule alles gut. Die Sorgen bauschen sich auf wie ein Segel und das weiß sie, aber sie kann nichts dagegen tun.

Ihre Gedanken kreisen und sie schläft nicht wieder ein. Als sie hört, dass ihre Kinder aufstehen, um sich für die Schule fertig zu machen, fühlt sie sich wie gelähmt und ist nicht in der Lage, aufzustehen. Irgendwann hört sie, dass ihre Kinder das Haus verlassen. Noch stundenlang bleibt sie im Bett liegen in der Hoffnung, dass ihre Angst wieder verschwindet. So kann es nicht mehr weitergehen. vielleicht sollte sie aus dem Leben scheiden, damit sich jemand anders besser um die Kinder kümmern kann.

Aber geht es nicht in der heutigen Zeit vielen Menschen so? Nachts kriechen die Sorgen unter der Bettdecke hervor, sie werden immer größer und größer – wir wissen genau, dass wir sie um diese Zeit nicht lösen können, aber wir können nicht davon ablassen, es doch zu versuchen. Wieder und wieder widmen wir uns ihnen ergebnislos. An Schlaf ist nicht mehr zu denken und wir machen uns verrückt. Woran liegt das?

Da wir um diese Zeit nicht abgelenkt werden, prasseln alle Gedanken, die wir tagsüber von uns geschoben haben, auf uns ein. Einige Ängste sind ja auch berechtigt, wir können sie nachts nur nicht lösen.

Die Biologie der Angst

Die »Kampf-oder-Flucht«-Reaktion der Angst treibt das Adrenalin im Körper auf die Spitze und ihn zu Maximalleistungen an. So gerät der Körper zwar in eine Daueranspannung, aber sie wird nicht als Leistung umgesetzt, sondern führt im Körper zu erhöhtem Blutdruck, Herzklopfen, Schwitzen, Atemnot, Zittern, Schlafstörungen, Herzschmerzen, Übelkeit, Schwindel und einer ständig verspannten Muskulatur. Zeitgleich schlägt auch die Seele Alarm. Steigern sich die Ängste, findet das Denken keinen Ausweg mehr, es engt sich ein und gerät in eine negative Abwärtsspirale. Betroffene werden zusätzlich depressiv und dann steigt auch die Suizidgefahr. Welche Konsequenzen die Erkrankung für das Privat- und Berufsleben hat, hängt von der Schwere der Symptomatik und der individuellen Lebenssituation ab.

> **Phobien, die Panikstörung und die generalisierte Angststörung**
>
> - Phobien sind gerichtete Angststörungen mit einer übermäßigen Furcht vor Objekten oder Ereignissen, die für andere Menschen nicht oder kaum angstauslösend sind.
> - Die Panikstörung ist eine anfallsartige ungerichtete Angst, sie wird nicht durch konkrete Objekte oder Situationen ausgelöst. Es kommt mehrmals im Monat, manchmal auch mehrfach täglich zur Todesangst mit Blutdruckanstieg, beschleunigter Atmung, Schwitzen oder Frieren, Muskelanspannung, weichen Knien, Kribbeln in den Extremitäten, Sehstörungen, Übelkeit, Schwindel, Zittern, Schlafstörungen, aber auch Durchfallneigung und Harn-

drang. Man fühlt sich ängstlich, bedroht, unsicher und angespannt, kann sich nicht mehr auf seine momentane Tätigkeit konzentrieren und malt sich in Gedanken Szenarien aus, für die es keinerlei äußeren Anlass gibt, z. B. eine Herzattacke oder einen Autounfall. Mit der Zeit werden Orte, an denen Panikattacken schon einmal aufgetreten sind, immer häufiger gemieden. Viele Betroffene gehen nur noch in Begleitung aus dem Haus oder sie greifen zu Alkohol und Psychopharmaka, um sich zu beruhigen. Doch Rückzug und Vermeidung sind ein völlig falscher Weg, weil die Angst dann wächst.

- Bei der generalisierten Angststörung lauern vermeintlich überall viele verschiedene Bedrohungen und sie führen zu einer endlosen Spirale aus Sorgen und Ängsten, die mit der Zeit stärker werden und in alle Lebensbereiche sickern. Die ständige Anspannung wirkt sich auch körperlich u. a. in Form von Schlafstörungen aus.

Ursachen

Sowohl die lähmende Angst als auch die suizidale Entwicklung engen das Denken ein. Sprachgeschichtlich gesehen ist das Wort »Angst« verwandt mit dem indogermanischen »angh«, das »eng« übersetzt bedeutet. Tatsächlich ist es so, dass man sich bei einer Angst wie eingeschnürt fühlt, eine Enge wird im Brustkorb und im Hals spürbar, als würde jemand die Luft abdrücken.

Blitzartig schaltet unser Gehirn zu einfacheren und schneller funktionierenden Denkleistungen, bis zum Schluss drei Hauptimpulse übrigbleiben: Angriff, Flucht und Totstellreflex und es lässt ergänzende Möglichkeiten außer Acht.

Hilfestellung

Innerlich entwickeln wir uns weiter – indem wir auf äußere Bedingungen reagieren müssen. Wir stärken dabei unser Potenzial und unsere Ressourcen.

Zieht ein Mensch jedoch aus Angst seine Aufmerksamkeit vom Umfeld ab und richtet sich mehr auf sich selbst aus, so wächst sie. Er muss lernen, sich wieder auf seine Umgebung auszurichten und dazu braucht er auch Angehörige und Freunde.

Der Weg aus der Angst heraus gelingt, indem sie bewusst aufgesucht wird: Wer es lernt, sich wieder freiwillig in angstauslösende, aber an sich harmlose Situation zu begeben und sie auszuhalten, wird die Erfahrung sammeln, dass sich die Anspannung mit der Zeit auflöst. Ein neues Gefühl persönlicher Stärke entwickelt sich, irgendwann ist man wieder unbefangen in der angstauslösenden Situation und dabei entsteht Selbstvertrauen.

Ein verlässlicher Begleiter zur Seite hilft dabei, sei es ein Angehöriger, Nahestehender, der Hausarzt, Psychiater oder Psychotherapeut. Eine manifeste Angsterkrankung kann der Betroffene in der Regel nicht in Eigenregie behandeln, er braucht die Unterstützung. Manchmal werden ergänzend auch zusätzlich Medikamente verordnet, die nicht abhängig machen dürfen.

Einige allgemeine Hinweise zur Alltagsgestaltung sind ebenfalls nützlich, dazu gehören eine Verbesserung der Schlafhygiene, Entspannungsübungen und Sport.

Schizophrenie

Im Grunde sind psychotische Zustände häufig nichts anderes als »dramatische Ausdrucksformen von Charakteren und Temperamenten, die auch in der allgemeinen Bevölkerung vorkommen.« Dieser provokante Satz stammt von niemand Geringerem als von Eric Kandel, dem österreichisch-amerikanischen Psychiater und Neurowissenschaftler, der im Jahr 2000 mit dem Nobelpreis für Physiologie oder Medizin geehrt wurde.

Aber im Alltag sind Suizide im Zusammenhang mit einer Schizophrenie für den Laien umso schwerer nachzuvollziehen, je mehr sich der Betreffende in seiner eigenen inneren Welt befindet, der er den Zutritt verwehrt. Seine Mitmenschen sind dann um so erschrockener, wenn plötzlich und scheinbar aus dem Nichts ein Suizid verübt wird.

Fünf bis zwölf Prozent der an Schizophrenie Erkrankten nehmen sich das Leben, die Rate der Suizidversuche wird auf das Zwei- bis Fünffache geschätzt.

> Am 28. März 1941 schreibt die Schriftstellerin Virginia Woolf ihrem Ehemann Leonard einen Abschiedsbrief (Woolf 2022). Kurz darauf steigt sie, die Taschen mit Steinen beschwert, in einem Fluss in der Nähe ihres Landhauses und begeht Suizid. Seit dem Tod ihrer Mutter, als sie 13 Jahre alt war, kämpfte sie immer wieder mit schwer depressiven und weiteren unerklärlichen Zuständen. Im Alter von 59 Jahren verlässt sie dann die Kraft, gegen ihr inneres Leiden anzukämpfen. Sie schreibt:
>
> *»Liebster,*
> *ich spüre genau, dass ich wieder verrückt werde. Ich glaube, dass wir diese schreckliche Zeit nicht noch einmal durchstehen können. Dieses Mal werde ich mich nicht erholen. Ich beginne, Stimmen zu hören, und ich kann mich nicht konzentrieren. Ich tue also, was das Beste zu sein scheint ... Ich glaube nicht, dass zwei Menschen hätten glücklicher sein können, bis diese schreckliche Krankheit kam. Ich kann nicht mehr kämpfen.«*

Unter welcher Krankheit Virginia Woolf litt, wurde bis heute nicht genau diagnostiziert. Bei unterschiedlicher Diagnosestellung ihrer Krankheitszustände kann doch kein Zweifel darüber bestehen, dass Virginia Woolf sehr krank war, denn sie hörte zeitweise Stimmen und hatte wahrscheinlich auch andere Halluzinationen. 1915 wurde ihre Krankheit jedoch als Neurasthenie – die gängige psychiatrische Verlegenheitsdiagnose bei allen unspezifischen seelischen Erkrankungen mit Erschöpfungszuständen – eingeordnet.

Virginia litt unsäglich unter verschiedenen damaligen Torturen im Krankenhaus (u. a. einer Mastkur) und der damit einhergehenden sozialen Isolation. Allein diese Form der »Behandlungen« und die Angst davor, so etwas noch einmal erleben zu müssen, trugen sicherlich mit zum Suizid bei.

Die Symptome einer Schizophrenie können während des Verlaufes sehr unterschiedlich sein, sie sind auch bei jedem Erkrankten anders. Es gibt Positivsymptome in der akuten Phase, mit Denkstörungen, Halluzinationen und einem manchmal ungewöhnlichem Ausdrucksverhalten, im weiteren Verlauf Negativsymptome mit sozialem Rückzug, verminderter Aktivität, Verlangsamung der Denkprozesse und Konzentrations- und Aufmerksamkeitsstörungen, sowie einem verminderten Gefühlsausdruck und belastenden Ängsten.

Oft verfallen die Betroffenen nach Rückfällen in tiefste Hoffnungslosigkeit, die bis hin zu Suizidgedanken führen kann. Zwei emotionale Impulse können das Suizidgeschehen auslösen: Ein radikaler Befreiungsversuch von quälenden psychotischen Erlebnissen – und der Selbsthass aufgrund der verlorenen Fähigkeit, das Leben zu bewältigen.

> **Gründe für einen schizophren Erkrankten, einen Suizid zu begehen**
>
> - Stimmen mit Befehlscharakter, die zum Suizid auffordern
> - eine starke Angst vor Fremdbeeinflussungserlebnissen
> - ein Suizid im Rahmen eines Wahns
> - ein Suizid im Rahmen einer Depression, die oft nach einem akuten Schub auftritt
> - eine Selbstwertproblematik wegen der Erkrankung
> - erheblich einschränkende Nebenwirkungen der Medikamente
> - Leidensdruck im Wissen um den Krankheitsverlauf

Ein gravierendes Symptom der Schizophrenie ist der Realitätsverlust. Während es vor dem Ausbruch der Erkrankung, am Beginn und auch dem nach Abklingen des akuten Schubes noch möglich ist, mit dem Patienten darüber zu diskutieren und ihn unter Umständen dazu zu bewegen, dass er selbst seine eigenen Auffassungen überprüft, wird es in einem späteren akuten Stadium der Erkrankung kaum möglich sein, ihn von seinem fehlenden Realitätsbezug abzubringen. Dann ist er in der Regel im Rahmen einer Klinik mehr geschützt, vor sich selbst und vor den anderen, die er mitunter als Gefahr empfindet.

Jan (32)

Jan litt an einer schizophrenen Psychose und glaubte, Jesus zu sein. Deshalb war er überzeugt, ebenso wie dieser an seinem 32. Geburtstag sterben zu müssen. Sollte das nicht von außen geschehen, so glaubte er selbst Hand an sich legen zu müssen. Für ihn war außerhalb einer Klinik seine Sicherheit nicht mehr gewährleistet, seine Vorstellung war nicht mehr korrigierbar. Entsprechend wurde er eingewiesen und die Mitarbeiter wurden auf die gefährliche Situation hingewiesen. Für ihn bestand Gewissheit, dass seine Welt die »richtige« war, die anderen glaubten es nur nicht. So fühlte er sich von den Mitmenschen nicht verstanden, zog sich vor ihnen komplett zurück und unternahm auch an dem Tag einen Suizidversuch, konnte aber gerettet werden.

Ursachen

Nach dem heutigen Stand der Forschung vermuten Wissenschaftler Wechselwirkungen zwischen den Genen und der Umgebung. Aber nicht ein einzelnes Gen, sondern verschiedene Gene erhöhen gemeinsam das Erkrankungsrisiko. Allein anhand der genetischen Informationen lässt sich jedoch nicht vorhersagen, wer eine Schizophrenie bekommen wird, auch verschiedene Umweltfaktoren wurden von den Wissenschaftlern als Auslöser zusammengetragen: Gefährdung durch Viren, Unterernährung vor der Geburt, Probleme bei der Geburt und psychosoziale Faktoren.

Hilfestellung

Angehörige befinden sich oft in einem Dilemma, da eine Psychose mit einer verminderten Krankheitseinsicht der Betroffenen einhergeht. Ein offener kommunikativer Austausch ist schwer herzustellen. Er ist und bleibt aber die einzige wirkliche Chance, wobei der Betroffene da abgeholt werden muss, wo er gerade steht.

Ist wegen der Schwere der Symptomatik kaum ein sprachlicher Austausch möglich, so kann man ihn möglicherweise beruhigen, indem man nach vorheriger Erlaubnis seine Hände in die eigenen Hände nimmt und sie leicht streichelt oder drückt. Der Betroffene nimmt den Druck wahr und merkt, dass er noch existent ist, dass er sich auch selbst spüren kann. Dann kann man ihn auffordern, doch zu versuchen, die Hände des Helfers zu drücken. Falls das gelingt, ist der Realitätskontakt über die Sinnesorgane zumindest für einen kurzen Moment wieder vorhanden. Schafft man es später, mit ihm auch über seine Ansichten vorurteilsfrei ins Gespräch zu kommen, so wird er erleichtert sein und empfänglicher für den Kontakt werden. Allein dadurch erfährt er bereits eine Entlastung und kommt von seinem Stresspegel wieder runter.

Wird die Suizidalität direkt angesprochen, so wird sie vom Erkrankten zunächst oft verneint, weil der Betroffene Angst verspürt, ins Krankenhaus abgeschoben zu werden. So kann es passieren, dass sich die Angehörigen in einer Scheinsicherheit wiegen. Der Erkrankte wird sich umso mehr öffnen, je weniger er sich verurteilt sieht. In den heutigen Behandlungskonzepten wird sehr stark auf die Mitarbeit des Patienten bei seinem Heilungsprozess gesetzt. In der gemeinsamen Arbeit wird es darum gehen, die Erlebniswelt des Betroffenen zu beleuchten, wo möglich in den beidseitigen differenzierten Austausch darüber zu treten, die Einflüsse von familiärer Seite zu reflektieren und eine mögliche Zukunftsperspektive zu erarbeiten. Es wird darum gehen, wieder eine schrittweise Autonomie des Patienten anzustreben.

Eine dauerhafte sichernde Verwahrung wäre einerseits nicht möglich, das kann niemand leisten, andererseits stünde sie auch einer guten Lebensqualität im Weg. Vielmehr muss es darum gehen, mit der Hilfe der Beziehungsangebote eine Rückkehr zur Teilhabe am gesellschaftlichen Leben zu ermöglichen.

Grundsätzlich gilt: Die Heilungschancen sind umso besser, je früher die Behandlung beginnt.

Alkohol-, Medikamenten- und Drogenmissbrauch

Obwohl Alkohol, Medikamente und Drogen von Suizidgefährdeten häufig als Selbstmedikation in der Absicht eingenommen werden, emotionale Belastungen zu betäuben, verstärken sie häufig den Impulscharakter einer suizidalen Handlung. So mag kurzzeitig der Eindruck entstehen, dass alles leichter zu ertragen ist, aber in Wirklichkeit verschlimmert sich alles.

Bei Jugendlichen ist diese Verbindung besonders eklatant. So wurde im Rahmen einer europaweiten Schülerbefragung untersucht, wie hoch das Suizidrisiko ist, wenn Jugendliche Drogen konsumieren. Über 45 000 Jugendliche im Alter zwischen 15 und 16 Jahren haben an der ESPAD-Studie teilgenommen, dem European School Survey Project on Alcohol and Other Drugs. Ermittelt wurde dabei der Alkohol- und Drogenkonsum in dieser Altersgruppe und gleichzeitig wurden die Schülerinnen und Schüler danach gefragt, ob sie schon einmal versucht hätten, sich umzubringen. Welche seelischen Probleme sich hinter den Antworten verbergen, können die nackten Zahlen nicht ausdrücken, allein das Ausmaß war bereits schockierend: Elf Prozent aller befragten Schülerinnen und Schüler hatten nach eigenen Angaben bereits einen Suizidversuch hinter sich.

Die Auswertung ergab auch einen signifikanten Zusammenhang zwischen Substanzkonsum und Suizidversuchen. Überraschend war, dass es nicht die illegalen Drogen, sondern legale Medikamente waren, die den stärksten Zusammenhang zeigten. Bekamen Jugendliche mindestens einmal in ihrem Leben verschreibungspflichtige Schlaf- und Beruhigungsmittel, so war die Wahrscheinlichkeit für einen Suizidversuch 3,3-mal höher als bei Jugendlichen, die noch nie derartige Medikamente genommen hatten. Die Raucherinnen und Raucher unter den 15- bis 16-Jährigen hatten ein doppelt so hohes Risiko für einen Suizidversuch, regelmäßiger Alkoholkonsum in diesem Alter ließ das Risiko um das 1,5-fache steigen, bei Cannabis war das Risiko 1,4-fach erhöht und bei den übrigen Drogen sogar 2,4-fach. Nach Auswertung des Forschungsteams verdoppelte jede zusätzliche Substanz die Wahrscheinlichkeit für einen Suizidversuch, bei fünf Substanzen gab es einen dramatischen Sprung, dann war die Wahrscheinlichkeit für einen Suizidversuch gegenüber abstinenten Jugendlichen sogar um das 31-fache erhöht. Das Forschungsteam gab dabei zu bedenken, dass aus den Untersuchungen keinerlei Schlussfolgerungen zur Ursache-Wirkungs-Beziehung gezogen werden konnten. So war es auch vorstellbar, dass andere Faktoren wie eine depressive Störung oder belastende Lebensereignisse sowohl die

Wahrscheinlichkeit für Substanzkonsum als auch für Suizidversuche erhöhten. Und es war möglich, dass Substanzkonsum und die Gedanken an Selbsttötung sich gegenseitig verstärkten (http://www.drugcom.de, 2013).

Nach meinen Erfahrungen in der Praxis und den Schilderungen von betroffenen Überlebenden, die sich anschließend in ambulante Therapie begaben, zeigte sich mehrfach, dass Jugendliche, die Drogen oder Alkohol konsumieren, versuchen, ihrer inneren Einsamkeit zu entfliehen, und falls das nicht mehr ausreichend wirksam ist, wählten sie den Suizid als Flucht vor der Realität. Auf den Höhenflug folgt der Absturz.

Warnsignale bei Alkoholmissbrauch

- heimliches Trinken – klassisch bei Frauen
- Veränderungen des Trinkstils – Hochprozentiges, schneller, öfter, oft morgendlich
- falsche Begründungen für den gesteigerten Alkoholkonsum
- Vernachlässigung anderer Interessen und sozialer Kontakte
- gesetzliche Übertretungen
- Alkohol wird benötigt, um noch im Alltag halbwegs zu funktionieren
- Entzugserscheinungen treten auf, die erneut mit Alkoholkonsum bekämpft werden

Ursachen

Wie führt die Suchterkrankung nun zum Suizid? Zunächst wirkt jeder Alkoholkonsum sozial anregend. Man trinkt in geselliger Runde, die Hemmschwelle zum Herstellen von Kontakten wird gesenkt. Das Trinken von Alkohol entspannt, kann vorübergehend zu einer Hochstimmung führen und um diesen Prozess zu verstärken, trinkt man weiter. Im Schlaf fällt der Alkoholspiegel ab und die Betroffenen wachen mit einem Stimmungstief auf. Um diesem zu entgehen, trinken sie erneut. Allmählich erhöht sich die Alkoholtoleranz, ein Kreislauf entsteht, der sich selbst verstärkt. Immer größere Mengen werden vertragen, aber auch gebraucht, um Erleichterung zu spüren.

Irgendwann kommt es zu Gedächtnislücken, den »Filmrissen«, der Alkoholiker kann sich nicht mehr an die Ereignisse der letzten Tage erinnern. Gleichzeitig benötigt er den Alkohol immer dringender und beginnt gleichzeitig, sich zu schämen. Er trinkt heimlich.

Sein Konsum wird unübersehbar und er erklärt mit beachtlicher Fantasie, warum er trinkt. Sein übermäßiger Alkoholkonsum fällt auf. Um einer eventuellen Kritik zu entgehen, legt er proaktiv ein übersteigertes Selbstbewusstsein an den Tag und beginnt auffällig zu prahlen. Doch während er sich nach außen als »der supertolle Typ« verkauft, beginnt er innerlich, sich selbst immer mehr zu hassen, versucht auch, abstinent zu bleiben, aber er hält das nicht durch. Er gibt der Umwelt die Schuld dafür, dass er sich so isoliert fühlt, weil er spürt, dass sich die Anderen sich von ihm abwenden. Zur Kompensation trinkt er noch mehr.

Weil der Alkohol zum Mittelpunkt seines Lebens wird, vernachlässigt er seine Ernährung, sein Äußeres und seine Umgebung. Er wird aggressiver, die Bindung zu seinen Mitmenschen geht verloren, körperliche Erkrankungen entwickeln sich, seine Persönlichkeit wird immer mehr zerstört, er versinkt in Scham, Selbstmitleid und verlorener Selbstachtung, Zusammenbrüche treten immer häufiger auf, ohne eine sofortige Klinikeinweisung enden sie nicht selten in einem Suizid. Da der Alkohol eine enthemmende Wirkung hat, steigt das Risiko, in diesem Zustand einen Suizid zu begehen noch zusätzlich.

Hilfestellung

Wer seelisch und körperlich in eine Alkoholabhängigkeit geraten ist, schafft meist keinen Absprung aus eigener Kraft. Besser ist es deshalb, der Betroffene lässt sich unter ärztlicher Aufsicht stationär in einer Spezialklinik behandeln, wo vom Entzug bis zur Nachbetreuung alles in die Wege geleitet wird. In Deutschland gibt es ein Netz von Beratungsstellen für die Suchtkrankenhilfe, teilweise sind sie von der medizinischen Versorgung abgekoppelt. Ein stationärer Entzug dauert ein bis zwei Wochen, dann ist der Körper entgiftet. Aber geheilt ist der Betroffene noch nicht, deshalb ist die Nachsorge genauso wichtig. Zur Vermeidung eines Rückfalls ist es sinnvoll, Angebote zur Persönlichkeitsentwicklung wahrzunehmen, die Teilnahme an Selbsthilfegruppen, wie den Anonymen Alkoholikern, dem Blauen Kreuz, den Guttemplern, dem Kreuzbund – auch zum Einüben sozialer Kompetenzen. Das praktische Einüben der »Alkoholvermeidung« ist dabei eine Voraussetzung.

Zur Bewusstwerdung der »alkoholischen« Denk- und Gefühlsmuster ist eine ambulante Psychotherapie hilfreich, es gilt, die Muster zu durchschauen und aufzulösen, um im nächsten Schritt Konflikte ohne Alkohol auszuhalten und konstruktiv zu lösen.

Borderline-Persönlichkeitsstörung

Menschen mit einer Borderline-Persönlichkeitsstörung (BPS) haben – neben ihren zahlreichen anderen Problemfeldern – sehr häufig drängende Suizidgedanken. Etwa 60 Prozent von ihnen berichteten von mindestens einem Suizidversuch (Zanarini et al. 2008).

Doch was ist der Grund dafür?

Borderliner werden oft so unvermittelt von ihren Stimmungsschwankungen eingeholt, dass sie darauf nicht vorbereitet sind. Mal müssen sie dann ihren jeweiligen Partnern unbedingt von den tollen Ereignissen des Tages berichten, mal brauchen sie jemanden zum Ausweinen. Ihnen fällt es schwer, ihre Gefühle wieder zurückzunehmen, um sich auf ihr Gegenüber einzustellen, sie fühlen sich ihren ständig abrupt einsetzenden aversiven emotionalen Erregungszuständen dann hilflos ausgeliefert. Da sie subjektiv ihre Lebensbedingungen oft unerträglich finden (Stiglmayr et al. 2005), mündet ihr Gefühlschaos irgendwann in Depressionen und Impulshandlungen.

Doch die gedrückte Stimmung ist dabei nicht so anhaltend wie bei anderen depressiven Störungen: sie taucht sporadisch für einige Tage auf, ist aufgrund der emotionalen Instabilität dann plötzlich und heftig aufwallend, bevor sie wieder verschwindet.

Als Kompensation der Unbeständigkeit und der tief empfundenen Einsamkeit entsteht dann aus einem Affekt heraus und zur Selbstregulation ein selbstschädigendes Verhalten: So ritzen sich Betroffene mit einer Rasierklinge an verschiedenen Körperteilen, sobald sie die innerliche Spannung nicht mehr aushalten. Das passiert bei realen oder empfundenen Misserfolgen, aus dem Gefühl heraus, wieder einmal versagt zu haben. In diesem Sinne kann das Selbstverletzen auf eine Stufe mit dem Suchtverhalten gestellt werden, auf das zurückgegriffen wird, um Abstand und Entlastung zu finden, auch wenn das damit nur kurzzeitig gelingt.

Als extreme Variante der Selbstverletzung kommt es dann zum Suizid. Die alleinige Androhung kann ein erster Schritt zur konkreten Umsetzung sein und muss unbedingt ernst genommen werden! Denn während bei einer rein depressiven Erkrankung oft zunächst der Antrieb zum Suizid fehlt, können »Borderliner« mit ihrer mangelnden Impulskontrolle diese Schwelle viel eher abrupt überwinden.

Symptomatik einer Borderline-Störung

- unbeständige und unangemessene zwischenmenschliche Beziehungen
- starke Stimmungsschwankungen
- häufige und unangemessene Zornausbrüche
- eine wenig realistische Selbsteinschätzung, Neigung zu Suiziddrohungen und -versuchen und zur Aggression gegen sich und andere
- das Fehlen eines klaren Identitätsgefühls
- verzweifelte Bemühungen, eine reale oder eingebildete Angst vor dem Verlassenwerden zu bekämpfen
- chronische Gefühle von Leere und Langeweile
- vorübergehend paranoide Ausbrüche oder ähnliche Symptome
- selbstverletzendes Verhalten

Ursachen

Nach heutigem Kenntnisstand sind genetische Faktoren an der Entstehung der Borderline-Störung beteiligt. Ungünstige Grundeinstellungen und schädliche Verhaltensmuster fördern zusätzlich ihre Entstehung und Aufrechterhaltung. Bei 65 % der Betroffenen finden sich sexuelle

Gewalterfahrungen, bei 60 % körperliche Gewalterfahrungen und bei 40 % eine schwere Vernachlässigung in der frühen Kindheit.

Diese Erfahrungen führen dazu, dass das Gehirn von Borderline-Patienten teilweise anders arbeitet als das von gesunden Menschen. Beobachtet wurden Aktivitätsveränderungen in den Mandelkernen bei der Verarbeitung von Stress, Gefahrensignalen und von Ängsten. Diese Region ist bei Borderline-Patienten kleiner und übererregbarer. Auch in einer anderen Struktur – dem Hippocampus – zeigt sich bei Borderline-Patienten eine Veränderung, sie ist für die Fehlsteuerungen emotionaler Reaktionen zuständig.

Hilfestellung

Der »Borderliner« leidet in der Regel unter seinen meist unbeständigen Beziehungen. Dabei ist er keineswegs rücksichtslos und selbstzentriert, im Gegenteil, sein Selbstbild ist oft schwach und fragil, es benötigt eher eine starke Schulter zum Anlehnen.

Wer wenig Selbstbewusstsein hat und womöglich kaum Bestätigung und positive Rückmeldung bekommt, für den ist das Scheitern einer Beziehung oder der Verlust eines engen Freundes wieder einmal die passende Bestätigung seiner vermeintlichen Unzulänglichkeit. Das führt zu häufigen Trennungserfahrungen und stürzt ihn immer wieder in traumatische Erfahrungen – ein Teufelskreis bildet sich, der den Weg in eine doch noch gelingende Beziehung weiter erschwert.

Ohne einen emphatischen Perspektivwechsel kann jedoch kaum eine Beziehung funktionieren, sie verliert die Balance, indem einer mehr gibt und der andere mehr nimmt.

Wie also könnte jemand reagieren, falls er befürchtet, dass der Partner oder Nahestehende sich das Leben nehmen möchte, falls er sich trennt? Der Borderline-Erkrankte erlebt den Partner oft als die einzige Stütze in seinem unruhigen Leben. Wird er dann ablehnend behandelt, so verstärkt sich sein Gefühl der Einsamkeit.

Für die Umgebung ist es umso schwieriger, die Suizidgefahr richtig einzuschätzen, die Äußerungen einzuordnen und ein Gespür zur Beurteilung der akuten Gefahr zu entwickeln. Das Thema sollte offen und schonungslos angesprochen werden.

Generell ist es wichtig, dass der Borderline-Erkrankte ein positives Selbstbild aufbaut und seine Identität stärkt. Im Umgang mit ihm sind gleichzeitig Offenheit und die Fähigkeit zur Abgrenzung von Bedeutung, dies gilt für Angehörige ebenso wie für professionelle Helfer. Eine spezifische medikamentöse Behandlung dieser Störung ist nicht bekannt.

Um den drohenden Entschluss zum Suizid abzuwenden, ist es von größter Wichtigkeit, fachkundige Hilfe in Anspruch zu nehmen. Die Behandlung der Borderline-Störung ist vorwiegend eine komplexe und schwierige psychotherapeutische Aufgabe, die in mehreren Phasen verläuft (DBT; Linehan 1996).

In der ersten Phase geht es um die Reduktion von selbstverletzendem und damit suizidalem Verhalten. Der Patient lernt, seine emotionale Belastbarkeit zu erhöhen und seine subjektiv unkontrollierbaren Erregungszustände zu regulieren. Unter ambulanten Bedingungen veranschlagt man dafür etwa ein Jahr.

Hat der Patient jedoch bereits mehrere Suizidversuche hinter sich oder scheint ein Suizidversuch eher wahrscheinlich, so kann es sinnvoll sein, zuvor eine »Nicht-Suizid-Vereinbarung« zu treffen. Nur so steht dieser »Notausstieg« nicht weiter zur Verfügung und der Patient wird dadurch gezwungen, nach anderen neuen Fertigkeiten und Lösungsmöglichkeiten zu suchen, auch wenn dieser Prozess recht unbequem sein kann. Gemeinsam wird man auch den Zeitrahmen für seinen Non-Suizid-Entschluss vereinbaren.

Auch bestehende Partnerschaften können in solchen Therapien unterstützt und davor bewahrt werden, an der Erkrankung zu zerbrechen. Dabei ist jedoch viel Engagement von beiden Seiten nötig. In Phasen extremer Anspannung können sogenannte Skills hilfreich sein, einfache Tricks, wie beispielsweise eine eiskalte Dusche, besondere Geschmacksreize, wie eine scharfe Chilischote, oder die Lieblingsmusik. Vielleicht packt sich der Betroffene auch einen »Notfallkoffer«, auf den er jederzeit zurückgreifen kann, mit einer besonderen Schokolade, einem an sich selbst adressierten Brief oder Fotos mit positiven Erinnerungen.

Um heftigen Ausbrüchen entgegenzuwirken, kann es auch helfen, Wochenpläne vorher zu strukturieren, eine bestimmte Routine oder Rituale zu entwickeln. So ist man gegen aufkommende Stimmungseinbrüche und schädliche Gedanken besser gerüstet.

Die sexuelle Abweichung – Suizidalität bei Opfern und Tätern

Obwohl über Sexualität inzwischen scheinbar vorurteilsfreier diskutiert wird, trauen dennoch die Opfer von Missbrauch und sexueller Gewalt noch immer zu selten, offen darüber zu sprechen. Viel zu oft reagieren sie stattdessen mit Scham- und Schuldgefühlen, als hätten sie selbst einen Fehler gemacht.

In der Kindheit retten sich die Opfer aus einer für sie ausweglosen Situation, indem sie ihre Gefühle abspalten und den traumatischen Vorgang gewohnheitsmäßig abspulen lassen. Später wird dann bei Situationen, die vielleicht entfernt daran erinnern – durch einen Geruch, ein Kleidungsstück beispielsweise – daran erinnert und aus scheinbar heiterem Himmel werden sie von ihren Gefühlen eingeholt, ohne dass sie sich erklären können, was gerade passiert ist.

Manuela (23)

Manuela berichtete in der Therapiesitzung, dass sie immer auf dem Bahnhof ausrastete, ohne dass sie und ihr Freund sich erklären konnten, wie es dazu kam. Sie wurde dann regelmäßig aggressiv und konnte sich nicht mehr kontrollieren. Während der Erhebung ihres Lebenslaufes stellte sich heraus, dass ihr Großvater sie regelmäßig missbraucht hatte und dass er Zugfahrer war und eine entsprechende Berufskleidung hatte. Jedes Mal, wenn sie diese sah, entfaltete sich der alte Film. Nachdem ihr der Zusammenhang bewusst geworden war, konnte sie die früheren Vorfälle bearbeiten und ihre »Anfälle« verschwanden.

Ausgesprochen häufig treten Symptome einer posttraumatischen Belastungsstörung auf. Im Vordergrund stehen dann Panikattacken und Angstzustände und erhebliche Schreck- und Impulsreaktionen, wenn durch Sinneswahrnehmungen Bilder und Erinnerungen der früheren Bedrohung auftauchen. Die Traumaforschung nennt dies Intrusionen und Flashbacks. Im Extremfall kann das Trauma dann in einem Ausmaß reaktiviert werden, dass dieses zum Suizid führt und für Außenstehende oft unerklärlich wirkt.

Umso wichtiger ist es für die Betroffenen, sich rechtzeitig professionelle Hilfe und Unterstützung zu holen.

Doch was passiert auf der Täterseite? Ebenso wenig holen sich diese rechtzeitig im Vorfeld Hilfe. Ich möchte dazu zwei Beispiele berichten.

Mathias (28)

In der Therapiesitzung berichtet mir Mathias vom Suizid seines Vaters, den er sich zunächst nicht erklären konnte. Worunter hatte sein Vater so gelitten? Nie hatte Mathias bei seinen Besuchen den Eindruck gehabt, dass der Vater besonders unglücklich wäre. Und dann hatte er sich plötzlich erhängt.

Einige Monaten nach dem Tod seines Vaters erhielt der Sohn dessen Computer ausgehändigt. Lange wagte er nicht, ihn anzuschauen, weil er Angst hatte, mit Schuld belastet zu werden Als er es wagte, wurde er komplett überrascht, auf welche Seiten er da stieß: Ratgeber zum Thema Sexualität, gespeicherte Pornos mit sexuellen Abweichungen, Hinweise zum Sextourismus und anhand der Inhalte und der Tagebuchaufzeichnungen wurde sein Blick schließlich klarer. Sein Vater hatte ein massives sexuelles Problem und den Drang, das auszuleben. Aber er hatte niemandem Schaden zufügen wollen. Und so hatte er sich erhängt.

Klaus (37)

Beim abendlichen Rundgang in der forensischen Psychiatrie kam ich zu einem Patienten, der bereits zugedeckt in seinem Bett lag und die Augen geschlossen hatte. Aber irgendwo hörte ich, dass etwas tropfte, und als ich genauer schaute, fand ich eine Blutlache unter dem Bett. Der Patient hatte sich beide Pulsadern aufgeschnitten. Nachdem er durch den herbeigerufenen Anästhesisten und Chirurgen versorgt worden und wieder ansprechbar war, bat ich ihn ins Dienstzimmer. Wie er mir berichtete, wurde seine Entlassung geplant. Auf der Station hatte er sich stets tadellos benommen, er wirkte intelligent, belesen, ein Feingeist. Fürsorglich ging er mit den anderen Patienten um. Deshalb schien seiner Entlassung nichts mehr im Weg zu stehen. Hin und wieder hatte er bereits am Wochenende Ausgang. Und da hatte er eine junge alleinstehende Frau mit zwei kleinen Kindern kennengelernt. Da er pädophil war, entwickelte er einen immer stärker werdenden Druck, sich der Kinder zu bemächtigen. »Verstehen Sie, es hat damit überhaupt nichts zu tun, wie ich mich sonst verhalte. Sobald ich noch einmal am Wochenende Freigang bekomme, wird es passieren. Wie ich mich sonst verhalte, hat damit gar nichts zu tun. Ich bin ein Monster. Man muss mich ein Leben lang wegsperren, das ist doch keine Lebensqualität.« Er saß vor mir und ich sah ihm an, wie elend er sich fühlte. Wie sollte man dieses Problem lösen? Damals gab es auch kaum Hilfsangebote.

Mittlerweile gibt es in Deutschland 120 Therapeuten, die sich auf Pädophilie spezialisiert haben, einige Kliniken bieten Therapiegruppen an, die auch anonym aufgesucht werden können. Das Angebot ist aber bei weitem noch nicht ausreichend.

Fachleute diskutieren, ob es sich bei den sexuellen Abweichungen um eine Krankheit oder eine Neigung handelt, ein Konsens hierüber besteht bislang noch nicht. Einig ist man sich dahingehend, dass sexuelle Abweichungen an sich nicht aufzulösen sind, fünfzig Prozent der Täter sind rückfällig. Aber die Therapie bietet für sie zumindest einen Ansatz, um zu lernen, damit so umzugehen, dass sie sich oder anderen keinen Schaden zufügen.

Es gibt viel zu tun auf diesem Gebiet, gerade die Aufklärung muss weiter vorangebracht werden. Kinder sollten bereits von den Eltern oder in der Schule für dieses Thema sensibilisiert werden. Es gibt dazu Projekte wie: »Mein Körper gehört mir.« Man bringt den Kindern bei, dass nicht alle Menschen schlecht oder gefährlich sind, der größte Teil von ihnen ist sogar gut, aber es gibt auch Gefahren, vor denen man sich in Acht nehmen muss. Und diese müssen sie einfach rechtzeitig erkennen.

4.2 Weitere individuelle Auslöser als Suizidgefahr

Die Einsamkeit

Suizidale Menschen fühlen sich kurz vor ihrer Tat in einem Zustand der absoluten Einsamkeit und Isolation. Die anderen sind für sie nicht mehr spürbar existent, entweder aus realen oder aus erdachten Gründen.

Wie riskant diese Umstände sind, erkannte man inzwischen auch in Großbritannien. Dort gilt Einsamkeit als »traurige Realität des modernen Lebens« und als Konsequenz wurde 2018 ein eigenes Ministerium für Einsamkeit gegründet, um den zunehmenden Verlassenheitsgefühlen wachsender Bevölkerungsgruppen entgegenzuwirken. Das Rote Kreuz spricht sogar von einer »Epidemie im Verborgenen«.

Sobald wir uns einsam fühlen, leidet die Psyche, Suizidgedanken tauchen eher auf. Zu diesem Ergebnis kam die Gutenberg Gesundheitsstudie der Universität Mainz, die Daten von rund 15 000 Erwachsenen zwischen 35 und 74 Jahren aus Mainz und Umgebung auswertete. Außerdem zeigte die Studie, dass Einsamkeit häufiger vorkommt als bislang gedacht: demnach litt jeder zehnte Teilnehmer daran.

Häufig werden allerdings die Begriffe Einsamkeit und Alleinsein bedeutungsgleich verwendet, obwohl das nicht stimmt. Allein zu sein ist einfach ein Zustand. Ich kann zu Hause sein, in der Badewanne sitzen, in meinem Büro sein und arbeiten, ich kann allein etwas unternehmen und all das, ohne mich einsam zu fühlen.

Nicht jeder, der allein wohnt, fühlt sich einsam. Vielleicht hat er erfüllende Hobbys, ist im Beruf oder anderweitig gut vernetzt, macht regelmäßige Spaziergänge mit seinem Hund oder betreibt ein erfüllendes Ehrenamt.

Einsamkeit drückt ein inneres schmerzhaftes Befinden aus. Der Betroffene fühlt sich ungeliebt, von der Welt verlassen, ausgegrenzt und gehört zu niemandem. Auch unter vielen Menschen, die einen umgeben, kann man sich einsam fühlen, weil man eine unüberbrückbare Kluft spürt. Scham verhindert dann das aktive Zugehen auf andere Menschen.

Mitmenschen verstehen oft nicht, weshalb sich jemand einsam fühlt, wir kommunizieren doch in unserer Gesellschaft ständig. Was kann so schwer daran sein, aufeinander zuzugehen?

Wir kennen dieses Gefühl in einer Anfangssituation, wenn wir noch niemanden kennen, es hält an, bis wir mit einem Gast ins Gespräch kommen. Auch körperliche Erkrankungen können so einschränken, dass man sich einsam fühlt. Veränderungen, der Tod Nahestehender, eine Ausgrenzung im Job, ein größerer Umzug, eine Trennung, begünstigen Einsamkeitsgefühle.

Extrem ist es, sich in der Partnerschaft so zu fühlen. Und so beschreibt es Erich Kästner (1899–1974) in seinem Gedicht »Kleines Solo« (Kästner 2007):

> Einsam bist du sehr alleine,
> Aus der Wanduhr tropft die Zeit.
> Stehst am Fenster. Starrst auf Steine.
> Träumst von Liebe. Glaubst an keine. Kennst das Leben.
> Weißt Bescheid. Einsam bist du sehr alleine –
> und am schlimmsten ist die Einsamkeit zu zweit.

Dann will uns das Gefühl etwas mitteilen. Es lohnt sich, die Beziehung genauer zu hinterfragen und wieder verstärkt eigene Schritte zu gehen.

Janina (28)

In einer Therapiesitzung berichtete mir Janina von der Einsamkeit in ihrer Partnerschaft. Gemeinsam hatte sie den Urlaub mit ihrem Freund in einem wunderschönen Ferienhaus in der Toskana verbracht. Traurig saß sie täglich am Swimmingpool im Garten und schaute über die Berge hinweg, während Ihr Freund im Wohnzimmer an seinem Laptop arbeitete. Sie fühlte sich einsam. In dem Moment kam ihr Freund aus dem Haus und sagte zu ihr: »Schau nur, das alles habe ich für dich organisiert. Freust du dich?« Sie war aber eher traurig. Im Restaurant beobachtete sie, wie sich die anderen Paare lebhaft unterhielten. Sie beide saßen schweigsam und sie hoffte, dass sie bald nach Hause fahren konnten.

Nach außen hin sah ihr Leben anders aus, als sie es erträumt hatte. Keiner würde es verstehen, wenn sie sich das Leben nehmen würde.

4 Suizidale Entwicklungsauslöser

> Bisherige Gespräche hatten nichts gebracht, da der Freund ja keinen Leidensdruck hatte. Er verstand sie einfach nicht. Da sie aber ihren Freund liebte, fehlte ihr aus ihrer Sicht die Kraft, ihn zu verlassen. In der Therapie bekam sie die nötige Unterstützung, fühlte sich auch nicht so einsam, da sie ja jemand verstand und zu dem sie regelmäßig ging, bis sie ihre Krise überwunden hatte.

Hält die Einsamkeit an, wird es gefährlich. Einsame Menschen neigen häufiger zu psychischen Erkrankungen wie Depressionen und Angststörungen.

Sind wir auf uns allein gestellt und verlieren den Schutz der Gruppe, so gerät unser Körper in Alarmbereitschaft – und schüttet Stresshormone aus, Blutdruck und Blutzuckerspiegel erhöhen sich, das Immunsystem wird geschwächt.

Wie überlebenswichtig echte soziale Kontakte sind, beschrieb in den 1940er-Jahren auch der amerikanische Psychologe René Spitz in einer Studie. Er stellte fest, dass kleine Kinder in Waisenhäusern bei zu wenig Nähe und sozialer Interaktion körperlich oder mental verkümmerten, ein Drittel starb – obwohl die Kinder ausreichend funktional versorgt wurden und genügend Essen und Trinken erhielten. Kontakt und Geborgenheit sind genauso wichtig.

Seit den 1970er-Jahren wurde die Forschung über den Zusammenhang zwischen sozialer Interaktion und der körperlichen Gesundheit weiter vorangetrieben, inzwischen bestätigen neuere Daten diese Zusammenhänge. Besonders kritisch wird es, wenn die Einsamkeit plötzlich entsteht, beispielsweise durch einen Verlust des Partners.

Hilfestellungen

Häufig mauern sich Betroffene in ihrer Einsamkeit ein, Enttäuschungen tragen dazu bei, Routine schleicht sich ein, die Erwartungen werden heruntergefahren.

Dann hilft es den Betroffenen nur, gemeinsam aus den üblichen Abläufen auszubrechen, um das eigene Leben in neue Bahnen zu lenken. Beziehen Sie ihn ein. Was kann er besonders gut? Wobei könnte er helfen? Worin ist er einzigartig?

Beziehungen zu intensivieren braucht Zeit, gemeinsame Tätigkeiten sind dabei hilfreich, besonders bei Jugendlichen oder älteren Menschen, aber auch sonst.

Manchmal kann sich auch ein Hund als gute Unterstützung herausstellen, er zwingt zur Tagesstruktur und dazu, Kontakte zu knüpfen, indem man sich mit anderen Hundebesitzern austauscht.

Virtuelle Kontakte ersetzen persönliche Begegnungen nur bedingt, sind aber eine gute Ergänzung, besonders bei sozial schüchternen Menschen und bei entfernt lebenden Verwandten. Ein direktes soziales Miteinander wirkt sich aber am besten für beide Seiten aus.

Die Narzissmusfalle

Seit der Antike beschäftigen sich Menschen mit dem »Narzissmus«. Eine gewisse Eigenliebe braucht jeder von uns. Studien zeigen, dass Menschen mit mehr Zutrauen eher ihre Ziele erreichen als diejenigen, die zu selbstkritisch sind und sich demzufolge unterschätzen. Je höher wir in der Hierarchie gelangen, desto häufiger begegnen uns also Menschen mit narzisstischen Übertreibungen. Es braucht eine gehörige Portion davon, um es so weit zu bringen!

Wo aber liegt der Unterschied zwischen einem gesunden und einem gestörten Narzissmus? Von letzterem sprechen die Fachleute nur dann, wenn der Betroffene oder sein Umfeld Leidensdruck haben.

Narziss, Sohn des Flussgottes Kephisos und der Leirope, wurde aufgrund seiner Schönheit von Männern wie Frauen umworben, aber er wies sie ab, denn er war bereits verliebt – in sein eigenes Spiegelbild. Und so war er gewissermaßen der erste Popstar der Weltgeschichte, umschwärmt, umjubelt, aber innerlich einsam.

Nachdenklich betrachtete er eines Tages sein Spiegelbild, dass ihm aus den Tiefen des Wassers entgegenleuchtete. Er war athletisch gebaut, alles an ihm wirkte ebenmäßig. Ihm war nicht bewusst, dass er gerade eine Projektion seines Idealbildes bewunderte.

So wollte er sein, für immer! Aber wem ist es schon möglich, immer nur großartig zu sein? Das lässt sich doch rein kräftemäßig

> kaum durchhalten! Da gibt es Rivalen, die irgendwann den Platz einnehmen könnten, Partner die einen durchschauen und merken, dass man in Wirklichkeit gar nicht so großartig ist, wie man wirkt. Das löst Ängste aus!
> Narziss seufzte, dann hatte er eine rettende Idee. Er würde sich in dieses Bild in der Tiefe stürzen, dann würde seine Großartigkeit niemals mehr infrage gestellt! Tod, erlöse mich endlich von mir selbst, dachte er, kurz bevor er sich in die Tiefe stürzte!

Zu einer narzisstischen Krise kommt es, wenn entweder der Partner in den Augen des Narzissten »versagt« oder wenn dieser sich selbst so gekränkt fühlt, dass sein Selbstwertgefühl davon betroffen ist.

Dann greifen Erfahrungsmuster aus der Kindheit und Gefühle aus der Vergangenheit – Hilflosigkeit, Enttäuschung, Wut – werden auf den aktuellen Partner projiziert. Doch irgendwo merkt das Unbewusste trotzdem, dass es so nicht ganz stimmt und reagiert mit Schuldgefühlen und Selbstbestrafungstendenzen. Bald weiß der Betroffene nicht, ob die Gefühle den Anderen oder ihn selbst betreffen, er schwankt zwischen Idealisierung und Entwertung seiner Person und der anderen.

Wie schön wäre es da, endlich Ruhe zu haben. Hier kommt der Suizid ins Spiel, der trügerisch vermittelt, dass die »andere Seite« endlich eine erhoffte Ruhe mit sich bringt.

Symptomatik

Lernen wir einen Narzissten kennen, so erscheint er zunächst attraktiv und sympathisch, als ein »Macher«, der selbstbewusst und ausdrucksstark auftritt. Bei größerer Nähe zeigt sich aber, wie wenig er auf die Bedürfnisse der anderen achtet, wie gereizt er auf Kritik reagiert. Seine Beliebtheit nimmt ab. Partnerschaften mit ihm beginnen wie ein Feuerwerk und wirken verführerisch anziehend, doch sobald der erste Zauber verflogen ist, kommen Egoismus und Selbstbezogenheit zum Vorschein. Dann dreht sich alles um den schönen Schein und den eigenen Vorteil. Ähnlich ist es im Kollegen- und Freundeskreis.

Es ist, als trüge der Narzisst einen Speicher für Anerkennung und Liebe in sich, der ein Leck aufweist, dass ständig nachgefüllt werden muss. Passiert das nicht, so stürzt er, ähnlich wie unser Held in der Mythologie, in eine tiefe Krise. Also ist es nicht verwunderlich, dass keine andere Persönlichkeitsstörung derartig hohe Suizidraten aufweist. Etwa jeder zehnte von ihnen verübt einen Suizid, darauf verweist die Internetseite der »Neurologen und Psychiater im Netz«. Als eigenständige Diagnose existiert die »narzisstische Persönlichkeitsstörung« erst seit 1980.

Nach Henseler (1984) spielen dabei drei Gründe eine Rolle: Ausgrenzung und Ablehnung, Verlust von Macht und Wert und die Kränkung der sexuellen Identität. Diese Meinung klingt auch bei Jürgen Kind mit seinem Begriff der »antifusionären Suizidalität« an – er vermutet, dass es dem Betroffenen mehr darum geht, sich vom Diesseits abzugrenzen, anstatt sich mit dem Jenseits zu verbinden.

Ursachen

Wie wird man zu einem narzisstischen Menschen? Die Dynamik beginnt in der Kindheit. Eltern, welche die Liebe zu ihrem Kind schon früh an Bedingungen knüpfen, bewirken, dass ihr Kind statt stabiler Beziehungen ständig auf die Bestätigung angewiesen ist, »gut genug« zu sein, es fühlt sich nur geliebt, solange es sich »richtig benimmt« und die entsprechende Leistung vorweisen kann. Ihm wird es zur Gewohnheit, auch im späteren Leben ständig zu performen, zu beweisen, dass es erfolgreich ist. Im Inneren sitzt die Angst zu scheitern, die kleinste Kritik wird als vernichtend empfunden, umgekehrt lässt ein Lob das Ego über das Normalmaß hinaus erblühen.

Solange also keine Probleme auftreten, fühlt sich der Narzisst gut. Und wer genießt es nicht, einen steilen Karriereweg einzuschlagen, Erfolg im Leben zu haben und gutes Geld zu verdienen? Die sozialen Medien beflügeln diese Tendenz, ständig werden Bilder und Gedanken gepostet, die eigene »Marke« wird einem virtuellen Publikum präsentiert und es applaudiert mit Klicks und Likes. Die Wirkung verstärkt sich selbst.

Die Gesellschaft forciert die Einstellung, dass wir nur etwas wert sind, wenn wir uns nach außen gut darstellen. Viele Menschen sind ständig am Rande der Erschöpfung und Überforderung. Irgendwann spielt der Organismus nicht mehr mit und antwortet mit einer körperlichen oder psychischen Erkrankung.

> Eine Patientin aus der Modebranche berichtete mir, dass es an einem Tag sein konnte, dass sie von neun Menschen bewundert wurde, aber wenn der zehnte sie kritisiere, weinte sie für den Rest des Tages. Auf Instagram hatte sie nahezu gebannt auf die wachsende Schar ihrer Follower geschaut und sich wichtig gefühlt. Als der Hype wieder abgeflachte war Sie verzweifelt, fühlte sich komplett wertlos und bekam schließlich Suizidgedanken.

Hilfsangebote

Von sich aus glauben Narzissten oft, sowieso keine adäquate Hilfe zu bekommen.
Wie sollte man auf ein ausgeprägt narzisstisches Verhalten reagieren? Wichtig ist es, sich nicht durch eine Abwertung beeindrucken zu lassen, sondern zu registrieren, dass sich der andere so verhält, weil er schnell verletzt ist. Die Partnerschaft mit einem Narzissten ist häufig so belastend, dass sie auch beim Angehörigen Selbstzweifel mit depressiven und suizidalen Gedanken wecken kann.
Deshalb: Lassen Sie sich nicht zu sehr von der (vermeintlichen) Großartigkeit eines Narzissten beeindrucken. Helfen Sie ihm aber, dass er ein stabileres und realistischeres Selbstvertrauen bekommt. Loben Sie ihn nicht als ganze Person, sondern für das, was er gerade tut und möglichst wirklichkeitsnah. Studien der Stanford Universität belegen, dass es sich am besten für die Entwicklung von Kindern auswirkt, wenn diese kontinuierlich und realistisch dafür Rückmeldung erhalten, was sie gerade getan haben statt pauschal »Du bist toll«, oder »Du bist ein Tollpatsch« beurteilt zu werden. Seien Sie also nachsichtig mit einem Narzissten.
Der vielleicht wichtigste Schritt für ihn selbst besteht darin, dass er lernt, seine Angst, Unsicherheit und Verletzlichkeit so zuzulassen, dass er sie nicht mehr als komplett vernichtend erlebt, sondern als Teil sei-

nes Lebens akzeptiert. Ob er ein wertvoller Mensch ist oder nicht, hängt nicht nur von seinem Erfolg ab, wie er immer denkt.

Liebeskummer und Verlustgefühle

Die Verliebtheit gleicht einer Droge, unser »Belohnungs-Neurotransmitter« Dopamin schnellt in die Höhe und der Partner wirkt ähnlich anziehend wie ein Suchtmittel. Ist er plötzlich weg, wirkt das wie ein »kalter Entzug«, alles erscheint besser, als den Schmerz auszuhalten.

Das Selbstwertgefühl ist so zentral betroffen, dass die Seele ständige Grübeleien nach dem »Warum« provoziert. Studien signalisieren, dass viele Menschen mit schwerem Liebeskummer Suizidgedanken haben. Wie auch im Fall des weltberühmten Schriftstellers Cesare Pavese.

> Am 26. August 1950 ordnet er in der Wohnung seiner Schwester zunächst einige Fotos und Briefe, sortiert anschließend seine Manuskripte, verlässt die Wohnung und begibt sich zur Albergo Roma in Turins Innenstadt. Er betritt das Zimmer 43 im dritten Stock. Was danach passierte, kann man sich anhand des Bildes erschließen, dass sich dem später Eintretenden bot. Pavese lag auf dem Bett, hatte die eine Hand auf seiner Brust, ein Bein angewinkelt auf dem Laken, das andere berührte fast den Boden. Im Waschbecken lagen mehrere leere Schachteln, in denen sich zuvor Schlafmittel befunden hatten.
>
> Auf der Höhe seines schriftstellerischen Ruhmes und seiner Kraft hatte er sich mit einer Überdosis an Tabletten wegen einer, wie er es selbst beschrieb, »belanglosen Liebesaffäre« das Leben genommen. Zeit seines Lebens hatte er sich einsam gefühlt, aber bereits wenige Stunden nach seinem Ableben war er es schon nicht mehr. Die Tageszeitungen brachten die Nachricht von seinem Tod und tausende von Leuten in Turin erwiesen ihm trauernd die letzte Ehre.

Liebeskummer provoziert viele Gefühle: Traurigkeit, Einsamkeit, Wut und Scham, sie wechseln schnell. Da menschliche Grundbedürfnisse verletzt werden, fühlt man sich kaum überlebensfähig.

> **Verletzte Grundbedürfnisse bei Liebeskummer**
>
> - Bindung: Da ist zunächst der Wunsch nach innerer Verbundenheit und Nähe.
> - Selbstwert: Abgewiesen zu werden beeinträchtigt das Bedürfnis nach Selbstachtung. Jeder möchte um seiner selbst willen geliebt werden, sich gut, kompetent und wertvoll erleben.
> - Selbstbestimmtheit und Kontrolle: Jeder Mensch möchte freie Entscheidungen treffen können. Je souveräner wir handeln können, desto wohler fühlen wir uns. Wir mögen das Bedürfnis, unser Leben unter Kontrolle zu haben.
> - Lust- und Unlustgefühle: Wir alle sind geprägt davon, erfreuliche und angenehme Zustände zu erleben und verletzende, unangenehme Erfahrungen zu meiden.

Hilfestellung

Es fällt schwer, jemanden zu vergessen, den man schon als Teil seiner Zukunft gesehen hat.

Wie können Sie in der Not unterstützend sein? Das wichtigste menschliche Grundbedürfnis ist und bleibt der Wunsch nach Verbundenheit! Und hier können Sie helfen.

Raten Sie zuerst zu einem vollständigen Kontaktabbruch zu der geliebten Person, denn sie hat Suchtpotenzial und würde nach einer Begegnung erneute Entzugserscheinungen auslösen.

Ermuntern Sie den Betroffenen, viele Freunde anzurufen. Verwirklichen Sie gemeinsame Interessen, damit er sich ablenkt. Bleiben Sie im Gespräch! Sie können sich darüber austauschen, wie Sie kritische Zustände überwunden haben und was Ihnen geholfen hat.

Motivieren Sie den Betroffenen, wieder eine bewusste positive Selbstfürsorge zu betreiben und den eigenen Körper mit allem zu versorgen, was er braucht. Zwar mögen Alkohol oder Beruhigungsmittel kurzzeitig den Schmerz betäuben, aber danach wird dafür mit umso heftigeren unangenehmen Gefühlen bezahlt.

Es hilft, die eigene Selbstbestimmung, wenn auch mühsam, zu übernehmen. Ein geordneter Tagesablauf wirkt stabilisierend, vielleicht helfen To-Do-Listen, falls das zu viel ist, können die einfachsten Aktivitäten, die gerade noch zu schaffen sind, umgesetzt werden. Eine ausreichende Bewegung ist besser als zu grübeln.

Was immer auch hilft, dem Trauernden Freude zu bereiten, sollte verwirklicht werden, sei es ein Film, die Reise in eine Stadt oder ein Land, der Erwerb einer Fähigkeit, wie einer Sprache oder dem Spiel eines Instrumentes.

Es gilt, das Selbstwertgefühl des Betroffenen aufzurichten. Unterstützen Sie ihn darin, sagen Sie ihm, was aus Ihrer Sicht so besonders an ihm ist.

Verlassen zu werden ist immer erst eine emotionale Katastrophe. Aber im Rückblick kommen viele Menschen irgendwann zu dem Schluss, dass der Liebeskummer eine so positive Entwicklung für ihr Leben in Gang gesetzt hat, dass sie dem früheren Partner dafür fast dankbar sind. Durch Trennung und Liebeskummer wurden sie gezwungen, sich mit sich selbst, eigenen Wünschen und Bedürfnissen auseinanderzusetzen. Was ließ sich aus der Beziehung lernen? Was dürfte bei einer neuen Partnerschaft besser sein?

Und das führt immer zu einem Reifungsprozess, den viele im Nachhinein als positiv bewerten, auch wenn sich das im Moment ihres großen Leidens noch gar nicht vorstellen lässt.

Der Bilanzsuizid

Gibt es den sogenannten »Bilanzselbstmord«? Vermutlich wurde der Begriff 1918 durch den deutschen Psychiater Alfred Hoche geprägt. Er verstand darunter die überlegte Suizidhandlung gesunder Menschen als Ausdruck einer freier Willenshandlung und er schreibt: »Verhältnismäßig selten, wenn auch nicht so selten, wie man gewöhnlich annimmt, ist diejenige Selbsttötung, die man als Bilanzselbstmord bezeichnen könnte, d. h. ein solcher, bei dem in kühler und klarer Besonnenheit alle dafür und dagegen sprechenden Gründe abgewogen werden, etwa wie in den Fällen von Kassierern und Bankiers, die jahrelang von fremden Geldern ein gutes Leben führen und dabei die ganze Zeit über schon das Gift bei sich führen, mit dem sie im Augenblick der Verhaftung ihrem Leben ein Ziel setzen.« Begründet wird der Bilanzselbstmord damit, dass der Entschluss mit »kühler und klarer Besonnenheit« gefasst und durchgeführt wird.

In diese »Falle« gehen Menschen, die sich sonst für stark hielten.

Nach einem sozialen Abstieg, einem gescheiterten Lebensentwurf, zerbrochenen Beziehungen, im Alter, bei beginnenden körperlichen Erkrankungen und in ihrer Einsamkeit sehen sie sich als »Loser«, der vernichtet werden muss. Die persönliche Bilanz der gegenwärtigen Lebensumstände wird gezogen und so negativ bewertet, dass der Suizid die Konsequenz der Überlegungen ist. Vielfach geschieht es als letzter Ausdruck individueller Freiheit und Selbstbestimmung. Die Selbsttötung wird meist exakt geplant und vorbereitet.

Der Begriff Bilanzsuizid suggeriert Objektivität, ist aber eher ein Akt der Verzweiflung.

Die Motive sind:

- schwere körperliche Krankheit
- Nachlassen der geistigen Kräfte
- soziale Aspekte – Verluste, Konflikte, Einsamkeit
- Lebensüberdruss, der Tod soll nicht in ungewisser Zukunft kommen

---

Hilfsangebote

Für das Vorliegen eines Bilanzsuizids spricht, wenn ein Mensch alle Aspekte auf den Tisch legt und gegeneinander abwägt, seine vielleicht bestehende und sich verschlechternde chronische Erkrankung, in Kürze zu erwartende schwere Schmerzen, seine Pflegebedürftigkeit, eventuell seine Einsamkeit, weil der Lebenspartner verstorben ist und die übrige Familie mit anderen Dingen beschäftigt ist. Die Entscheidung, nicht mehr leben zu wollen, wird nicht impulsiv getroffen, sondern mit einem »klaren Kopf« unter Abwägung aller Umstände.

Wie soll das Umfeld darauf reagieren? Ist ein Bilanzsuizid »erlaubt«? Oder ist es sinnvoll, jeden Suizidgefährdeten in eine psychiatrische Klinik zu bringen? Allgemeingültige Ratschläge sind kaum möglich.

Jeder Mensch zieht individuell immer wieder Bilanz, nicht nur am Ende, sondern auch zwischendurch. Aber während wir in der Presse miterleben, wie Stars sich als tragisch gescheitert erleben und suizidal werden, gibt es bescheidene Menschen, die mit ihrem Leben sehr zufrieden sind. Die Einstellung zu sich und zum eigenen Leben ist entscheidend! Jeder Mensch muss immer wieder neu für sich überdenken, was ihm im Leben wichtig ist und welche Schlüsse er für seine weitere Lebensgestaltung daraus ziehen kann. Wo er es nicht allein schafft, sollte er sich mit anderen austauschen. Es hilft dabei nicht, wenn Betroffene sich selbst in ihren Ansprüchen belügen – lebt man wirklich so, wie man das möchte? Die Antwort kann zu einer Lebenskrise führen, aber sie birgt auch Entwicklungschancen in sich.

Es lohnt sich, Misserfolgsmuster, nach dem Motto »Warum immer ich«, konsequent zu hinterfragen und dabei auch eigene Anteile zu betrachten.

Der Wunsch, aus dem Leben zu scheiden, klammert haltende Strukturen wie etwa Bindungen, Familie oder Religion in der Regel aus und hier ist möglicherweise noch ein Ansatzpunkt zu finden. So unterschiedlich auch die Haltung des Suizidgefährdeten ist, so unterschiedlich wird aber auch sein Umfeld bestmöglich darauf reagieren müssen.

Die Lebenskrise – äußere Veränderungen führen zu einer inneren Reaktion

Suizidale Krisen werden häufig von Angst, Panik und Depressivität begleitet, sind aber nicht immer Ausdruck einer seelischen Erkrankung! Jeder Mensch kann in eine Situation geraten, in der er mit Ereignissen und Lebensumständen konfrontiert wird, die seine bisherigen erworbenen Fähigkeiten überfordern.

Es gibt verschiedene Arten von Krisen.

> **Verschiedene Arten von Krisen**
>
> - Reifungskrisen (Pubertät),
> - Reaktionskrisen auf äußere Umstände (Unstimmigkeiten, Gewalt in der Ehe, ständige Arbeitsüberlastung, mangelnde Anerkennung, Trennung, Verlust der Wohnung oder der Freunde, Isolierung, Ablösung der Kinder, Umzug, Schulwechsel, die Einstellung sportlicher oder anderer Vereinsaktivitäten, chronische Erkrankungen). Sie können sich innerhalb weniger Tage entwickeln oder als Reaktion auf einen Dauerstress.
> - Krisen durch eine posttraumatische Belastungsstörung (Gewalterfahrungen, früherer Missbrauch). Sie treten mit einer zeitlichen Verzögerung auf.
> - Krisen im Verlauf einer seelischen Erkrankung.

Der berühmteste Arzt des Altertums, Hippokrates, schreibt in seinem ersten Buch der »Epidemien«, dass Krisen zum Leben oder zum Tode führen oder entscheidende Wendungen zum Besseren oder Schlimmeren bringen werden (Hippokrates 1895). Entsprechend bedeutet das griechische Wort ursprünglich »Meinung«, »Beurteilung« oder »Entscheidung«.

Jede Krise hat einen ähnlichen Verlauf.

> **Der Verlauf einer Krise: Auslöser, Zuspitzung, Konfliktlösung**
>
> - Auslöser: meist ein schwerwiegendes Erlebnis mit einem innerseelischen Konflikt. Durch Hindernisse versagen die bisherigen Problemlösungen. Die fehlenden Anpassungsmechanismen führen zu einem unerträglichen Spannungszustand des Körpers und der Psyche. Der Betroffene kämpft dagegen an, gerät aber in einen immer tieferen Strudel und reagiert gefühlsmäßig immer heftiger.
> - Die Zuspitzung: Der Betroffene macht eine Bestandsaufnahme. Jedes Ergebnis wird hinsichtlich einer Spannungslinderung beurteilt. Ideen werden überlegt, verworfen, verbleibende Kräfte wer-

den mobilisiert. Falls sich keine Lösung findet, können flüchtige Suizidgedanken auftauchen. Je öfter sie an die Oberfläche des Bewusstseins gelangen, desto länger verweilen sie dort. Es kann auch zu einer aggressiven Entladung kommen, die negative Konsequenzen nach sich zieht. Wird die Krise aber bewältigt, führt sie zur Entwicklung neuer unbekannter Fähigkeiten.
- Die Konfliktlösung: Haben die vorherigen Schritte keine Verbesserung hervorgebracht, bringt ein scheinbar harmloses Ereignis das Fass zum Überlaufen. Der Betroffene fühlt sich so orientierungs- und hilflos, dass es zum Zusammenbruch kommt. Grundsätzlich enthalten Krisen die Möglichkeit, den Einzelnen so zu überfordern, dass er an ihnen zu scheitern droht. Sie mobilisieren jedoch sowohl bei dem Betroffenen als auch bei seinen Helfern besondere, bisher ungeahnte Kräfte, die zu kreativ-konstruktiven Veränderungen beitragen können. Manchmal sind die äußeren Umstände so belastend, dass es keinen Sinn macht, die Gründe bei sich selbst zu suchen, dann muss die Situation so schnell es geht verlassen werden. Dabei helfen nur Außenkontakte. Vielleicht spielt dabei Gewalt in ihrer direkten oder indirekten Form eine Rolle. Im Wort Gewalt, das aus dem Mittelhochdeutschen kommt und »stark zu sein« bedeutet, steckt auch das Wort »Bewältigung«.

Der Psychiater Viktor Frankl hat im Konzentrationslager schwierigste Umstände durchlitten und reflektiert. Er beschreibt seine Situation sehr anschaulich:

»Die totale Entwertung der Realität … verführt einen vollends dazu, sich gehen zu lassen, sich fallen zu lassen – da ja ohnedies »alles zwecklos« sei. Solche Menschen vergessen, dass oft gerade eine außergewöhnlich schwierige äußere Situation dem Menschen Gelegenheit gibt, innerlich über sich selbst hinauszuwachsen. Statt gerade die äußeren Schwierigkeiten des Lagerlebens zu einer inneren Bewährungsprobe zu gestalten, nehmen sie das gegenwärtige Dasein nicht ernst, sie entwerten es zu etwas Uneigentlichem, vor dem man sich am besten verschließt, indem man sich nur mehr mit dem vergangenen Leben abgibt. Das Leben solcher Menschen versandet dann, statt – wozu grundsätzlich die Möglichkeit gegeben wäre – gerade unter diesen denkbar größten Schwierigkeiten der Haftzeit zu einem Höhepunkt sich aufzuschwingen ... Variierend könnte man sagen: die meisten Menschen im Konzentrationslager glaubten, die wahren Möglichkeiten der Verwirklichung seien nun dahin – und in Wirklichkeit bestanden sie eben darin, was einer aus diesem Leben im Lager machte: ein Vegetieren, so wie die Tausenden von Häftlingen, oder aber, so wie die Seltenen und Wenigen, ein inneres Siegen.« (Frankl 2018, S. 81)

In so einem Moment stehen Lebensweise, Gewohnheiten und Verhaltensmuster auf dem Prüfstand, die Prioritäten verschieben sich, Vernachlässigtes gewinnt an Bedeutung, neue Werte werden entdeckt, Unbemerktes erhält einen wichtigeren Stellenwert. Ein Perspektivwechsel ist erforderlich. Statt sich dem Schock, der Trauer, der Wut und der Verzweiflung hinzugeben, gilt es, über sich hinauszuwachsen. Gegenseitiger Beistand, Bestärkung und Inspiration sind weiterhelfend. Die Bestandsaufnahme der Lage richtet den Blick wieder nach vorn, gemeinsam kann überlegt werden, wie sich die Situation am besten bewältigen lässt.

Im Leben habe ich immer eine Wahl, selbst in einer Krise. Und mit ihr entscheide ich mich auch, worauf ich meine Aufmerksamkeit richte. Sind es die Faktoren, die meinen Gedankenstrudel in die Tiefe reißen oder konzentriere ich mich auf die Hoffnung? Nun fällt das im Angesicht von Krisen, Krankheiten, Traumata und Völkermord natürlich schwer. Hoffnung darf auch nicht mit Idealismus verwechselt werden. Ich kann mir nicht schönreden, was auf der Welt an Leid passiert. Ich kann auch nicht voraussehen, dass alles gerecht, gut und ohne Leid zugehen wird. Aber indem ich mich den schwierigen Bedingungen stelle und ihnen begegne, kann ich die Hoffnung als ein zartes Pflänzchen keimen und wachsen lassen. Ich entscheide mich bewusst dafür. Wir dürfen nicht verdrängen, was passiert. Aber Hoffnungslosigkeit ist die schlechteste Option, sobald wir uns ihr ausliefern, wird es fatal. Beginnen wir aber, in welcher Form auch immer, aktiv zu werden, zu handeln und uns den Hürden mit einer gewissen Neugier zu stellen, so kann es sein, dass wir doch noch den bestmöglichen Ausweg finden, denn niemand weiß, was tatsächlich kommt. Es handelt sich da um nichts anderes, als sich mit dem inneren Licht den äußeren Schwierigkeiten zu stellen. Und es ist wichtig, aktiv nach Verbündeten zu suchen. So beschrieb es Jonas, ein Bekannter: »Ich danke Ihnen für Ihre Anteilnahme in dieser schweren Zeit. Ständig war ich vollkommen erschöpft von den Covid-Nachwirkungen, ich freue mich aber über jede Handlung, die ich vollbringen kann. Außerdem sah ich am Samstag meine erste Schwalbe, ein sicheres Zeichen, dass der Sommer für mich kommt.«

In einer lebenslangen Dauerkrise – einer ständigen »Grenzsituation« – die niemals aufhörte, befand sich hingegen der Philosoph und Psychiater Karl Jaspers. Von Geburt an litt er an einer schweren unheilbaren Krankheit der Bronchien und an einer ausgeprägten Herzschwäche. Bereits beim Neugeborenen hatten die Eltern den Eindruck, es sei nicht gesund. Häufiges Röcheln begleitete seine Atmung und sie kostete ihn viel Kraft. Er hustete ständig. Ab dem fünfzehnten Lebensjahr kam noch ein eitriger Auswurf hinzu.

Der Hausarzt, eigentlich ein Augenarzt, hatte die Symptome bis zum 18. Lebensjahr als Grippeerkrankung oder Erkältungen betrachtet, bevor die Diagnose gestellt wurde. Seine Herz- und Atembeschwerden erlaubten ihm nur wenige Treppenstufen und Schritte zu gehen und er benötigte nach jeweils dreihundert Metern eine Pause. Beim Treppensteigen musste er auf jedem Absatz anhalten. Sein Herzschlag war extrem unregelmäßig, er litt an Schweißausbrüchen, Schwindelgefühlen und Darmbeschwerden. Deshalb hielt er später als Dozent seine Vorlesungen an der Universität im Sitzen ab. Die Krankheit bestimmte auch seine Sprachweise: es durfte keine Abschweifungen geben, er redete mit höchster Konzentration, Stringenz und Gegenwärtigkeit. Zuerst sprach er, wobei niemand ihn unterbrechen durfte, dann sagte er: «Jetzt sind Sie dran» – und hörte lange und schweigend zu, um die Bronchien nicht zu reizen. Von der Gesundheit, die er nie kannte, schrieb er, sie sei «etwas Herrliches».

Jaspers vertrat die These, dass man in Grenzsituationen die Lösung nicht von vornherein kennen kann, dass aber die Erfahrungen der höchsten existenziellen Not, der Lebensgefahr, der Todesnähe, auch des

Scheiterns uns unmittelbar mit der mutmaßlichen Essenz unseres menschlichen Daseins in Kontakt bringen und uns so neue Wege des Selbstseins eröffnen können (Jaspers 1932, S. 201 ff.). Und dazu gehört es auch, das menschliche Miteinander neu zu definieren und dabei bedarf es der Unterstützung.

Nahestehende und professionelle Helfer werden in einer Krisenintervention handeln, wie Thomas Bronisch es in seinem Buch »Der Suizid« (2007, S. 109) beschreibt: »Zentral ist hier die Herstellung einer hilfreichen Beziehung. Sie umfasst dabei Aspekte von Fürsorge und Schutz, Klärung von Konflikten, medizinische Versorgung, Diagnosestellung und Therapie einer zugrundeliegenden psychiatrischen Störung.«

4.3 Gesellschaftliche Hintergründe mit Suizidgefährdung

Beim Suizid stellen sich grundsätzlich auch aktuell politisch relevante gesellschaftliche Fragen. Was bewirkt, dass Menschen in der heutigen Zeit keine Lebensqualität mehr für sich finden können?

Im Teufelskreis der Fremdbestimmung

Ein Widerspruch durchzieht unser Leben: Wir sehnen uns nach Zugehörigkeit und haben auch den Wunsch auf Selbstbestimmung. Sobald etwas von außen an uns herangetragen wird, bewegen wir uns zwischen diesen beiden Polen.

Dominieren dabei die äußeren Umstände zu stark, so untergraben sie unser Bedürfnis, über uns selbst zu verfügen. Doch unser Wunsch nach Zugehörigkeit ist auch frustriert – unterwerfen wir uns, so sind wir nicht mehr zugehörig, sondern gegenüberstehend.

Unsere Gesellschaft forciert diese ungünstigen äußeren Bedingungen. Ständig muss alles verbessert werden, um äußere Ansprüche besser zu bedienen, das Wirtschaftswachstum scheint unausweichlich zu sein. Jeder muss effektiver werden und sich in seinen Zeitabläufen optimieren. Die Allgemeinheit wird prozessoptimiert und die Fremdbestimmung wächst. Der Einzelne ist ein Rad im Getriebe, entmündigt und immer unglücklicher. Schließlich stellt er sich die Frage, was das Ganze eigentlich soll.

Oliver (42)

An einem Sonntag saß Oliver in einem dieser hohen Office Tower vor seinem Laptop. Wie immer arbeitete er gewissenhaft und seine Disziplin hatte ihn ja auch schon weit gebracht. Er war in der höchsten Führungsriege dieses Unternehmens angekommen, als Wettbewerbstyp freute ihn das und es zahlte sich auch auf seinem Gehaltskonto aus. Was war er doch ein toller Typ! Schade, dass er für seine Freundin so wenig Zeit gehabt hatte, irgendwann war sie dann weg. Aber andererseits, hatte es nicht immer auch Stress mit ihr gegeben? Ständig hatte sie etwas unternehmen wollen, aber er hatte zu tun. Ein wenig mehr Verständnis hätte ihnen beiden gutgetan, oder? Und gab es nicht auch immer andere Frauen, die an ihm interessiert waren? Er sah gut aus, ging morgens vor der Arbeit joggen und in der Mittagspause ins Fitnesscenter, er hatte eine beachtliche Karriere hingelegt und verdiente sehr gut. Das imponierte doch den meisten Frauen, so einen Mann wollten sie doch haben. Aber irgendwie wurden ihm diese Dates zu viel, es schien ihm, als ob alles immer nach dem gleichen Drehbuch ablief. Und das langweilte ihn. Beide gingen gemeinsam in ein Restaurant, landeten später im Bett und die Frauen versuchten, ihn um jeden Preis für sich zu gewinnen. Er hatte dabei das schale Gefühl, dass es nicht wirklich um ihn, sondern um seinen Status ging. Die Frauen sahen doch mit Sicherheit schon die Vision vor sich, dass sie ihn heiraten würden, dann würden sie ein Haus kaufen, Kinder bekommen, der Tochter würde er das gewünschte Pferd kaufen, dem Sohn die Mitgliedschaft im Tennisclub bezahlen, er selbst würde sich eine Mitgliedschaft im Golfclub gönnen. Unmerklich würden die monatlichen finanziellen Belastungen anwachsen, tagein, tagaus würde sich das Rad weiter und schneller drehen. Wozu sollte er sich dem Ganzen aussetzen? Aber so arbeitete er nur noch vor sich hin und das fühlte sich genauso sinnlos an.

Da konnte er ja gleich den Verlauf abkürzen, indem er beispielsweise aus dem Fenster sprang. Nein, das wäre zu auffällig, außerdem ließ es sich nicht öffnen, wegen der Klimaanlage. Er würde wandern gehen und abstürzen. Keiner würde merken, dass es sich um einen Suizid handelte. Ein heldenhafter Abgang. Das wäre es dann wohl für ihn. Aber was hatte ihm das Leben letztendlich gebracht? Nichts. Das hätte er sich sparen können. Eine sinnlose Investition seiner Kräfte und Bemühungen. Gab es doch etwas, das er übersehen hatte? Eine Therapie könnte ihm da vielleicht helfen. Das Umbringen lief ihm ja nicht weg, das könnte er später immer noch. Und so gelangte er in meine Praxis.

Ein drohender Suizid, ist das alles, was das Leben für einen bereithielt? Oliver wollte sein Leben ändern, aber dafür war es sinnvoll, erst einmal zu erkunden, wie er an diesen Punkt gelangt war.

War es ein bestimmter Erziehungsstil? Als Kind hatte er früh gelernt, dass es Liebe nur gegen Leistung gab. Solange er tüchtig war, wurde er dafür geliebt, sonst nicht. Dadurch entstand bei ihm eine Leistungsverliebtheit um jeden Preis.

Der Suizidforscher Erwin Ringel beschrieb das in einem Interview (2015) recht anschaulich:

> »Die Menschen beginnen nun in einem rasenden Tempo dem Erfolg nachzulaufen. Die Manager verhalten sich so wie die Windhunde bei einem Rennen, die einem elektrischen Hasen nachlaufen. Dabei sind zwei Dinge interessant. Der elektrische Hase ist erstens mal eine Attrappe, was sie erträumen, ist in Wirklichkeit nicht so wichtig, wie sie sich einbilden und zweitens ist es ein sinnloses Rennen, weil der elektrische Hase immer schneller ist als der Windhund. Die Manager sind immer Leute, die sagen, ja einmal, da werde ich mich ausruhen und das Leben genießen, aber in Wirklichkeit erreichen sie dieses Ziel oft nicht, sie gehen vorher daran zugrunde. Schauen Sie mal die Menschen in einem Rehabilitationszentrum an, die vorher einen Herzinfarkt gehabt haben. Kaum ist er halbwegs wieder gut, wird er hingesetzt und muss treten und dann sitzen die drei Manager nebeneinander und unterhalten sich, ich kann schon zehnmal, ich kann schon elfmal und ich kann schon zwölfmal, das heißt, sie werden genau wieder in denselben katastrophalen Lebensstil hineingetrieben, der sie schon einmal vernichtet hat.

Hochdruck kann man dadurch entgehen, indem man den Zeitdruck, der auf einem lastet, wegnimmt. Schauen Sie sich doch den Erholungsurlaub der Manager an. Die machen doch alle einen sogenannten Aktivurlaub. Das heißt ja, sie halten ja die Ruhe in der Freizeit nicht aus. Da muss ich ja zu mir selber kommen, das halte ich ja nicht aus. Nur ablenken tun sie sich. Tennis, Schwimmen, der hat gar kein Vergnügen am Schwimmen, der sagt, ich muss zwanzig Runden machen. Das ist eine Denaturierung des Lebens.«

Manche Menschen betreiben einen schleichenden Suizid, indem Sie täglich in ein Unternehmen gehen, in dem sie unglücklich sind. Sie verkaufen ihr Leben. Über viele Jahre hinweg summiert sich dieser Effekt. In der Freizeit sind sie oft zu müde, um noch irgendetwas zu unternehmen. Sie haben bald keinen Bekanntenkreis mehr und leben nur noch, um zu arbeiten, statt umgekehrt. Irgendwann werden sie sich selbst fremd, dann stellt sich für sie die Sinnfrage. Wozu bin ich auf dieser Welt?

In Japan hat man für diesen Zustand einen eigenen Begriff entwickelt: »Karoshi«, er bezeichnet den Tod durch Überarbeitung. Zeit, Aufwand und Energie für die Arbeit nehmen so einen zentralen Platz im Leben ein, dass alle Ressourcen darauf verwendet werden. Vierzig Prozent der Japaner sollen unter einem Burnout leiden, sie arbeiten teilweise bis zu hundert Wochenstunden im Monat. Im Land von Nintendo ist die Suizidrate als Folge eines Burnouts inzwischen so hoch, dass man ein makabres Videospiel entwickelt hat: Ein Spieler, der aufgrund von Überarbeitung stirbt, erreicht das nächsthöhere Level.

Die häufigsten Todesursachen bei Karoshi sind in der Regel Schlaganfall, Herzinfarkt, Schlafmangel, oder ein Suizid, mit anderen Worten: Game Over. Doch im Leben gibt es keine zweite Chance.

Auch in Deutschland sind Überstunden ein weit verbreitetes Phänomen. Nach Zahlen des Statistischen Bundesamtes arbeiteten etwa elf Prozent der Vollerwerbstätigen mehr als 48 Stunden pro Woche, beispielsweise Ärzte durchschnittlich 53 Stunden Wochenstunden. Dennoch haben viele von ihnen das Gefühl, sie hätten nicht ausreichend Zeit für ihre Patienten. Fast jeder dritte Arzt fühlt sich ausgebrannt. Der »Global Burnout Report« des Portals Medscape mit insgesamt 20.0000 Teilnehmern, davon 615 Ärzten in Deutschland, bestätigte, dass fast 50 Prozent der Ärzte von völliger körperlicher, emotionaler und mentaler Erschöpfung berichteten, mehr als 60 Prozent fühlten sich seit mehr als einem Jahr durch Depressionen und Burnout beeinträchtigt (https://www.medscape.com 2020, Zugriff am 18.05.2021).

Nicht nur der berufliche Lebensbereich kann betroffen sein, auch der private ist es häufig durch familiäre Belastungen, u. a. durch Pflegefälle.

Ein Burnout zeigt sich in einem Gefühl von Erschöpfung, einer wachsenden negativen Haltung zum Job und einem abnehmenden beruflichen Leistungsvermögen.

Symptome

Es finden sich ein Energiemangel mit einem Gefühl der Überforderung, Müdigkeit, Niedergeschlagenheit, Unfähigkeit, sich in der Freizeit zu entspannen, Schlafstörungen, körperliche Beschwerden, wie Magen-Darm-Symptome, Kopf- und Rückenschmerzen und eine vermehrte Anfälligkeit für Infekte, geistige Distanz oder negative Haltung zum Job, zunehmende Frustration mit anschließender Distanzierung von der Arbeit, Schuldzuweisungen für die verändert erlebte Arbeit, Verbitterung gegenüber den Arbeitsbedingungen, Abwertung der Arbeit, Zynismus, der sich oft auch gegen die Arbeitskollegen und das Klientel richtet. Im weiteren Verlauf kommt es zu Schuldgefühlen oder einem Gefühlsverlust (Depersonalisation), verringerter Arbeitsleistung mit dem Eindruck einer nachhaltigen Minderung der Arbeitsleistung, Kompetenz und Kreativität u. a. durch Konzentrationsstörungen und Arbeitsunzufriedenheit. Die Aktivitätsfalle ist ein Suizid auf Raten.

Hilfsangebote

Wichtig ist es, die eigenen Gefühle nicht mehr zu ignorieren und zu kontrollieren, sondern sie zu beachten und zu integrieren, dazu gehört vor allem die Liebe, auch die zu sich selbst.

Im Kern geht es auch um die Förderung der gesunden Einstellung, »etwas zu verdienen«. Die Kaffeepause am Morgen, die Zeitungslektüre, selbst wenn noch nicht aufgeräumt ist, das Treffen mit Freunden, auch wenn der Partner dann einmal allein auf die Kinder aufpassen muss. Ein Vergnügen muss nicht immer im Voraus mit Pflichterfüllung bezahlt werden, sonst erleben wir Selbstaufopferung statt freudiger Berechtigung eigener Ansprüche. Jeder sollte dabei seinen eigenen individuellen Weg finden.

In Japan gibt es ein wunderbares Wort für das Sonnenlicht, das durch die Blätter von Bäumen schimmert: »komorebi«. Vielleicht wäre es für Menschen wie Oliver ein Anfang, wenn sie, neben dem »karoshi«, ihrer Arbeitswut, hin und wieder »komorebi« betrieben.

Aber wieviel davon ist richtig? Die Frage der Balance ist nicht leicht zu beantworten. Man könnte folgende Überlegung anstellen: Wenn ich keine Ahnung habe, wie viel Mehl in einen Teig hineinmuss, damit er genau die richtige Konsistenz bekommt, nicht zu flüssig und nicht zu fest, weil die Angabe dazu im Rezept leider unleserlich ist, könnte ich immer ein, zwei Löffel reinwerfen und umrühren, so lange bis er genau richtig wird.

Mobbing und Ausgrenzung

Was für ein bedrohliches Gefühl ist es, vom Leben der anderen ausgeschlossen zu werden! Vom Beginn unseres Lebens an sind wir auf andere Menschen angewiesen. Hat ein Baby Glück, so erlebt es bereits vor und nach der Geburt einen Zustand des Angenommen-Seins. Es darf so sein, wie es möchte, schreien, lachen, Urin ablassen, ein größeres Geschäft verrichten – wann es ihm passt. Nichts wird von ihm erwartet. Niemand käme auf die Idee, sich ihm gegenüber zu verstellen. Es ist da und das reicht aus. Allein würde es nicht überleben, es wäre verloren. Entsprechend tief haben wir dieses Verbundenheitsgefühl innerlich abgespeichert.

Schon immer war die Menschheit aufeinander angewiesen, ohne einen Zusammenschluss wäre sie in der Steinzeit ausgestorben. Durch Teambildung gewann sie die Überlegenheit, sich den Raubtieren gegenüber zu behaupten, sonst wäre sie schutzlos gewesen.

Diese Grunderfahrung hat sich tief im individuellen und kollektiven Gedächtnis eingebrannt und führt zu einer Angst, sobald wir uns ausgeschlossen fühlen, und steigert sich, bis sie irgendwann nicht mehr auszuhalten ist.

> Selbst im Gehirn zeigen sich bei einer Ausgrenzung Veränderungen, wie Studien von Naomi Eisenberger und ihren Mitarbeitern am Psychologischen Institut der Universität in Los Angeles nachweisen (Eisenberger et al. 2003, S. 290–292).
>
> Sie ließen ihre Probanden zunächst glauben, dass sie ein Computer-Ballspiel mit anderen Teilnehmern spielten. Plötzlich bekamen sie aber den Ball nicht mehr zugespielt und fühlten sich bald ausgeschlossen. Bereits bei einer sanften Ausgrenzung zeigte ihr Gehirn eine starke Aktivität im sogenannten vorderen cingulären Kortex (ACC), einem neuronalen Alarmsystem.
>
> Je stärker das Gefühl der Zurückweisung wurde, desto höher wurde die Aktivität in diesem Bereich. Die gefundenen Aktivitätsmuster ähnelten denen bei körperlichem Schmerz und lieferten »Hinweise dafür, dass die Erfahrung und Regulierung von sozialem und physischem Schmerz eine gemeinsame neuroanatomische Basis teilen.« Allerdings gab es auch einen Bereich, der versuchte, gegenzusteuern. Er befand sich im rechten präfrontalen Cortex und versuchte, das Gefühl des Ausgeschlossenseins abzumildern, so spekulierten die Wissenschaftler.

Beim »Mobbing« passiert genau das. Das englische Wort »to mob« bedeutet anpöbeln oder »über jemanden herfallen«. Alltagssprachlich gemeint sind Schikanieren, Sabotieren, Verunglimpfen, Intrigieren, Terrorisieren und Fertigmachen.

Werden Konflikte fair ausgetragen und in verantwortlicher Weise direkt und offen ausgedrückt, hat das nichts mit Mobbing zu tun. Auch kleine Sticheleien und dumme Scherze sind noch kein wirkliches Mobbing. Aber das Fehlen einer »Kultur des fairen Streitens« ist der beste Nährboden für das Wuchern und Ausufern von Mobbing. Es taucht in allen Lebensphasen auf, in der Schule oder auch im Berufsleben. Oft endet die Geschichte im Suizid. Jean Paul Sartre beschrieb es einmal so: Die Hölle, das sind die anderen.

Es ist bekannt, dass sich Kinder und Jugendliche, die von Gleichaltrigen schikaniert werden, zurückziehen, depressiv werden, in der Schule nachlassen und auf lange Sicht suizidal werden (Roeger et al. 2011, S. 25). Ein australisches Forscherteam unter der Leitung von Leigh Roeger von der University of South Australia konnte in einer Studie nachweisen, wie massiv intensives Mobbing das eigene Selbstwertgefühl beeinträchtigt, Depressionen verursacht und den Opfern so schwerwiegende psychische Verletzungen zufügt, dass sie schließlich als einzigen Ausweg den Suizid sehen.

Ohne Hilfe können Betroffene diese traumatisierenden Beeinträchtigungen auch im späteren Leben nicht vergessen – mit gravierenden Folgen: »Personen, die in Kindheit und Jugend schikaniert worden waren, wiesen ein dreimal höheres Suizidrisiko auf als Personen ohne solche Erfahrungen«, berichten die Autoren.

In Deutschland sind die Zahlen alarmierend, fast jeder sechste Schüler wird regelmäßig zum Mobbing-Opfer, die Dunkelziffer ist vermutlich noch um ein Vielfaches höher.

Der Präsident des Deutschen Lehrerverbandes, Heinz-Peter Meidinger, erklärte, dass an jeder Schule gemobbt werde und hält 500 000 Mobbing Opfer pro Jahr für realistisch. Hauptinstrument des Mobbings bei größeren Kindern seien mittlerweile die Sozialen Netzwerke und WhatsApp-Gruppen. Die Täter mobben, weil sie sich dadurch selbst stärker erleben und in eine höhere Machtposition bringen (www.bildungsklick.de/schule/detail/mobbing-in-der-schule, Zugriff am 14.04.2021).

Florian (14)

»Ich will nicht mehr leben. Am liebsten möchte ich aus dem Fenster springen, der Gedanke taucht in der letzten Zeit immer häufiger auf. Niemand möchte mit mir zu tun haben. Früher war ich der Klassenbeste, in der sechsten Klasse fing es an. Bis dahin hatte mir die Schule immer viel Spaß gemacht, ich habe gerne gelernt und war nie schlecht. Im Gegensatz zum Großteil meiner Mitschüler war ich am Unterricht interessiert, während diese lieber Unruhe verbreiteten und Späße machten. Schnell hatte ich den Ruf als Streber weg und bekam erste gemeine Kommentare und Sticheleien zu hören. In den

> Pausen wurde dann über mich hergezogen, bis ich anfing zu weinen und zu toben, das war für die Mitschüler eine Heidenfreude'«.
>
> Unter Tränen berichtet Florian weiter: »Die ganze Situation hat mich stark verändert. Statt meine Nachmittage mit Freunden zu verbringen, bleibe ich in meinem Zimmer, schaue Filmchen und spiele mit dem Handy. Die Eltern wollten es mir schon wegnehmen. Ich lache wenig, weine viel. Warum kann ich nicht wie die anderen sein? Warum kann ich mir nicht selbst helfen? Ich weiß nicht, was ich machen soll, um so zu sein wie die anderen, ich bin wütend auf mich und unendlich traurig.«

Grundsätzlich kann jegliche Form des »Andersseins« zum Grund für soziale Ausgrenzung werden, es kann sich dabei um Hochbegabung, um ein besonders begütertes Elternhaus, das »falsche« Handy, um Markenkleidung, einen besonderen Sport oder ausgefallene Interessen handeln. Oft ist Neid dahinter verborgen, da ist jemand, wie man selbst gern wäre, oder einer besitzt etwas, das man selbst gern hätte.

Schnell wird dann verglichen und festgestellt, dass der andere »nicht zu einem passt«.

Im Fall von Florian war es vermutlich seine schnelle Auffassungsgabe, sein gutes Gedächtnis und seine Freude am Unterricht. Hinzu kommt, dass die Opfer meist eher überangepasst und ängstlich sind, über weniger Selbstbewusstsein verfügen.

> »Zwar wurde ich immer um Hilfe gebeten, aber sonst wollte niemand mit mir befreundet sein. Auch die Lehrer riefen mich nicht mehr auf, wenn ich mich meldete. Schließlich gab ich mir gar keine Mühe mehr und meine Leistungen rutschten ab. Daraufhin sagten die Anderen voller Schadenfreude, dass sie ja gleich gewusst hätten, dass ich in Wirklichkeit gar nicht so gut bin.«
>
> Seine Eltern weihte Florian zu diesem Zeitpunkt nicht mehr in seinen Plan ein. »Sie wollen bloß immer, dass ich in die Schule gehe und gute Noten bekomme und immer bin ich schuld an allem, wenn etwas nicht klappt«, sagte er.

Wie die Jugendlichen selbst mit Mobbingsituationen umgehen, hängt stark von ihrer Sozialisation ab. Finden sie Rückhalt in der Familie? Haben sie jemanden, mit dem sie darüber sprechen können? Falls die Eltern dazu nicht in der Lage sind, können sich auch wie im Fall von Florian beispielsweise Großeltern als eine wirkungsvolle Ressource erweisen.

Mobbing finden wir auch am Arbeitsplatz. Hier sind die Formen mit verschiedenen Vorgehensweisen meist subtiler. Der eine bekommt mehr Arbeit zugeteilt, als er bewältigen kann, der andere wird von Arbeitsprojekten ausgeschlossen. Der E-Mail-Account wird gesperrt, Anrufe werden nicht durchgestellt.

Eine Patientin berichtete mir, ihr sei mitgeteilt worden, dass ihr Meeting abgesagt worden wäre, obwohl es nicht stimmte. Weil sie schüchtern war, wurde sie auf einmal laufend aufgefordert, Vorträge zu halten. Hinterher hieß es: »Schlechter als beim letzten Mal kann es wohl bei Ihnen kaum werden.« Ihre Beiträge und sie selbst wurden regelmäßig ignoriert. Informationen, die sie für ihre Arbeit benötigte, wurden zurückgehalten. Üble Gerüchte wurden über sie verbreitet, ihr wurden Sachen unterstellt, die sie nicht getan hatte. Insgesamt wurde es ihr erschwert, die Arbeit zu machen. Auf ihrem Schreibtisch wurden Gegenstände verstellt, weggenommen oder neu hingestellt.

Zum Mittagessen wurde sie nicht dazu geladen. Sie spürte die abschätzigen Blicke und wie hinter ihrem Rücken über sie gesprochen wurde.

Häufige Gründe für dieses Verhalten sind Frust, langweilige Arbeit, Überforderung der Kollegen und Chefs, Neid und Missgunst, oder eine provozierte Kündigung.

Ein Suizid ist billiger als die Abfindung, so heißt es immer wieder. Und tatsächlich sehen viele Gemobbte den Suizid als letzten Ausweg, um dem alltäglichen Terror zu entgehen. Gewerkschaften schätzen, dass drei bis fünf Prozent der Beschäftigten gemobbt werden, das sind umgerechnet für Deutschland 1,5 Millionen Arbeitnehmer. 42 Prozent der befragten Mobbingopfer gaben an, sich mit Suizidgedanken zu tragen. 1500 bis 2000 Suizide pro Jahr werden in Deutschland Mobbingsituationen zugeschrieben. Sie tauchen dann nicht als Kostenfaktor im Gesundheitswesen auf, sondern gehen unter.

Dabei hat nicht nur Deutschland dieses Problem. Gemäß den Statistiken der France Télécom hatten sich 2008 und 2009 insgesamt 36 Menschen das Leben genommen. Den Anklägern zufolge endete ihr Leben, weil der französische Staatskonzern im Sparzwang zehntausende Mitarbeiter loswerden wollte und daraufhin begann, seine Beschäftigten zu schikanieren: Diese bekamen beispielsweise entweder zu viel oder gar keine Arbeit.

Auch im Internet kann man zum Opfer von Mobbing werden, bei dem ein User beginnt und weitere Nutzer auf den Zug aufspringen. Bilder oder Kommentare sind im Netz nur schwer oder überhaupt nicht mehr rückgängig zu machen. Deshalb muss jeder darauf achten, was er online stellt und wer die Zugriffsrechte erhält und bei den Sicherheitseinstellungen darauf achten, dass Bilder und Aktivitäten nur für Freunde sichtbar sind. Das erhöht die Chance, einem Cybermobbingangriff zu entgehen.

Hilfsangebote

Was rät man als Angehöriger oder Berater einem Mobbingopfer? Hat man die Wahl, sein Leben zu verlieren oder die Situation zu verlassen, so ist es ratsam, nach Möglichkeit woanders hin zu gehen! Alles Weitere wird sich finden. Der Betroffene braucht unbedingt eine stabilisierende Unterstützung, sei es durch Freunde, Verwandte, meist auch professionelle Hilfe. Er muss wieder spüren, dass er dazugehört.

Auch Institutionen entwickeln Projekte, um etwas gegen Mobbing zu unternehmen. So haben drei Schüler des Berliner Canisius-Kollegs die Smartphone-App »Exclamo« (lat.: »ich rufe aus«) entwickelt, bei der Mobbing-Opfer eine Anlaufstelle haben, um sich Unterstützung zu holen.

Auch aus Frankreich – wo Mobbing ebenfalls an Schulen verbreitet ist – wurden einige interessante Anregungen berichtet. Seit 2017 wird das Thema im Unterricht ausführlich diskutiert und es werden »Botschafter gegen Mobbing« ausgebildet. Die Schüler sprechen mit den Opfern offener oder subtiler Gewalt. Anschließend werden Erwachsene einbezogen, die versuchen, eine Perspektiv-Änderung bei den Jugendlichen zu bewirken. Durch Einzelgespräche wird die Gruppendynamik zerstört und gegenüber den betreffenden Schülern Empathie geweckt. Da Mobbing häufig auch in den sozialen Netzwerken lanciert wird, bieten die »Botschafter gegen Mobbing« ihre Hilfe auch dort an.

Falls Sie als Angehöriger oder Berater bemerken, dass jemand in Ihrem Umfeld gemobbt wird, so sollten sie die folgenden Punkte beachten: Nehmen Sie die Gefühle des Mobbing-Opfers unbedingt ernst, schenken Sie Aufmerksamkeit, helfen Sie, seine negativen Denkmuster zu überwinden, machen Sie Mut, bieten Sie bei Lernschwierigkeiten Hilfe an, minimieren Sie Misserfolge, fördern Sie die Integration in der Gemeinschaft, führen Sie als Berater, falls es notwendig ist, Gespräche mit der Klasse. Die Betroffenen sollten sich auch auswärts Verbündete suchen, sei es in Sportvereinen oder Interessengruppen.

Sich als Angehöriger gleich allein mit dem Täter oder seinen Eltern in Verbindung zu setzen, signalisiert dem Angreifer, dass sein Opfer schwach und ängstlich ist, es kann ihn ermuntern, den Schüler umso stärker zu tyrannisieren. Nur ein Gespräch mit allen Beteiligten sowie den Eltern und Lehrern kann das Mobbing beenden.

Auf jeden Fall sollte jegliche Form des Mobbings sorgfältig dokumentiert werden.

Vollkommen falsch ist es, wenn sich das Opfer zurückzieht! Es zeigt dem Täter, dass er die Oberhand hat, infolgedessen wird er nur weitermachen. Der Betroffene muss sich wehren und indem er Vertraute ausfindig macht, findet das Mobbing ein Ende.

Bei Erwachsenen ist es ähnlich: Auch hier hilft, für den Fall, dass man im Unternehmen bleibt, die größtmögliche Offenheit und Selbstsicherheit, um den Täter in seine Schranken zu weisen.

Die Botschaft an diejenigen, die gemobbt werden, sollte lauten: Ihr seid nicht allein mit Eurem Problem. Um Euer Problem zu beenden, müsst Ihr nicht Euer Leben beenden. Ihr könnte nur einen Fehler machen: falls Ihr gemobbt werdet, darauf einzugehen und es persönlich zu nehmen. Eine gesunde Selbstkritik ist sicherlich auch sinnvoll. Aber sich zu verbiegen oder sogar kleinzumachen, um doch zu versuchen, zu den anderen zu gehören, ist grundfalsch. Ihr werdet dann erst recht nicht dazu gehören, sondern Wasser auf die Mühlen der Mobber geben.

> Hilfe und Information finden Sie zum Thema Mobbing unter den folgenden Internetadressen und Telefonnummern:
>
> - www.mobbing-schluss-damit.de
> - www.mobbing-web.de
> - www.schueler-gegen-mobbing.de
> - www.nummergegenkummer.de
> - Kinder- und Jugendtelefon: 116 111
> - Elterntelefon: 0800 111 0 550
> - Erwachsenenmobbing: 0152 3434 3070 (Die Mobbing-Zentrale ist zurzeit nur über Mobiltelefon erreichbar.)

Wirtschaftliche Not

Arbeitslos, mittellos, Familie weg, Haus weg: In der Krise verlieren viele Menschen nicht nur ihre Arbeit, sondern auch ihren wirtschaftlichen Halt. Aber nicht nur die finanziellen Nöte bringen die Betroffenen in Bedrängnis, sondern auch ihre Folgeerscheinungen: Scham, Ausgrenzung, soziale Stigmata und Minderwertigkeitsgefühle führen auch zu seelischen Belastungen. Je länger sie andauern und je geringer die Chancen auf einen Wiedereinstieg sind, desto größer werden sie.

Im Jahr 2009, auf dem Höhepunkt einer globalen Finanz- und Wirtschaftskrise, stieg die Suizidrate in 54 untersuchten Ländern um 3,3 Prozent, wie eine Studie im Britischen Ärzteblatt (BMJ 2013, 347: f5239) zeigt, damit um 5.000 zusätzliche Selbsttötungen. Am stärksten betroffen waren dabei die 27 europäischen Länder mit einem Anstieg um 4,2 Prozent, sowie 18 amerikanische Länder mit einem Plus um 6,4 Prozent. In Europa nahm vor allem die Suizidrate bei den 15- bis 24-Jährigen zu, hier wurde ein Zusammenhang mit der hohen Jugendarbeitslosigkeit vermutet. In den USA traf es die 45- bis 64-Jährigen, hier wurde eher ein Bezug zu dem Verlust von Wohneigentum als Auslöser angenommen.

Roger Webb und Navneet Kapur von der University of Manchester in Großbritannien riefen zu mehr Forschung auf und mahnten, dass jene Fälle von Selbsttötung, die sich auf globale wirtschaftliche Krisen zurückführen lassen, wahrscheinlich nur die Spitze eines Eisbergs seien, da ebenso die größere Bandbreite seelischer und sozialer Nöte miterfasst werden müsse.

Psychische Belastungen entstehen auch durch sinkende Löhne, Kurzarbeit, unsichere Arbeitsplätze, Insolvenz, Schulden, Stress, Ängste, Alkoholprobleme, Selbstverletzungen oder durch den Zusammenbruch familiärer Beziehungen als weitere Auswirkungen einer wirtschaftlichen Not. Webb und Kapur fassen ihre Schlussfolgerungen deshalb zusammen: »Wir brauchen ein größeres Verständnis darüber, wie wirtschaftliche Nöte sich psychosozial manifestieren.«

Politischer Suizid

Der politisch begründete Suizid entsteht in der Regel als Reaktion auf Diskriminierung und Gewalt. Seine Tradition ist lang, vielfältig und dauert bis heute an, in einzelner oder kollektiver Form.

Neben der Kritik am jeweiligen politischen Herrschaftssystem geht es auch um die Anklage fehlender Gerechtigkeit und moralischer Werte. Oft ist der Suizid ein Akt der puren Verzweiflung, um die Aufmerksamkeit in den Fokus zu rücken. Probleme können dadurch nicht gelöst werden, allzu oft wenden sich die Nachrichtenagenturen bereits kurz nach einem Suizid den nächsten medialen Ereignissen zu und die Verstorbenen geraten schnell wieder in Vergessenheit.

4.4 Sozio-kulturelle Einflüsse

Der Nachahmungseffekt – wer ist stärker, Werther oder Papageno?

»Nachahmung ist die höchste Form der Anerkennung« – dieses Zitat wird zu Recht oder Unrecht Oscar Wilde zugeschrieben. Doch warum sollte man jemandem, der sich das Leben nimmt, folgen? Neurobiologisch ist bekannt, dass wir in unserem Inneren automatisierte Spiegelungen anderer Menschen brauchen, um soziales Verhalten zu lernen. Wir eifern dann unseren »Vor-Bildern« nach. Und wie sieht das in der Praxis aus?

> **Wer war Werther?**
>
> Wir schreiben das Jahr 1774. Eine Welle von Selbsttötungen erfasst das Land. Unglücklich Verliebte begehen in Scharen Suizid. Aber was war der Auslöser?
>
> Wie sich herausstellt, ist kurz zuvor Johann Wolfgang von Goethes Roman »Die Leiden des jungen Werther« erschienen und innerhalb kürzester Zeit hat das Buch einen ungeahnten Kultstatus erreicht. Die Leser identifizieren sich mit Werther, einem jungen Mann, der ausweglos seine Angebetete Lotte liebt. Sie wird einen anderen Mann heiraten. Diese unerfüllbare Liebe bringt Werther an seine körperlichen und emotionalen Grenzen. Seine Frustration, Depression und Resignation wachsen, so dass er schließlich nur noch im Tod die erhoffte Erlösung zu finden glaubt. Er nimmt sich das Leben.

Werther trägt viele autobiographische Züge Goethes. Er schrieb in seinem Vorwort: »[…] Ihr könnt seinem Geiste und seinem Charakter eure Bewunderung und Liebe, seinem Schicksale eure Tränen nicht versagen. Und du gute Seele, die du eben den Drang fühlst wie er, schöpfe Trost aus seinem Leiden, und lass das Büchlein deinen Freund sein […]« (Goethe 2005, S. 3).

Goethe realisierte nicht, dass sein Roman für viele Menschen einen kaum zu überlesenden Appell zur Nachahmung barg. War Werther zu einer potenziellen Gefahr für die Leser geworden? Zunächst verwahrte sich der Schriftsteller vehement gegen diese Anschuldigung, ergänzte aber sicherheitshalber im Jahr darauf die Urfassung mit dem Einschub: »Sei ein Mann und folge mir nicht nach«. Nachdem sich aber eine Bekannte aus Goethes privaten Umfeld, Christine von Lassberg, mit dem

4.4 Sozio-kulturelle Einflüsse

Buch in ihrer Tasche das Leben nahm, begann er die Zusammenhänge doch neu zu bewerten.

Quellen belegen, dass sich in den darauffolgenden Jahren eine Vielzahl von Suiziden in ganz Europa ereignete, bei denen auffiel, dass die Opfer jedes Mal äußerlich geschaffene Ähnlichkeiten zum Romanhelden herstellten, sie kleideten sich in der sogenannten »Werther-Tracht« oder trugen während ihrer Selbsttötung den Roman in der Tasche. »Werther-Fieber« nannten Zeitgenossen das Mysterium.

1974 analysierte der Soziologe David Philips die Aktualität dieses Phänomens und führte daraufhin den Begriff des »Werther-Effekts« in die (Medien-)Wissenschaft ein. Seine statistischen Auswertungen erbrachten einen Zusammenhang zwischen den Suiziden prominenter Persönlichkeiten und der Suizidrate in der Allgemeinbevölkerung. Als Ergebnis seiner Studie wurde in den folgenden Jahrzehnten die Suizidberichterstattung vermieden und der Fokus dafür auf die Suizidvermeidung gelegt.

In der Psychologie gibt es verschiedene Erklärungsansätze für den »Werther-Effekt«. Als anerkannt gilt vor allem die Theorie des Modelllernens des Psychologen Albert Bandura, die besagt, dass sich Menschen Verhaltensweisen aneignen, die sie zuvor bei anderen Menschen beobachtet haben – besonders dann, wenn sie sich mit der Person identifizieren können. Unter Umständen kann das zu einem Suizid verleiten.

Inzwischen finden eindrucksvolle Suizide im Internet statt – und laden auch dort scheinbar zur Nachahmung ein. Ein Beispiel dafür bietet die Netflixserie »13 reasons why – Tote Mädchen lügen nicht«. Anschaulich wird darin die Vorgeschichte des Suizids einer amerikanischen High-School-Schülerin gezeigt. Sie wird von ihrer Peer-Gruppe gemobbt, und sie legt in sieben Tapes ausführlich den jeweiligen »Verursachern« die Gründe ihres baldigen Suizides dar.

Von Beginn an wurde die Ausstrahlung der Folgen von den Wissenschaftlern kritisch betrachtet, weil befürchtet wurde, dass diese Serie jugendliche Zuschauer bei einer Krise zur Nachahmung verleiten könnte. Die besondere Gefährdung wurde auch anhand einer Studie in der Fachzeitschrift »Journal of the American Academy of Child and Adolescent Psychiatry« bestätigt (Bridge 2020, S. 216-218).

Dem Beitrag zufolge gab es in den neun Monaten nach Beginn der Ausstrahlung 195 zusätzliche Suizidfälle in der Altersgruppe zwischen zehn und siebzehn Jahren, was einem Anstieg um fast 29 Prozent entsprach. Eine weitere Studie ergab, dass bereits in den ersten Tagen nach dem Start der Serie die Zahl der Internetsuchen zum Thema Suizid um 19 Prozent gestiegen war.

Außerdem zeigten psychisch vorbelastete Zuschauer verstärkt Gefühle der Traurigkeit und Niedergeschlagenheit und ein Schwinden der Eigenmotivation. Das habe ich auch von Patientinnen gehört.

Ein Kritikpunkt an der Serie war es, dass der Suizid der Hauptfigur absichtlich dramatisch inszeniert wurde. Diese Form der Darstellung wurde vielfach verurteilt, unter anderem von der Deutschen Gesellschaft für Suizidprävention, der Bundespsychotherapeutenkammer und dem Bundesverband der Kinder- und Jugendärzte. Erst Jahre später reagierte Netflix, indem zumindest die dreiminütige Szene herausgeschnitten wurde, in der die Zuschauer dem Mädchen bei seinem Suizid zuschauen.

Wie die »Stiftung Deutsche Depressionshilfe« beschreibt, gibt es weitere Hinweise für den »Werther-Effekt«: So hatte das Buch »Final Exit« von Derek Humphry aus dem Jahr 1991 in New York eine Steigerung der Suizide mit den dort beschriebenen Methoden zur Folge. Auch die 1980 produzierte Fernserie »Tod eines Schülers« führte nachweislich zu einem Anstieg von Suiziden Jugendlicher.

Ein in Deutschland bekannter Fall eines »Werther-Effekts« entstand in Folge der sehr breiten und auch detaillierten Berichterstattung zum Suizid des deutschen Nationaltorwarts Robert Enke. Nachdem er 2009 einen Schienensuizid beging, wuchs die Zahl der Selbsttötungen auf Bahnstrecken in Deutschland in den Tagen nach der Tat von 2,3 auf etwa neun Fälle pro Tag. Einer 2013 erfolgten Datenauswertung (Schäfer und Quiring 2013, 141–160) zufolge töteten sich in den drei Wochen nach dem Unglück 133 Menschen mehr, als für den Zeitraum zu erwarten gewesen wären.

Nachahmung setzt Identifikation voraus. Diese Gefahr wird umso größer, je mehr der Suizid als nachvollziehbare Reaktion oder einziger Ausweg dargestellt wird. In der Berichterstattung sollte deshalb alles vermieden werden, wodurch sich Menschen mit dem Suizidopfer identifizieren könnten.

Die Deutsche Gesellschaft für Suizidprävention hat die Empfehlung herausgegeben, überhöhende oder romantisierende Beschreibungen des Suizids zu vermeiden und weder Fotos noch Abschiedsbriefe der betreffenden Person zu veröffentlichen. Das Motiv der Selbsttötung darf höchstens allgemein, aber nicht als nachvollziehbar dargestellt werden.

Auch der Deutsche Presserat empfiehlt Zurückhaltung und Achtsamkeit bei der Nennung von Namen, der Schilderung näherer Umstände und des Ortes und der Methode.

Nachweislich führt eine zurückhaltende Berichterstattung zu Suiziden zu einem lebensbejahenderen Einfluss: Waren in Wien Mitte der 1980er Jahre vor allem U-Bahn-Suizide häufig Gegenstand der Medienberichte, initiierte der Österreichische Verein für Suizidprävention danach eine zurückhaltendere Berichterstattung, worauf sich die Zahl der U-Bahn-Suizide um mehr als 70 Prozent reduzierte –seitdem blieb sie auf niedrigem Niveau.

Ausklammern dürfen wir das Thema Suizid aber nicht, es darf nicht in die Tabu-Ecke gerückt und ignoriert werden. Viele Suizidgefährdete, ihre Angehörigen und auch Berater suchen ja gerade nach entsprechenden Informationen. Wie lässt sich jedoch der Gefahr zur Nachahmung am wirksamsten beggnen? Hier kommt der »Papageno-Effekt« ins Spiel.

Der »Papageno-Effekt«

Was hat der Akteur aus Mozarts »Zauberflöte« mit dem »Werther-Effekt zu tun? Auf den ersten Blick nichts! Der stets lustige, manchmal unbeholfene, aber auch schlitzohrig wirkende Vogelfänger bewegt sich scheinbar leicht durch das Leben. Er begleitet dabei die beiden Hauptfiguren Tamino und Pamina durch ihren anstrengenden Kampf zwischen Tag und Nacht. Bis er selbst in eine Krise gerät, als die Frau seiner Träume offensichtlich unerreichbar bleibt: »Weibchen! Täubchen! meine Schöne! Vergebens! Ach, sie ist verloren! Ich bin zum Unglück schon geboren.«, ruft er aus. Zunehmend wird er lebensmüder, zweifelt an sich, macht sich Selbstvorwürfe und erwägt schließlich, seinen Tod herbeizuführen. In klassischer Weise durchlebt er alle Phasen eines präsuizidalen Syndroms von der Erwägung des Suizids über die Ambivalenz bis zum Entschluss.

Zunächst erwägt er die Tat: »Müde bin ich meines Lebens!«. Bald darauf gerät er aus dem Stadium der Überlegung in eine Phase der konkreten Planung: »Diesen Baum da will ich zieren, mir an ihm den Hals zuschnüren«.

Doch noch schwingt seine Ambivalenz mit, er hat noch Hoffnung: »Will sich eine um mich Armen, eh' ich hänge, noch erbarmen, Wohl, so lass ich's diesmal sein! Rufet nur – ja, oder nein!«. Er gibt dem Leben eine weitere Chance: »Nun, ich warte noch, es sei, bis man zählt: Ein zwei, drei.«

Da er auch darauf keine Antwort erhält, verlässt er die Phase der Ambivalenz und fasst den Entschluss: »Nun wohlan, es bleibt dabei, weil mich nichts zurücke hält! Gute Nacht, du falsche Welt.« Nachdem er sich entschieden hat, wirkt er scheinbar ruhig und gefasst. Doch die Ruhe ist trügerisch. Er legt um den Ast eines Baumes seinen Strick.

Doch bevor er seine Tat vollenden kann, wird er von drei jungen Männern unterbrochen. »Halt ein, O Papageno und sei klug. Man lebt nur einmal, dies sei dir genug.«

Hatte Papageno seine Aggressionen zunächst gegen sich selbst gerichtet, so wendet er sie nun gegen seine Retter. Wütend schleudert er ihnen entgegen: »Ihr habt gut reden, habt gut scherzen; doch brennt es Euch wie mich im Herzen. Ihr würdet auch nach Mädchen gehn.«

Doch die drei Männer lassen sich nicht beirren. Sie ermuntern ihn, weitere Schritte zu machen: »So lasse deine Glöckchen klingen; dies wird dein Weibchen zu dir bringen.« Indem sie Papageno ermuntern weiterzumachen, statt aufzugeben und ihm das Gefühl vermitteln, er ist in dieser Situation nicht allein, ist die Wende vollbracht, der Gedanke an den Suizid überwunden. Als »Belohnung« trifft Papageno auf Papagena und seine Lebensfreude kehrt zurück.

Der »Papageno-Effekt« verweist darauf, dass bis »zuletzt« Einfluss auf den Suizidgefährdeten genommen werden kann. Wissenschaftliche Studien bestätigen eine positive Auswirkung, sobald im Anschluss eines Suizidberichtes entsprechende Bewältigungsmöglichkeiten aufzeigt werden.

> Im »Journal of Clinical Psychiatry« wurde dazu die folgende Studie publiziert:
> Zunächst wurden drei Untergruppen gebildet. Eine Gruppe erhielt einen Artikel, in dem eine Expertin über Suizid und Suizidprävention Aufklärung betrieb, ohne dabei über eine persönliche Erfahrung zu berichten.
> Eine weitere Gruppe las denselben Artikel, jedoch erzählte hier die Expertin über die Bewältigung einer suizidalen Krise in ihrer Jugend.
> Eine dritte Gruppe wiederum las ein Interview zu einem gesundheitsbezogenen Thema, das mit keinem Suizid im Zusammenhang stand. Unmittelbar vor und nach Lektüre der Zeitungsartikel wurden psychologische Tests durchgeführt. Die Ergebnisse waren wie folgt:
> Suizidgedanken im Sinne des »Papageno-Effekts« konnten bei beiden Zeitungsartikeln über Suizid reduziert, das Wissen über eine entsprechende Vorbeugung erhöht werden. Dabei war Aufklärung durch die Expertin mit und ohne persönliche Erfahrung mit Suizidgedanken gleichermaßen effektiv. Bei der Kontrollgruppe, die lediglich einen gesundheitsbezogenen Artikel las, wurde diese Wirkung nicht beobachtet (https://www.meduniwien.ac.at 2018).

Viele Untersuchungsergebnisse bestätigen diesen positiven Effekt. Thomas Niederkrotenthaler und sein Team konnten 2010 durch die Analyse von 500 Zeitungsberichten über vollendete und vermiedene Suizide nachweisen, dass die Suizidraten kurz nach den Publikationen sanken, sobald die Journalisten auch berichteten, wie Menschen eine Krisensituation konstruktiv ohne suizidales Verhalten bewältigt hatten (Niederkrotenthaler 2010, S. 234–243).

In jenen Regionen, in denen die Berichte von vielen Menschen gelesen wurden, war der Zusammenhang sogar am stärksten ausgeprägt.

Nach seinen Auswertungen haben solche »Ermöglichungsgeschichten« eine zentrale Bedeutung für einen positiven Effekt bei den Betroffenen. Die Erzählungen beschreiben positive Identifikationsfiguren, Bewältigungsstrategien, erfolgreiche medizinische Hilfe sowie die Ausrichtung hin zur Hoffnung.

Auch in dem erwähnten Beispiel von den Jugendlichen, welche die Netflix-Serie »13 reasons why – Tote Mädchen lügen nicht« gesehen hatten, konnten Untersuchungen von Ahrend 2019 (zit. nach Gerngroß 2020, S. 149) zeigen, dass es sich sogar positiv auf die Stimmungslage der Zuschauer der zweiten Staffel auswirkte, wenn die Jugendlichen nicht mit ihren Gedanken allein gelassen wurden, sondern wenn anschließend das Gesehene konstruktiv und lösungsorientiert besprochen wurde.

Theresa Enke, die Frau des verstorbenen Nationaltorwarts, hat den Gedanken des »Papageno-Effektes« aufgegriffen. Sie ist das Gesicht einer Stiftung, die darüber aufklärt, was eine Depression, an der ihr Mann litt, bedeutet. Denn Enkes Krankheit zeigte auch ein Systemproblem: Er wagte nicht, öffentlich zu zeigen, dass es ihm schlecht ging. Die Stiftung bietet über eine Hotline oder eine App Hilfen an und will die Forschung anstoßen. Träger sind Deutscher Fußball-Bund, Deutsche Fußball Liga und Enkes ehemaliger Bundesligaklub Hannover 96, zu den Unterstützern zählt auch das Bundesgesundheitsministerium.

Suizidforen – Gefahr oder Hilfsangebot?

Hegt jemand Suizidgedanken, so sucht er oft in entsprechenden Internet-Portalen nach Informationen und Hilfestellungen. Etwa 30 verschiedene Suizidforen werden in Deutschland vermutet.

Die Atmosphäre und der Umgang der Gruppen sind oft unterschiedlich, sie werden stark durch die jeweiligen »Forenmaster« beeinflusst. Bei ihnen handelt es sich sowohl um professionell ausgebildete Mediatoren als auch um betroffene Laien – so liegen Risiko und Hoffnung eng beieinander.

Es gibt Negativbeispiele, bei denen sich Betroffene in den Portalen zum Suizid-Dating verabredet haben, wie auch das Beispiel aus dem

Jahr 2000 zeigt, bei dem sich der 24-jährige norwegische Computerexperte Daniel V. mit der 17-jährigen Österreicherin Eva D. verabredete und beider Leben mit einem gemeinsamen Sprung von einer Felsenklippe in Südnorwegen endete. Und es kam vor, dass junge Leute in diesen Suizidforen so runtergezogen wurden, dass sie gerade noch den Absprung schafften, ehe sie sich selbst etwas angetan hätten.

Manchmal besteht die Gefahr, dass Suizidhandlungen glorifiziert werden, oder die Betroffenen geraten unter einen Rechtfertigungsdruck, wenn die angekündigte Tat nicht ausgeführt wird, oder Betroffene lassen sich von den Entschlosseneren mitreißen.

Andererseits kann es in manchen Foren auch positive Impulse geben, Betroffene können sich dort öffnen, über ihre Probleme reden und Hilfe suchen. Sie berichteten auch, dass sie ihre Krisenbewältigung – neben anderen Unterstützungsformen – auf die Teilnahme an solchen Foren zurückzuführen.

In diesen Suizid-Gesprächsforen wird neben der Kommunikationsmöglichkeit ein reichhaltiges Informationsmaterial zur Selbsthilfe angeboten, dazu werden Adressen von professionellen Ansprechpartnern aufgelistet, so im Portal www.selbstmordforum.net mit derzeit über 8300 registrierten Mitgliedern. Vor dem Eintritt werden alle Besucher auf bestimmte Regeln hingewiesen, die auch das Anbieten von Suizidmitteln ausdrücklich untersagen. Abweichungen werden dann durch Erinnerung an diese Optionen und Ermahnungen selbst reguliert.

Ein Vorteil besteht darin, dass der Austausch anonym und unzensiert stattfindet, oft fällt der Kontakt via E-Mail vielen Hilfesuchenden leichter als ein Telefonat, da die größere Anonymität und Distanz gewahrt bleiben.

Eine Befragung in diesem Forum untersuchte die verschiedenen Motive, mit denen Mitglieder sich anmeldeten. Sie kamen zu dem folgenden Ergebnis: 81 Prozent gaben an, dass sie Menschen mit ähnlichen Gedanken und Problemen kennenlernen wollten. Ein weiteres Interesse bestand darin, »die Probleme, die hinter den Selbstmordgedanken stehen, mitteilen zu können.« Beides scheint eine konstruktive Bewältigungsstrategie zu sein. Als problematisch ist es zu werten, dass 35 Prozent der Nutzer es als teilweise bis vollkommen zutreffend bezeichneten, das Forum aufzusuchen, »um Hinweise zu effektiven Selbstmordmethoden zu bekommen«. Kaum Interesse bestand darin, Informationen zu bekommen, wie man professionelle Hilfe findet.

»Nach ein paar Tagen und Nächten, die ich mit der Lektüre der Nachrichten verbrachte, wusste ich, dass ich hier richtig war. Hier konnte ich zum ersten Mal meine Gedanken aussprechen – ohne Angst haben zu müssen, mich auf einer geschlossenen Station wiederzufinden. Dieser offene und ehrliche Ton der Newsgroup war Balsam für meine gehetzte Seele. Und das Beste war, ich konnte die Intensität des Austausches selbst bestimmen [...]: Ich kann selbst entscheiden, wann ich wie viel Kontakt haben will. Ich kann selbst bestimmen, wann ich neue Mails herunterlade und wann ich sie lese. Und (noch viel wichtiger): Ich kann selbst entscheiden, wann und welche Mails ich beantworten will. [...] Als meine schwerste Krise zu Ende ging, beendete ich das Abonnement ... denn Selbstmord war nicht mehr mein vorherrschender Gedanke, und so brauchte (und wollte) ich auch nicht mehr den ständigen Austausch darüber.« (Auszug aus Jaeger K, 1998, persönlicher Bericht Internet, Zugriff 25.01.2021)

Sicherlich sollten aus diesen Gründen vermehrt die Möglichkeiten ausgebaut werden, Suizidforen mit professioneller Online- und Offline-Hilfe zu vernetzen. Auch Schulen sollten sich ausgiebig mit dem Thema »Suizidforen« auseinandersetzen. Das Theaterstück »norway.today« von Igor Bauersima, 2003 als Taschenbuch im Fischer Verlag erschienen, wäre da zum Einstieg in die Diskussion gut einsetzbar.

Die Faszination von Autoritäten und Sekten

Könnten Sie sich vorstellen, blind der Aufforderung eines religiösen Führers zum Suizid zu folgen? Würden Sie gemeinsam mit vielen anderen Menschen dem Befehl zu einem Massensuizid folgen? Vermutlich ist Ihre Antwort »Nein! Für wen halten Sie mich?« Aber wie kommt es, dass Menschen zuweilen einer solchen Autorität gehorchen? Gab es das Phänomen schon immer?

4.4 Sozio-kulturelle Einflüsse

> Berühmt – vielmehr berüchtigt – war der aus Kyrene (Libyen) stammende Philosoph Hegesias, der um 300 v. Chr. lebte. Er erhielt den Beinamen »Peisithanatos«, was so viel heißt wie: »der zum Tode überredet«. Da sich nach seinen pessimistischen Vorträgen regelmäßig viele Zuhörer das Leben nahmen, wurden sie sehr rasch in Ägypten verboten – als einzige Möglichkeit, das Ausufern weiterer Suizide zu verhindern.

Welche psychologische Erklärung gibt es dafür? Menschen verlassen sich in Situationen, die für sie nicht klar überschaubar sind, auf Hinweise von anderen. Haben sie zudem in der Kindheit strikten Gehorsam gelernt, so wird dieser zu einer tief verwurzelten Gewohnheit. Sie suchen auch später nach einer Norm, an die sie sich halten. Hinzu kommt ihr Glaube, dass sie eher gemocht werden, wenn sie sich korrekt verhalten und so werden sie zum Teil einer größeren Gemeinschaft. Aus diesem Grund greifen sie alle damit im Zusammenhang stehenden Informationen gierig auf.

Deshalb war Hegesias kein Einzelfall! Immer wieder finden sich dazu Beispiele.

Zunächst gibt es eine Führungspersönlichkeit, sie ist mit Charisma ausgestattet. Ihre Anhänger sind davon überzeugt, dass sie über besondere Fähigkeiten verfügt; das mag eine spirituelle Kraft sein, oder ein besonderer Überblick, den andere nicht innehaben. Dazu muss sie ihre Überzeugungen und ihre Lehre als etwas Besonderes und Einzigartiges darstellen, das bei der Erkenntnis und Lösung aller Probleme hilfreich ist.

In der heutigen Zeit wird häufig eine ansprechende Website gestaltet und ein Ort bekanntgegeben, wo sich eine Gruppe versammeln kann. Sobald Menschen dort über Probleme berichten, versucht der Anführer mit der Gruppe das immer auf externe Faktoren – wie im Fall von Hegesias – oder auf die Mitglieder selbst zu schieben und sie aufzufordern, daran zu arbeiten. Betroffene geraten dann immer tiefer in diese Mühle.

Meist handelt es sich bei diesen Manipulationen um eine Gruppendynamik. Es gibt jedoch auch Fälle, wo im Einzelnen versucht wurde, jemanden so zu beeinflussen, dass er sich das Leben nimmt.

Eine sehr ausgeklügelte Attacke auf den Lebenswillen des Studenten Alexander Urtula (22) unternahm im Mai 2019 You Inyoung aus Boston. Wie sich in der nachfolgenden Gerichtsverhandlung herausstellte, schickte sie ihrem Freund insgesamt 47000 SMS, beleidigte ihn darin und stachelte ihn an, einen Suizid zu begehen. Am Tag der Abschlussfeier seiner Hochschule war es so weit, er sprang wirklich vom Hochhaus.

Hilfsangebote

In gewisser Weise ähnelt die Situation des Betroffenen einer Sucht und es braucht Zeit und Geduld, um sie zu überwinden. In dieser Zeit gilt es für Angehörige und Berater, ein Gleichgewicht zwischen Zuwendung und einem erträglichen Abstand als Selbstschutz zu finden. Bei einer zu großen Distanz verliert man den Betroffenen, zu viel Kontakt stresst hingegen selbstschädigend die eigene Person. Oft sind viele kleine Schritte erforderlich.

Erweiterter Suizid – ich nehme dich mit!

Erweiterte Suizide sind aufwühlend, unfassbar, tragisch. Sie kommen zum Glück nicht häufig vor. Es gibt unterschiedliche Schätzungen. Einigen Studien zufolge sind etwa vier Prozent aller Suizide in Deutschland erweitert, der Rechtsexperte Böllinger vermutet ein Prozent. Auslöser ist vermutlich immer ein Erlebnis von absoluter Verzweiflung. Es kann sich dabei auch um einen schleichenden Prozess handeln, der irgendwann in einem Zusammenbruch der Persönlichkeit mündet.

Die Motive sind dabei unterschiedlich. Sie können sogar altruistischer Natur sein, wenn beispielsweise der Täter glaubt, dass seine »Entscheidung im besten Interesse aller ist.« Ein Beispiel dafür ist jene alleinerziehende Mutter, die in Schulden versinkt, sich selbst und ihre Kinder tötet, um ihnen ein Leben in Armut zu ersparen, oder der Familienvater, der nach der Trennung von der Partnerin die gesamte Familie auslöscht, weil er den Tod als eine Lösung empfindet, bei der zumindest symbolisch alle wieder vereint sind, oder auch das ältere erkrankte Ehepaar, das glaubt, nichts mehr vom Leben erwarten zu können und dann tötet der eine erst den Partner und dann sich selbst. Auch eine psychische Erkrankung kann in schwerwiegendem Fall zu einem erweiterten Suizid führen.

In anderen Fällen geschieht die Tat aus Rache, sie wird dann als »erweiterter Mord« eingeordnet, das bekannteste Beispiel dafür ist Medea aus der griechischen Sage, die ihren Mann bestrafen wollte, der sie verlassen hatte und die erst sich und dann die Kinder tötete.

4.5 Körperliche Einflüsse

Jugendliche – Selbstwert und Identität entwickeln sich

Die Jugend ist eine ganz eigenständige Entwicklungsphase! Neue Erfahrungen werden gesammelt, Grenzen ausgelotet, der Körper verändert sich und wird ab da mit Gleichaltrigen verglichen, Peer-Groups gewinnen an Bedeutung, der Unabhängigkeitsdrang wächst, die soziale Umwelt wird nun ausgeprägter erkundet, es entstehen neuartige Kontakte zum anderen Geschlecht und es folgen die ersten Intimbeziehungen.

Das alles wirft auch neue Fragen auf. Die Selbstreflexion erlangt ein zuvor nie dagewesenes Ausmaß, die Jugendlichen beginnen, sich mit ihrer Einzigartigkeit zu befassen und fühlen sich so einsam.

Es gibt noch eine weitere Eigenart, die von Psychologen so festgestellt wurde. Jugendliche haben oft viel mehr den Eindruck, im Mittelpunkt eines imaginären Publikums zu stehen, als es in Wirklichkeit der Fall ist. Insofern werden Situationen peinlicher erlebt, als sie es vielleicht in der Realität tatsächlich sind, Scham- und Minderwertigkeitsgefühle treten auf. Negative Reaktionen der anderen werden dann vermutend vorweggenommen.

Vielleicht sind die Jugendlichen auch überzeugt, dass noch nie jemand anders so unglücklich und so verliebt war wie sie. Glück und Unglück werden als tief, beispiellos und absolut erlebt.

Um den unbekannten Anforderungen gewachsen zu sein, wird das Gehirn zur Baustelle. Neue Verbindungen verknüpfen sich zwischen den Nervenzellen, während andere zur selben Zeit verschwinden. Ergebnisse der Neurobiologie bestätigen diesen Fakt. Im Zuge dessen kommt es zu Disharmonien, weil im Gehirn zwei aufeinander wirkende Regionen in unterschiedlichem Tempo reifen: das analysierende, problemlösende und strategisch planende Frontalhirn und die sogenannten Mandelkerne im Mittelhirn – sie bewerten die Situationen und stehen mit den Gefühlen in Verbindung. Untersuchungen ergaben, dass sich die letztere Region anscheinend wesentlich früher aktiviert. Das bedeutet, eine Situation wird in dieser Zeit schnell bewertet, die entsprechenden Reflexionen und Lösungsstrategien sind aber noch nicht vorhanden.

Entsprechend löst die Verarbeitung neuer Herausforderungen bei Jugendlichen andere Reaktionen aus als beim Erwachsenen. Eltern stehen dann fassungslos vor der Unberechenbarkeit und dem Risikoverhalten ihres Nachwuchses. Für die Jugendlichen selbst erscheint es hingegen so, als ob sie endlich Anspruch auf etwas erheben, das bisher den Erwachsenen vorbehalten war, sie erproben ihre Selbstbehauptung, überspielen ihre Unsicherheiten, demonstrieren ihre Weiblichkeit oder Männlichkeit und sammeln Grenzerfahrungen. Sie möchten zu »ihrer« Gruppe gehören.

In ihrer Ratlosigkeit orientieren sie sich dann gern an Vorbildern und sind unter Umständen damit auch anfälliger für Helden, die Suizid begehen. Dabei kann es sich sowohl um reale als auch um fiktive Personen aus Filmen, Büchern oder Stars aus der Musikszene handeln.

Rangfolge der Suizidgründe bei Jugendlichen

- Erleichterung eines unerträglichen Gefühlszustandes
- Zeitweiliges Entfliehen einer unlösbaren Situation
- Botschaft der eigenen Verzweiflung
- Herausfinden, ob man wirklich geliebt wird
- Anderen ein schlechtes Gewissen bereiten
- Jemandem zeigen, wie sehr man ihn geliebt hat

- Endlich dadurch doch noch Hilfe zu erhalten
- Eine Entscheidung zu beeinflussen

www.neurologen-und-psychiater-im-netz.org/psychiatrie-psychosomatik-psychotherapie/ratgeber-archiv (2020)

Fast alle Jugendlichen haben schon einmal darüber nachgedacht, wie es wäre, wenn sie nicht mehr leben würden, weil sie sich selbst töten würden (Gerngroß 2020, S. 135, 147). Aufgrund dieser besonders verletzlichen Lebensphase ist die Sterblichkeit bei den 15- bis 19-Jährigen auf der ganzen Welt etwa 35 Prozent höher als die von 10- bis 14-Jährigen. Bei den Heranwachsenden ist die Selbsttötung sogar die zweithäufigste Ursache nach tödlichen Unfällen.

Ein Suizid oder Suizidversuch ist dann oft mehr ein Hilfeschrei als eine freie Willensentscheidung. Überwiegend handelt es sich um «Kurzschlusshandlungen», als Ausdruck einer spontanen Reaktion auf krisenhafte Lebensereignisse, wie Liebeskummer, Verlust einer nahestehenden Person, und bei anhaltendem inneren Leidensdruck, bei einer Depression, Überforderung oder Einsamkeit.

Die Wahl der Mittel, wie z.B. einer Überdosis an Medikamente, gewährt dabei oft die Möglichkeit, gerettet zu werden. Jugendliche sind rückblickend nach einem Suizidversuch auch meist froh, dass er misslungen ist und dass ihnen geholfen wurde.

Aber an wen könnten sich die Jugendlichen wenden? An ihr Elternhaus? Die Pubertät ist auch bekannt dafür, dass sich Schwierigkeiten dort zuspitzen, wobei folgende Belastungen den Jugendlichen besonderen Kummer bereiten: unangemessene Erwartungen der Eltern, unklare Erziehungsregeln, instabile und konflikthafte Beziehungen der Eltern zueinander und zum Kind, Misserfolge, Zurückweisung durch Gleichaltrige, mangelnde Bewältigung der eigenen Schüchternheit und der Umgang mit Aggressionen. Oft stammen die Jugendlichen aus einem Elternhaus, in dem sie die Regeln als sehr starr erleben und sich selbst ohne jegliche Einflussnahme sehen.

Hilfsangebote

Jugendlichen fehlt noch die Erfahrung, um rückblickend zu erkennen, dass sich Krisen erfolgreich bewältigen lassen. In unglücklichen Momenten glauben sie oft, dass ihr Leben so fortan bleiben wird. Mir sagte eine Studentin während einer Therapiesitzung: »Wenn ich mir vorstelle, dass ich nur studiere und arbeite und nie ein Privatleben haben werde, dann will ich so nicht leben, das halte ich nicht länger aus.«

Fehlende emotional wesentliche Beziehungen treiben dann die suizidale Entwicklung des Jugendlichen voran, erst der Bezug zu vertrauenswürdigen Familienmitgliedern, Schulkontakten, zu anderen Erwachsenen und Gleichaltrigen ermöglicht die besten Entwicklungsbedingungen. Im günstigsten Fall lernen die Jugendlichen von ihren »Vorbildern« verschiedene Bewältigungsmöglichkeiten für Konflikte und können sie ab da bei Problemen selbst einsetzen. Zusätzlich gewinnen sie bei Belastungen auch eine ausreichende soziale Unterstützung.

Da Jugendliche ihren Eltern Suizidgedanken oft nicht von sich aus berichten, ist es hilfreich, bei Warnsignalen wie Rückzug, häufiger Gereiztheit und Niedergeschlagenheit unaufdringlich nach der Stimmungslage zu fragen. Miteinander zu reden kann lebensrettend sein!

Vorwürfe sind kontraproduktiv, sie vergrößern die Distanz und verstärken den inneren Rückzug. Ebenso wenig macht es Sinn, Probleme herunterzuspielen, denn dann fühlt sich der Jugendliche nicht ernst genommen. Versprechungen dürfen nur gemacht werden, wenn sie auch eingehalten werden, sonst wären sie eine zusätzliche Enttäuschung, die das Fass zum Überlaufen bringen könnte.

In jedem Fall ist es wichtig, dem Suizidgefährdeten zu vermitteln, wie wertvoll er ist und das er gebraucht wird.

Problematisch wäre es für Angehörige oder Berater, sich als Geheimnisträger verpflichten zu lassen, denn falls es doch zu einem Suizid käme, wäre die Last für das eigene weitere Leben zu groß! Als Angehöriger kann man sich auch Hilfe holen.

Wichtig ist es, sich Zeit zu nehmen, um mit den Jugendlichen zu sprechen. Dann kann man ihnen folgendes sagen:

Du bist also nicht allein mit solchen Gedanken und schon gar nicht deswegen verrückt. Solche Suizidgedanken passen vielleicht eher zu deinem momentanen Lebensgefühl: Manchmal fühlst du dich sicher mit dem, was du kannst und willst und wie du fühlst. Manchmal aber, fühlst du dich noch unfähig oder verunsichert.

Es kann sich auf deine Beziehung zu allen dir nahestehenden Menschen beziehen. Vielleicht hast du seit geraumer Zeit häufiger Streit mit deinen Eltern und du findest, dass sie dich nicht verstehen oder zu sehr einschränken und noch wie ein Kleinkind behandeln. Oder du bist gekränkt, weil deine Liebe nicht erwidert wird, vielleicht denkst du dann, nicht liebenswert zu sein. Vielleicht hast du Stress in der Schule, in der Klassengemeinschaft, mit Lehrern, mit den Leistungsanforderungen.

Es wäre auch möglich, dass du dich nicht attraktiv genug findest, dass du mit dir und deinem Körper unzufrieden bist. Vielleicht hast du den Drang, dich selbst zu verletzen – oder du tust es bereits? Bist du auf der Suche nach dem Lebenssinn, oder findest, dass die Welt, so wie sie ist, schreckliche Seiten hat? Aber du weißt auch nicht, was oder wie du etwas ändern kannst? Zusammengefasst geht es dir vielleicht manchmal so, dass du nicht mehr weiterweißt. Es ist so ein Gefühl, wie in einem Tunnel gefangen zu sein. Ich verstehe dich, mir ging es vermutlich in deinem Alter genau so, auch wenn ich mich nicht mehr so gut daran erinnern kann. Aber ich bin an deiner Seite, sprich mich an, ich werde mich immer bemühen, dich zu verstehen. Und gemeinsam können wir gute Lösungen für dein Problem entdecken. Ich sage es noch einmal: Du bist nicht allein und du bist mir wichtig.

Alter – da kommt ja nichts mehr!

Alt werden fällt nicht leicht – wir leben in einer Gesellschaft, die Werte wie Jugendlichkeit, Fitness und Mobilität extrem hochschätzt. Körperlicher Verfall und nachlassende Leistungsfähigkeit passen da nicht rein, sie provozieren eher Ungeduld. So gibt es niemanden, der den Wunsch hat, älter zu sein, als er ist und Geburtstage werden mit zunehmender Sorge betrachtet, statt sie zu feiern. Der Zähler im Kopf zerreibt die Illusionen, noch viele Träume verwirklichen zu können, stattdessen heißt es im Alter loslassen zu lernen und das ist nicht einfach. Krankheiten stellen sich ein, die Energie für soziale Aktivitäten schwindet. Dadurch engt sich das Umfeld ein und einhergehend schwindet die Lebensfreude. Die innere Angst wächst im gleichen Maß, wie sich berufliche und private Lebensbereiche reduzieren. Man verliert den Partner, die Berufstätigkeit, den Führerschein, die körperlichen Fähigkeiten, das Selbstwertgefühl, hinzu kommen Einbußen beim Hören und Sehen und chronische Schmerzen stellen sich ein. Die Gedanken fangen an, um sich selbst und die vermutete eigene Bedeutungslosigkeit zu kreisen, aus Fortschritt wird Stagnation, bis hin zum Rückschritt und zur Regression. Vergangene Erinnerungen treten umso idealisierter hervor, eine Besserung der Lebenslage in der Zukunft wird nicht mehr erwartet und spielt bald keine Rolle mehr. Wünsche nach Geborgenheit und Sicherheit bleiben unbeantwortet, weil aus Angst vor Enttäuschungen keine neuen Kontakte oder Partnerschaften eingegangen werden. Betroffene vereinsamen, bis es zum Zusammenbruch der ganzen Persönlichkeit kommen kann und dann scheint der einzige Ausweg in einem Suizid zu bestehen. Das Umfeld bekommt davon wenig mit, das Thema ist ein Tabu. Suizidhandlungen im Alter sind seltener ein Hilfe-Appell, sondern eher der Ausweg aus einer bedrückten Lebenslage.

Nach Aussagen der Deutschen Gesellschaft für Suizidprävention (DGS) nimmt der Anteil von Selbsttötungen im Alter zu. Über 40 Prozent der Suizide in Deutschland werden von Menschen begangen, die über 65 Jahre alt sind, obwohl ihr Anteil an der Bevölkerung weniger als 21 Prozent beträgt (www.destatis.de). Die Dunkelziffer liegt vermutlich weit höher, da viele ältere Menschen sich eher still verabschieden, indem sie Nahrung oder Medikamente verweigern, was dann nicht als Suizid erkannt oder gewertet wird.

Besonders gefährdet sind dabei die betagteren Männer, ihre Suizidraten sind bis zu fünfmal höher als im Durchschnitt der Normalbevölkerung (Lindner R 2017).

Experten gehen davon aus, dass diese Gruppe auch kaum Hilfe sucht. Das Risiko wird größer, wenn Einsamkeit und Alkoholmissbrauch hinzukommen (Ärztezeitung, November 2017, DGS).

4.5 Körperliche Einflüsse

Beweggründe für einen Suizid im Alter

- seelische Erkrankungen
- körperliche Erkrankungen
- soziale Verluste
- Angst, abhängig und ausgeliefert zu sein

Die zunehmende Vereinsamung kann ältere Menschen so beeinträchtigen, dass sie ihren Lebenswillen verlieren. Oft ziehen sie sich zurück und brechen ihre Kontakte ab, weil ihnen die Energie fehlt, lange bei Familienfeiern anwesend zu sein oder sich rege an Gesprächen zu beteiligen.

Ist der Unterschied zum früheren Verhalten jedoch ohne ausreichende Begründung auffällig, so sollten Angehörigen aufmerksam werden, ebenso bei einer starken Unwilligkeit zu essen und zu trinken, einem gesteigerten Alkoholkonsum oder der Verweigerung von Medikamenten. Im Alter hat man öfter Angst, in der Welt überflüssig geworden zu sein, oder anderen zur Last zu fallen.

Bei dem konkreten Verdacht von Selbsttötungsabsichten sollten diese behutsam angesprochen werden. In einem vertraulichen Gespräch kann man mitteilen, dass die Veränderungen wahrgenommen wurden und Sorgen bereiten. Nahelegen sollte man dem Patienten, sich professionelle Hilfe zu suchen, gegebenenfalls mit Unterstützung von Angehörigen oder Freunden. Der Hausarzt kann manchmal eine Vertrauensbasis schaffen und helfend eingreifen.

Aber darf sich ein älterer Mensch überhaupt das Leben nehmen? Oder andersherum, hat er das Gefühl, er muss sich das Leben nehmen, weil er sonst seinen Angehörigen zur Last fällt? Natürlich hat er ein Recht, selbst für sich zu entscheiden, was er auf sich zukommen lässt, ob er kämpfen wird oder vorher geht. Wer dürfte es sich anmaßen, das für ihn zu entscheiden? Und macht es nicht auch Angst, zum Schluss bei all seinem Leid nicht selbstbestimmt über sich verfügen zu können? Hat er dann nicht sogar verdient, dass in diesen letzten schweren Stunden jemand bei ihm ist? Schließlich ist diese Situation auch für ihn belastend vage.

Sollte ein Arzt in seinen letzten Stunden bei ihm sein? Das ist umstritten, denn Ärzte haben die Aufgabe zu heilen, sind also unterschiedlichen Ambitionen ausgesetzt. Einige sind aber bereit dazu. Und so wurde ein Gesetz geschaffen, dass die Gewissensentscheidung jener Ärzte achtet, die bereit sind, Suizidbeihilfe zu leisten, so dass sich daraus für sie keine berufspolitischen Konsequenzen ergeben.

Eine unabhängige Organisation, die keinerlei geschäftliche Interessen bekundet, wäre möglicherweise die beste Lösung. Angehörige sollten den Sterbenden begleiten. Die Palliativmedizin sollte weiter in Deutschland ausgebaut werden, so dass sie für alle verfügbar ist. Aber das Wichtigste ist und bleibt der liebevolle und von Verständnis geprägte menschliche Bezug bis zum letzten Atemzug.

Der ältere Mensch verdient bis zum Schluss Anerkennung für seine Lebensleistung, auch wenn er am Ende nicht mehr so viel Kraft und Vitalität besitzt. Jeder Mensch ist wertvoll und braucht das Gefühl, wertgeschätzt zu werden. Ein kleines Lob von der Familie befreit ältere Menschen so rasch von ihren Selbstzweifeln! Zu spät wird ihr Wert erkannt, oft erst, wenn sie aus dem Leben gegangen sind.

Aufgrund ihrer langjährigen Lebenserfahrung verfügen die Älteren zwar nicht mehr über die Dynamik, Vitalität und Unbekümmertheit der Jugend, dafür aber über Umsicht, Voraussicht und Übersicht, als eine wirksame Ergänzung für die Jüngeren. Die Gesellschaft sollte sich vom Perfektionismus-Wahn verabschieden, der macht nur unglücklich. Das Leben aber ist nun mal in Wirklichkeit laut, bewegend und unperfekt.

Zum Schluss möchte ich noch ein Beispiel berichten, dass Hoffnung wecken könnte. Ich denke dabei an einen Menschen, der im Alter von 88 Jahren in eine psychiatrische Klinik kam. Zuvor war er bereits in einer internistischen Klinik zum Pflegefall erklärt worden und sollte in ein entsprechendes Heim verlegt werden. Zeit seines Lebens war er geistig aktiv gewesen. In seinem Beruf sehr erfolgreich, hatte er von der Stadt Auszeichnungen für sein Engagement erhalten. Diese geistige Dimension seiner Persönlichkeit war von der internistischen Klinik vollkommen ignoriert worden. Aber in der psychiatrischen Klinik sprachen ihn die Mitarbeiter und Patienten genau darauf an. Neben seiner ärztlichen Behandlung wurden ihm auch körperliche und geistige Anforderungen gestellt, er wurde in Gespräche und Diskussionen verwickelt. Nach kurzer Zeit verließ er sein Bett, er hielt Vorträge in der Klinik, zog nach einem knappen Jahr zurück in seine Wohnung und begann wieder konsiliarisch in seinem alten Beruf zu arbeiten und zu lehren. Die restliche Zeit seines Lebens – es handelte sich um einige Jahre – verbrachte er vollkommen selbstständig und zufrieden. Er war dem »Fließband des Todes« entronnen.

Ein Punkt sollte nicht unerwähnt bleiben: In den verschiedenen Kulturen wird das Alter ganz unterschiedlich bewertet. Zwar ist in unserer Gesellschaft die Jugendsehnsucht sehr stark ausgeprägt, aber in Asien und Afrika ist das nicht in diesem Ausmaß der Fall. Dort erfahren die Älteren mehr Anerkennung, sie werden aufgrund ihrer gesammelten Lebenserfahrung als angesehene Mitglieder mehr in der Gemeinschaft geschätzt und respektiert. Entsprechend spielt das Anti-Aging-Konzept keine so große Rolle wie in unserer individualistischen Kultur. Für diese Bevölkerungsgruppe gibt es dann auch entsprechend viele Anreize, sich auch im Alter als Teil der Gesellschaft zu empfinden.

Endstation körperliche Erkrankung?

Jede körperliche Erkrankung hat auch einen Einfluss auf die Psyche! Umso mehr ist das der Fall, wenn sie bleibender Natur ist, sei es bei Krebs, einer Parkinsonerkrankung oder einer Demenz. Auf einmal fühlt sich das Leben eingeschränkter an, es verändert sich für immer und der Betroffene träumt sehnsüchtig davon, wie schön es zuvor war.

Die Gedanken und Gefühle verändern sich, das bisherige Leben wird in Frage gestellt. Wie hätte es anders laufen können und nun ist das nicht mehr möglich! Stattdessen stehen langwierige Untersuchungen und anstrengende Behandlungen bevor. Worüber soll man da noch mit den Nahestehenden sprechen? Sie verstehen das doch sowieso nicht. Plötzlich fühlt man sich allein auf sich gestellt.

Gedanken wie »so möchte ich nicht weiterleben« können starke Ängste auslösen und viele körperlich Erkrankte hadern mit der Entscheidung, ob sie nicht besser aus dem Leben gehen sollen, und falls ja, wann der beste Zeitpunkt dafür wäre.

Ein prominentes Beispiel dafür war Sigmund Freud, der am 23. September 1939 in seinem Londoner Exil verstarb. Als starker Zigarren-Raucher litt er über viele Jahre an Gaumenkrebs. Schon 1923 waren ihm der Gaumen und ein Teil des Oberkiefers entfernt und durch eine Prothese ersetzt worden. In den folgenden Jahren wurde er über dreißigmal operiert. Im Alter von 83 Jahren roch er so stark aus dem Mund, dass sein Lieblingshund nicht mehr auf ihn zuging. Da sagte er zu seinem Hausarzt, es sei jetzt alles nur noch eine Quälerei und forderte von ihm die befreiende Spritze Morphium in tödlicher Dosis, die der alte Freund ihm nicht verweigerte.

Ich möchte noch ein weiteres Beispiel anführen: Im August des Jahres 1993 verbreitete die Nachrichtenagentur Associated Press folgende Meldung: Ein Ehepaar, sie 81 und er 83 Jahre alt, setzten sich auf eine Parkbank. Der Mann erschoss erst seine Frau und anschließend sich selbst. Beide waren schwer krank. Sie hatten Abschiedsbriefe an die Familie geschrieben und ihre Beerdigung im Voraus bezahlt. Auch die Angehörigen waren im Vorfeld einbezogen worden.

Die Presse bewertete diese Form der Selbsttötung zustimmend. Nach einem langen und erfüllten Leben wollten die beiden älteren Menschen nicht länger leiden. Sowohl die Motive als auch die Ausführungen schienen nachvollziehbar zu sein.

Entscheidungen dieser Art bewegen sich immer auf einem sehr schmalen Grat.

Die vermutlich größte Angst des Erkrankten besteht darin, die Situation nicht mehr aushalten zu können und damit allein zu sein. In den beiden geschilderten Fällen hatten die Betroffenen das Privileg, ihre Gedanken zuvor mitteilen zu können, bis sie ihre endgültige Entscheidung fällten, die dann auch gebilligt wurde. Aber selbst bis dahin wird auch im Krankheitsverlauf die Frage nach einem vorzeitigen Lebensende vom Betroffenen immer wieder neu und anders bewertet, es geht hin und her, es ist ein Prozess. Mal überwiegen die Ängste, dann wieder kommt es zu gemeinsam erlebten erfüllenden Momenten. Angehörige unterschätzen oft, wie wichtig ihre Zuwendung in dieser Zeit ist.

Als junge Assistenzärztin auf einer Neurologie-Station erlebte ich einmal Folgendes:

4.5 Körperliche Einflüsse

Bei der Visite an einem Freitagnachmittag klagte eine junge Frau über unerträgliche Schmerzen an der Wirbelsäule. Ich wusste bereits, dass sie an den dort austretenden Nerven Metastasen hatte, welche die Beschwerden verursachten und schöpfte alle Möglichkeiten an Schmerzmitteln aus – nichts half, sie litt sichtlich.

In meiner Not rief ich eine benachbarte Onkologie-Klinik an und fragte den dortigen Kollegen, ob er noch eine andere Idee zur Schmerzbekämpfung hätte. Er antwortete mir, dass er und seine Kollegen das »Freitag-Nachmittag-Phänomen« kennen würden. Da sich an diesem Tag die Stationsärzte in das Wochenende verabschiedeten, so dass nur noch die nicht persönlich bekannten Bereitschaftsärzte auf dem Gelände waren, fühlten sich die Patienten oft alleingelassen und die Schmerzen wurden in dieser Situation unerträglich. Solange nichts half, musste ja der Stationsarzt im Haus bleiben und konnte nicht gehen. »Es geht um Zuwendung, liebe Kollegin. Statt der Patientin immer weitere Schmerzmittel zu verordnen, setzen Sie sich lieber zu ihr ans Bett und reden mit ihr. Das wird die Spannungen lösen und ihr die Gewissheit geben, dass Sie sich weiter um sie sorgen werden, dass sie Ihnen persönlich wichtig ist.« So machte ich es und siehe da, nach einer Weile ging es der Patientin tatsächlich besser. Wenn man für alle Menschen auf dieser Welt egal ist und es geht einem nicht gut, dann scheint ein logischer Ausweg zu sein, dass man diese Welt besser verlässt.

Wie oft fühlen sich Schwerkranke gerade im Krankenhaus allein! Die Informationen des medizinischen Fachpersonals sind dann oft so komplex, dass die verunsicherten Kranken dazu neigen, bejahend zu nicken und gegebenenfalls sogar Einverständniserklärungen zu unterschreiben, um ihr Nichtverstehen zu kaschieren. Ihre Gedanken bleiben dann meist bei der klarsten und negativsten Botschaft haften, danach hören sie meist nicht mehr zu. Da Ärzte ja zuallererst retten und heilen wollen, übertragen sie ihre Meinung oft auf den Patienten und gehen davon aus, dass er um jeden Preis überleben möchte, egal wie groß seine subjektiven Beeinträchtigungen sind. Begeht dann ein Patient einen Suizid, so wird das vom medizinischen Personal oft sogar als persönliches Versagen interpretiert. Da die Medizin sich meistens auf den Körper konzentriert, wird vielerorts die psychische Belastung unterschätzt. Dabei könnte ein Gespräch den Betroffenen eine gewaltige Entlastung bringen. Es ist einfacher, wenn man dabei die Ängste der Betroffenen nachvollziehen kann.

> **Ängste bei schwerer körperlicher Erkrankung**
>
> 1. Angst, die Situation nicht auszuhalten und die Behandlung nicht zu vertragen
> 2. Angst vor Autonomieverlust und schwindender Kontrolle
> 3. Angst vor dem Verlust sozialer Beziehungen, Visionen und Wünsche
>
> (Gerngroß 2020, S. 197)

Angetrieben durch körperliche Beschwerden, Hoffnungslosigkeit und den befürchteten Kontrollverlust ist die Suizidalität im ersten Jahr nach der Diagnosestellung am höchsten. Doch auch weiterhin tragen sich viele Erkrankte heimlich mit dem Gedanken »Wenn alle Stricke reißen, kann ich mich immer noch umbringen.« Die Vorstellung, selbst ihr Leid beenden zu können, bedeutet Trost für sie.

Je nachdem, wie die Persönlichkeit vor dem Ausbruch der Erkrankung geprägt ist, gestaltet sich der weitere Verlauf. Hatte beispielsweise jemand gern sein Leben unter Kontrolle, so befürchtet er auch im Krankheitsfall besonders den Autonomieverlust. Wer bisher zu depressiven Gedanken neigte, wird sich umso mehr in seiner Wertlosigkeit und als Last für die anderen begreifen. Einer besonders unabhängigen Persönlichkeit wird es schwerfallen, Hilfe und Unterstützung annehmen zu müssen. Neigt der Kranke dazu, besonders gern Einfluss zu haben, so wird er die zunehmende Abhängigkeit als Bedrohung empfinden.

Auch zwischenmenschliche Konflikte und Kränkungen spitzen sich oft während einer Erkrankung zu, dann braut sich aus der Empfindung des Ausgeschlossen-Seins und der Wertlosigkeit rasch ein explosives Gemisch.

Hilfsangebote

Angehörige stehen in diesem Fall unter einer immensen Belastung. Sie müssen geäußerte Suizidgedanken natürlich ernst nehmen und haben Angst. Sagen sie aber »Du musst kämpfen«, löst das bei den Erkrankten wiederum Schuldgefühle aus, denn es würde bedeuten, dass jemand stirbt, weil er nicht genug gekämpft hat.

Besser hilft es, Anteilnahme zu signalisieren und die genauen Suizidgründe zu erfragen, um genauer zu reagieren. So kann sich herausstellen, dass der Erkrankte Angst hat, zur Last zu fallen, selbst wenn der Partner das gar nicht so empfindet.

Wie immer bewährt es sich bei den Gesprächen, für einen geschützten Rahmen zu sorgen, aufmerksam zu sein, aktiv zuzuhören, eventuell die Behandler einzubeziehen und das gegenseitige Vertrauen zu festigen.

Der Philosoph Karl Jaspers (Jaspers K 1932, S. 231) beschrieb das so:

»[In der Grenzsituation] ergreife ich mein Leiden als das mir gewordene Teil, klage, leide wahrhaftig, verstecke es nicht vor mir selber, lebe in der Spannung des Jasagen-Wollens und des nie endgültig Jasagen-Könnens, kämpfe gegen das Leiden, es einzuschränken, es aufzuschieben, aber habe es als ein mir fremdes doch als zu mir gehörig, und gewinne weder die Ruhe der Harmonie im passiven Dulden noch verfalle ich der Wut im dunklen Nichtverstehen. Jeder hat zu tragen und zu erfüllen, was ihn trifft. Niemand kann es ihm abnehmen.«

Man sollte nie unterschätzen, dass auch im Fall einer schweren körperlichen Erkrankung dem Leben möglicherweise noch eine Qualität abgewonnen werden kann. Wir kennen das Beispiel von Stephen Hawking, bei dem im Alter von 21 Jahren die schwere Erbkrankheit Amyothrophe Lateralsklerose diagnostiziert worden war und der schließlich 76 Jahre alt wurde.

Es wird immer diejenigen Menschen geben, die trotz ihrer schweren und leidvollen Erkrankung weiterleben wollen und jene anderen, denen alles zu viel wird und die keine Lebensqualität mehr empfinden. Weder darf dann ein moralischer Druck ausgeübt werden, am Leben zu bleiben, noch darf mit unterschwelligen Erwartungen zum Suizid gedrängt werden. In einem Feld liebevoller Zuwendung wird sich der weitere Prozess gestalten, es bleibt, abzuwarten und den Betroffenen zu halten.

Betroffene, Gesetzgeber und auch die Angehörigen bewegen sich dabei in einem Spannungsfeld, bei dem der Einzelfall und der aktuelle Zustand über das Vorgehen entscheiden.

5 Anzeichen

> *Gewöhnlich werden wir zum Selbstmord getrieben,*
> *um einem anderen Übel zu entgehen.*
> Michel de Montaigne, französischer Jurist, Skeptiker und Philosoph

5.1 Anzeichen – können wir merken, ob sich jemand töten möchte?

Wie konnte das nur passieren? Warum habe ich vorher nichts bemerkt? Hätte man es verhindern können? Wurde etwas übersehen? Jeder Suizid und bereits sein Versuch rufen bei allen Betroffenen, Partnern, Eltern, Geschwistern, nahen Angehörigen, Klassenkameraden, Lehrern und Freunden einen Schock und eine große Betroffenheit hervor. Quälende Schuldgefühle folgen, und alle fragen sich, warum keiner rechtzeitig die drohende Gefahr bemerkt hat. Im Angesicht einer solchen Tragödie macht sich Bestürzung breit. Manche Hinterbliebenen versuchen ihr vermeintliches Versagen so gut es geht zu verdrängen, aber die meisten quälen sich mit dieser Frage ihr Leben lang.

Doch was hätte auf den bevorstehenden Suizid hingedeutet? Im Nachhinein fällt uns vielleicht eine leicht dahingeworfene Bemerkung ein und wir erinnern uns an den inneren, manchmal auch äußeren Rückzug des Betroffenen und an seine teilweise unerklärlichen Stimmungsschwankungen. »Ich bin lebensmüde«, das schien doch nur so dahingesagt zu sein, jeder hat doch auch manchmal Phasen in seinem Leben, in denen es ihm nicht gut geht. So versuchen wir uns, so gut es geht, zu trösten. Die Tragweite der Verzweiflung ist vorher nicht aufgefallen. Gab es wirklich nichts, das auf die Gefährdung hingedeutet hätte?

Gibt es konkrete und untrügliche Hinweise, ob ein Mensch aus dem Leben scheiden möchte oder ist es gar nicht möglich, einen Selbstmord vorherzusehen? Darauf möchte ich zwei Antworten geben.

Ja, wir finden Anzeichen, mit denen sich das Unheil ankündigt, und nein, sie lassen sich nicht eindeutig als solche erkennen. Was ich damit meine? Ich möchte es Ihnen an den nachfolgenden Beispielen zeigen.

Eine wunderhübsche New Yorker Schauspielerin, prominent in der Kulturszene und von reichen Gönnern umgeben, lud am 20. Oktober 1938 alle Freunde zu sich in ihre Wohnung ein. Ihr Name war Dorothy Hale. Sie wollte zu einer längeren Reise aufbrechen, wie sie sagte, und vorher alle Bekannten noch einmal sehen. Deshalb gab sie ein Fest. Als die Freunde bei ihr eintrafen, trug sie ihr Lieblingskleid, ein schwarzes Samtkleid. Schön sieht sie in diesem Kleid auf dem Bild aus, das Frida Kahlo von ihr gemalt hat und auf dem sie der Nachwelt erhalten geblieben ist! Aber hätte man an der gesamten Inszenierung schon erkennen können, dass diese »Reise« ins Jenseits führen sollte? Nicht jeder, der ein auffallendes schwarzes Kleid anzieht und alle Freunde zu sich nach Hause einlädt, um sich zu verabschieden, begeht auch einen Suizid.

Vergnügt empfing Dorothy Hale ihre Gäste, um Mitternacht stießen alle gemeinsam miteinander an, und die Freunde wünschten ahnungslos viel Erfolg für ihr Vorhaben. Hätten sie gewusst, wohin die Reise gehen sollte, so hätten sie das wohl kaum gewünscht. Nachdem alle aufgebrochen waren, ging Dorothy mit zwei Freunden ins Theater, kehrte anschließend allein nach Hause zurück und schrieb die nächsten vier Stunden Abschiedsbriefe. Am frühen Morgen sprang sie dann aus ihrem Apartment im 16. Stock in die Tiefe. Wie hätten die Freunde ihren Entschluss ahnen können? Sie schien doch so fröhlich zu sein.

Sieben Jahre zuvor war Dorothys Mann mit seinem Auto über eine Klippe in Santa Maria gefahren und dabei tödlich verunglückt. Danach geriet sie in finanzielle Schwierigkeiten, eine Liebschaft nach der anderen endete unglücklich und ihre Karriere geriet ins Stocken. Ein Freund, der Bildhauer Isamu Noguchi, hatte ihr zuvor das hübsche schwarze Kleid geschenkt, dass sie beim Abschiedsfest trug.

5.1 Anzeichen – können wir merken, ob sich jemand töten möchte?

In einem Interview für das Herrera-Buch über Frida Kahlo sagte er später über Dorothy: »Ich erinnere mich sehr gut, dass sie sagte: ›Nun, das ist das Ende des Wodkas. Mehr gibt es nicht.‹ Einfach so, wissen Sie? Damals ist mir dieser Satz nicht aufgefallen, aber später wurde mir klar, dass sie über ihren Selbstmord sprach.«

Hätte er anhand dieses Satzes darauf schließen können, dass sie sich etwas antun würde?

Ein weiteres Beispiel ist der überraschende Suizid des erfolgreichen Schriftstellers Erich Loest. Zu Lebzeiten hatte er viele Literaturpreise erhalten, er wurde geachtet und gefeiert. Ohne dass vorher irgendjemand damit gerechnet hätte, sprang auch er in einem unbeobachteten Moment aus dem Fenster. Zu diesem Zeitpunkt war er bereits 87 Jahre alt. Gesundheitlich ging es ihm nicht besonders gut. Deshalb befand er sich gerade in der Universitätsklinik in Leipzig, wo er im zweiten Stockwerk ein Zimmer hatte. Als man der sofort herbei gerufenen Lebensgefährtin Linde Rotte die Nachricht überbrachte, war sie fassungslos. Sie hatte ihn doch noch am selben Tag besucht, saß an seinem Bett und hatte ihm auf dem Tablett eine Scheibe Brot in kleine Stücke geschnitten, wie sie berichtete. Da hatte er ihr noch erklärt, zum Aufstehen sei er zu schwach. Als sie nun noch einmal in seinem Zimmer stand, sah sie ein Heft auf dem Nachttisch liegen. Sie war sich sicher, dass es bei ihrem Abschied zuvor noch nicht dort gelegen hatte, und als sie es aufschlug, stand darin »Danke für die wunderbaren Jahre«.

War das ein Trost für sie? Hätte sie seine Tat voraussahen können? Aber wie? Müssten sich dann nicht viele Menschen, die sich in einer ähnlichen Situation befinden, das Leben nehmen?

Manchmal sind die Anzeichen so winzig, dass sie nicht eindeutig interpretiert werden können und ebenso von einem Menschen stammen könnten, der nicht die Absicht hat, sich das Leben zu nehmen. Da schnappen wir vielleicht eine kleine Bemerkung auf, die nicht der Rede wert ist. Wir bekommen ein besonderes persönliche Andenken geschenkt und erinnern uns im Nachhinein an den schmerzlichen und wissenden Blick, als es uns übergeben wurde. Wir haben das Zeichen nicht rechtzeitig erkannt, sahen anscheinend achtlos darüber hinweg und machen uns deswegen die größten Vorwürfe. Gewiss, die Lebensumstände waren, wie in den geschilderten Beispielen, nicht optimal.

5 Anzeichen

»Ich hätte es doch wissen müssen«, sagen wir uns später und sind voller Selbstvorwürfe. Aber andererseits und wie schon erwähnt – nicht jeder, der in schwierigen Lebensverhältnissen steckt, bringt sich um.

Ein drittes Beispiel möchte ich anführen. Die 16-jährige Alexandra war nicht von der Schule nach Hause gekommen. Zunächst waren die Eltern nur mäßig beunruhigt. Ihr Schulrucksack war zwar an jenem Morgen zu Hause geblieben, doch die Mutter hatte sie noch gefragt: »Nimmst du den nicht mit?« Alexandra antwortete, die Sachen, die sie benötigte, seien bereits in der Schule. Zwei Monate zuvor hatten die Eltern herausgefunden, dass ihre Tochter nur noch sporadisch die Schule besuchte. Dabei war sie eigentlich ursprünglich eine gute Schülerin gewesen, sie hatte sogar eine Klasse übersprungen. Der Mutter und dem Vater hatte sie zu ihrem veränderten Verhalten erklärt, dass sie gar keinen guten Job wolle, auch nicht studieren, eigentlich wolle sie gar nichts. Diese Null-Bock-Mentalität kommt im Jugendalter ja immer mal vor, dachten die Eltern. Und die Tochter fuhr fort, es mache ja gar keinen Sinn, sie lerne in der Schule sowieso nur Dinge, die sie im späteren Leben gar nicht brauchen würde. Und wenn sie mal ein paar witzige Bemerkungen äußern würde, gäbe es sofort Ärger mit den Lehrern, die sowieso ständig selbst gestresst herumlaufen würden. Wozu um alles in der Welt solle sie sich eigentlich dafür quälen? »Warum gehst du nicht mal zum Schulpsychologen?«, fragten die Eltern hilflos. »Seid ihr verrückt, damit die anderen mich für einen Psycho halten? Auf keinen Fall«, entgegnete die Tochter. Im weiteren Gespräch einigten sich die Eltern mit der Tochter, dass diese noch die 11. Klasse beenden sollte. Danach könne sie von der Schule gehen, um dann das zu tun, wozu sie Lust habe. Sie fühlten sich etwas ratlos in der Situation. Manchmal geben sich derartige Gedanken auch wieder, die Pubertät wirbelt nun mal alles durcheinander, beruhigten sie sich selbst.

Aber als Alexandra an diesem Tag um 19 Uhr immer noch nicht auftauchte, waren die Eltern alarmiert. Sie gingen zur Polizei und gaben eine Vermisstenanzeige auf. Daraufhin erhielten sie eine Vorgangsnummer, das war vorerst alles. Erst nach 24 weiteren Stunden erschienen Kripobeamte, um sich genauer zu erkundigen, denn oftmals erledigen sich solche Vorfälle von allein, dachten die Polizisten. Zu diesem Zeitpunkt hatten die beunruhigten Eltern bereits überall Flyer aufgehängt,

5.1 Anzeichen – können wir merken, ob sich jemand töten möchte?

jedoch ohne Erfolg. Zwölf Tage später kam die traurige Gewissheit: das Mädchen hatte sich im Wald erhängt. Diese Nachricht schockierte die Eltern und stürzte sie in eine tiefe seelische Krise.

Anders als in den genannten Beispielen gibt es auch Menschen, die ganz offen mit ihrem Vorsatz umgehen, sich das Leben zu nehmen.

»Der Freitod ist ein Privileg des Humanen«, ruft beispielsweise der Autor Jean Améry (1999) so laut und deutlich in die Welt, dass niemand es überhören kann. Zwei Jahre vor seinem geplanten Suizid verfasst er in seinem Buch »Hand an sich legen. Diskurs über den Freitod« ein Plädoyer für den frei gewählten Suizid und bezeichnet ihn sogar als den »einzig natürlichen Tod« überhaupt.

In seinem Werk finden sich Sätze wie »Wer abspringt, ist nicht notwendigerweise dem Wahnsinn verfallen, ist nicht einmal unter allen Umständen ›gestört‹ oder ›verstört‹. Der Hang zum Freitod ist keine Krankheit, von der man geheilt werden muss wie von den Masern.« Die Botschaft ist unmissverständlich, der bevorstehende Suizid ist für uns alle klar erkennbar und so unumstößlich verkündet, dass wir nicht wagen, einzugreifen.

Auch der Schriftsteller Wolfgang Herrndorf, Autor des Erfolgsromans »Tschick«, verbreitete öffentlich seinen beschlossenen Suizid. Nur wenige Monate vor dem Erscheinen des Romans war bei ihm ein unheilbarer bösartiger Gehirntumor diagnostiziert worden. Seither gab er in seinem Internetblog »Arbeit und Struktur« regelmäßig Auskunft über sein Leben mit dem zukünftig geplanten Suizid. Er berichtete darin von seiner Todesangst und stellte sich zwischendurch immer wieder die Frage: »Wird der Absprung rechtzeitig gelingen?« Als er merkte, dass er sich nicht mehr auf seine Koordination verlassen konnte, erschoss er sich 2013 zu nächtlicher Stunde am Ufer des Hohenzollernkanals in Berlin.

Und es gibt auch diejenigen, die sich mit ihrem geplanten Tod längere Zeit befassen oder dazu etwas aufschreiben. Kürzlich entdeckte Jonas, ein junger Patient von mir, dass sein Vater vor seinem Suizid alle Überlegungen dazu monatelang für sich in den Laptop geschrieben hatte, und er war tief betroffen, dass er nichts davon auch nur geahnt hatte.

Zwischen diesen ganz unterschiedlichen Ausprägungen befindet sich vermutlich jene Grauzone, in der sich noch ein Spielraum zum Eingreifen für die Angehörigen finden ließe und das vielleicht bis zuletzt. Die Reichweite der Möglichkeiten des Lebens gemeinsam mit dem Suizidgefährdeten auszuloten, darum geht es.

Zunächst, und das haben alle oben genannten Beispiele und auch alle gelungenen und missglückten Suizidversuche gemeinsam, müssen wir davon ausgehen, dass immer eine persönliche traurige Geschichte vorausgeht: Gründe und Motive können beispielsweise Einsamkeit, zerbrochene Liebesbeziehungen, Perspektivlosigkeit, psychische oder schwere körperliche Erkrankungen, unlösbar scheinende Beziehungskonflikte oder auch wirtschaftlichen Katastrophen sein. Ist für den Betroffenen dann keine Lösung mehr erkennbar, so wird die Selbsttötungsabsicht immer konkreter.

Innerlich braut sich ein Gemisch intensiver Gedanken und Gefühle zusammen, das von dem Psychiater und Suizidforscher Erwin Ringel bezeichnete »präsuizidale Syndrom«, mit den drei Merkmalen: es erfolgt eine Einengung des Denkens, eine verstärkte Aggression gegen sich selbst und die Flucht in eine Suizidfantasiewelt. Anschaulich wird das in dem folgenden Gedicht eines Suizidgefährdeten aus dem 19. Jahrhundert, das Ringel veröffentlicht hat, verdeutlicht:

»Immer enger wird mein Denken
immer blinder wird mein Blick,
mehr und mehr erfüllt sich täglich
mein entsetzliches Geschick.
Kraftlos schlepp ich mich durchs Leben
jeder Lebenslust beraubt,
habe keinen, der die Größe
meines Elends kennt und glaubt.
Doch mein Tod wird Euch beweisen,
dass ich jahre-, jahrelang
an des Grabes Rand gewandelt,
bis es jählings mich verschlang.«
(zitiert nach Ringel: »Die österreichische Seele«)

Das Gedicht beschreibt diese innere Todessehnsucht, die irgendwann im Leben des Verzweifelten auftaucht, ohne dass er genau sagen könnte, wann und wie sie begonnen hat. Der Wunsch zu sterben wird immer verlockender, als Ausweg und herbeigesehnte Alltagsflucht. Während wir uns vielleicht vorstellen, dass wir bald ein schönes Erlebnis

5.1 Anzeichen – können wir merken, ob sich jemand töten möchte?

oder einen wunderbaren Urlaub haben werden, stellt sich der Leidende bildhaft und konkret vor, wie er seiner unerträglichen Situation endlich entfliehen kann, indem er sich erhängt, Tabletten nimmt, aus dem Fenster springt, sich vor den Zug wirft oder in der Badewanne mit aufgeschnittenen Pulsadern liegt, und diese Bilder erscheinen ihm wie eine Erlösung.

Zwar ahnen Familie und Freunde, dass es ihm schlecht zu gehen scheint, aber um das Ausmaß der Verzweiflung nachzuvollziehen, fehlt vielleicht doch die persönliche Erfahrung. Und so reißt der Gesprächsfaden zwischen beiden Seiten ab. Ein Mensch, der die Absicht hat, sich das Leben zu nehmen, gewinnt irgendwann den Eindruck, dass es ja doch keinen Sinn macht, sich mitzuteilen.

Dabei lassen die Fassade und der äußere Schein dies manchmal gar nicht vermuten: da ist beispielsweise die kluge und hübsche Mitschülerin, die insgeheim von den anderen beneidet wird, der Social Media Star, der erfolgreiche Manager, der den Eindruck hat, es sei eigentlich sinnlos, sich abzurackern, der siegesgewohnte Fußballer, der Angst vor dem drohenden Danach hat, die begehrenswerte Schauspielerin, die glaubt, zu alt für großartige Rollen zu sein oder auch einfach nur der nette Nachbar von nebenan. Im Inneren sieht es dann verzweifelt aus und der Betroffene fühlt sich, als wüsste er nicht mehr, wie er auf jene Seite des Lebens gelangen könne, wo alle anderen zu stehen scheinen. Seine Lebensfreude schwindet mehr und mehr, zunächst kämpft er noch dagegen an, aber irgendwann reicht die Kraft zum Leben wollen nicht mehr aus. Selbst das Aufstehen fällt dann schwer, es fühlt sich für ihn an, als wäre er von einer grauen Wolke eingehüllt, die ihm jegliche Kraft raubt, die Gefühle erstickt und ihn vom Interesse und Verständnis dafür, was in der Welt passiert, abschirmt. Gleichzeitig schämt er sich für seine Unfähigkeit und ist so gut es geht darum bemüht, die Fassade aufrechtzuerhalten, damit die anderen ihn nicht verurteilen, weil er so ein ungenügender und fehlerhafter Mensch ist.

Gibt es dann noch eine Wahl? Die Spirale schraubt sich unaufhaltsam nach unten, der innere emotionale Druck steigt an und damit einhergehend das Gefühl der Ausweglosigkeit. »Niemand versteht mich, erst hinterher wird man begreifen, wie es mir erging«, denkt der Verzweifelte.

Und so ist es ein Alarmzeichen, wenn sich ein früher fröhlicher Mensch immer mehr in sich selbst zurückzieht und keine Einladungen mehr annimmt.

Oder es passiert das genaue Gegenteil: Plötzlich ruft der Mensch mit Suizidgedanken Leute an, bei denen er sich schon lange nicht mehr gemeldet hat. Innerlich stellt er sich darauf ein, sich zu verabschieden, um vielleicht wenigstens in guter Erinnerung zu bleiben. Das können Warnhinweise sein, ohne eine Gewissheit zu bieten. Eine direkte Frage nach etwaigen Suizidgedanken kann, wenn überhaupt, auch in so einem Fall nur mit größter Vorsicht gestellt werden.

Jonas, mein Patient, von dem ich schon berichtet habe, erzählte mir in diesem Zusammenhang, dass ihn sein Vater zum Jahresbeginn angerufen habe, um ihn plötzlich zu einem Frühstück einzuladen, obwohl beide seit längerer Zeit keinen Kontakt mehr miteinander hatten. Da dieser in Frankreich lebte, war es für den Sohn berufsbedingt schwierig, so kurzfristig dorthin zu fahren. Der Vater habe im Telefonat nur gesagt, dass er es ausgesprochen schade fände, dass sein Sohn nicht kommen könne. Das waren seine letzten Worte an ihn, denn kurze Zeit später hatte er sich erhängt. Seither machte sich der Sohn große Vorwürfe, dass er nicht zu diesem Frühstück gefahren war. Die Frau des Vaters berichtete ihm dann, dass der Vater kurz vor Weihnachten sein Testament geändert und einen anderen Bruder als Testamentsvollstrecker eingesetzt hatte, ohne dass klar ersichtlich war, warum. Auch sie machte sich Vorwürfe, die Vorzeichen nicht erkannt zu haben.

Treten solche ungewöhnlichen Handlungen ohne genauere Erklärung auf, lohnt es sich immer, den Kontakt zu suchen, eine Begegnung zu vereinbaren, miteinander ins Gespräch zu kommen und genauer nachzufragen. Aber was könnten weitere Hinweise sein?

Vielleicht ergab schon die Vorgeschichte des Betreffenden den einen oder anderen konkreteren Anhaltspunkt. War beispielsweise eine geliebte Person gestorben? Wurde eine schwere Erkrankung diagnostiziert? Droht ein Arbeitsplatzverlust? Droht Ausgrenzung?

In so einem Fall kann es sein, dass die Menschen in einem Ausmaß äußeren Belastungen ausgesetzt sind, bei denen ihre üblichen Bewältigungsstrategien nicht mehr greifen und Ressourcen nicht ausreichend vorhanden sind.

5.1 Anzeichen – können wir merken, ob sich jemand töten möchte?

Auch ein vorausgegangenes Trauma birgt die Gefahr in sich, dass es nicht gut verarbeitet wurde. Der Suizid erscheint dann als rettender Ausstieg aus den drohenden und quälenden Erinnerungen und Empfindungen. Da ist beispielsweise der Polizist, der miterleben musste, wie seine Kollegin erschossen wurde, und der sich immer wieder fragt, ob er das hätte verhindern können. Oder der Ehemann, der mit seiner Frau allein zu Hause war und hilflos eine komplikationsreiche Todgeburt erleben musste, weil die Hebamme es nicht schaffte, rechtzeitig zu kommen, und der seither grübelt, ob er es hätte abwenden können, indem er seiner Frau besser geholfen hätte. Auch Bedrohungen, Vergewaltigungen, oder Gewalterfahrungen können Gefühle der Hilflosigkeit und Ohnmacht in einer Intensität hervorrufen, die überfordert. Derartige Traumata liegen außerhalb des durchschnittlichen Erfahrungsspektrums. Menschen, die so etwas erlebt haben, sind in ihrer Persönlichkeit dadurch fortan geprägt, oft sind sie besonders sensibel und einfühlsam, und es widerstrebt ihnen zutiefst, anderen Leid zuzufügen. Sie werden es nie vergessen können, deshalb müssen sie lernen, damit zu leben und brauchen Unterstützung. Hinzu kommt, dass viele Betroffene sich dafür selbst die Schuld geben und statt zum Therapeuten zu gehen, die Aggression gegen sich selbst wenden und sich lieber selbst töten.

Ein weiterer wichtiger Hinweis ist es, ob bereits in der Vorgeschichte eines Menschen Suizidversuche stattgefunden haben. Probierte der Betroffene schon einmal oder mehrfach, sich das Leben zu nehmen und hat es nicht geklappt? Achtzig Prozent derjenigen, die einen Suizid begehen, haben bereits schon zuvor versucht, sich das Leben zu nehmen, und so ist jeder Versuch dieser Art auch immer ein Hilferuf und der Betroffene ist gefährdeter als zuvor. Das heißt aber nicht zwingend im Umkehrschluss, dass er es sein Leben lang bleiben muss. Es hängt von der Hilfe ab, die er bekommen kann, wenn er sie denn akzeptiert. Jüngere Menschen machen häufiger mehrere Selbstmordversuche, ältere sterben meistens bereits beim ersten Versuch.

Es gibt in diesem Zusammenhang auch den indirekten Suizidversuch. Da werden absichtlich Gefahren heraufbeschworen, der Fahrstil ist zum Beispiel extrem riskant, die Fahrbahn wird immer wieder in einer gefährlichen Situation überquert, Geschlechtsverkehr wird ungeschützt durchgeführt, ganz bewusst wird »vergessen«, benötigte Medikamente regelmäßig einzunehmen. Der Betroffene hofft so unbewusst, dass es »ihm passiert«, dass er also auf diese Weise ums Leben kommt.

Eine erhöhte Alarmstufe besteht, wenn beiläufig oder auch ganz konkret Bemerkungen geäußert werden, die mit einem Todeswunsch zusammenhängen können. In acht von zehn Fällen kündigt der Betroffene seine Suizidabsichten vorher an! Manchmal tut er dies subtil, so dass wir sie kaum als »Alarmsignal« verstehen können. Lernen wir nicht »hinzuhören«, können wir die Zeichen nicht erkennen und rechtzeitig eingreifen. Aber wo handelt es sich um einen bloßen Weltschmerz und wo manifestiert sich bereits im Hintergrund eine konkrete Absicht? Oder wo sollen wir manipuliert werden, denn das gibt es auch? Unser Einfühlungsvermögen wird auf eine harte Probe gestellt, denn wir müssen uns klar darüber sein, dass alle Zeichen eine Deutungsbreite haben.

Wir erinnern uns in diesem Zusammenhang an das zuvor beschriebene Beispiel der Schauspielerin Dorothy Hale, die den Satz fallen ließ »Nun, das ist das Ende des Wodkas. Mehr gibt es nicht.« Oder wir erinnern uns an die Jugendliche mit der Null-Bock-Stimmung, die wirklich zu gar nichts mehr Lust hatte. Warum war das der Fall? Wurde sie gemobbt, war der Leistungsdruck zu groß, fühlte sie sich als Versager, waren Eifersucht und Liebeskummer im Spiel oder gab es andere Gründe? Die Bemerkung war in diesen Fällen bewusst vage formuliert. Da war diese Angst, für die Offenheit mit verletzenden Floskeln und verharmlosenden Ratschlägen abgespeist zu werden, nach dem Motto: »Jetzt hör doch mal auf zu jammern«, »Anderen geht es viel schlechter«, »Dir geht es doch eigentlich gut, jetzt reiß dich doch mal zusammen«. So etwas gesagt zu bekommen, tut dem Betroffenen weh, gibt ihm das Gefühl, nicht verstanden zu werden und macht ihm damit Angst. Hinterher fühlt er sich dann noch schlechter als zuvor. Er weiß, dass er eigentlich glücklich sein sollte, aber er schafft es nicht, seine Gedanken in Gefühle umzuwandeln.

Aber manchmal wagt der Betroffene auch deutlichere Sätze in diesem Zusammenhang, wie »Ich sehe keinen Ausweg mehr«, oder »Den anderen ginge es ohne mich besser«, oder »Ich passe nirgendwo hin«, oder »Niemand kann mir helfen«, oder »Ich bin einsam, ich bin allen egal«, oder »Ich bin ein Wrack«. Die Befürchtung der Angehörigen, dass sie durch diese Aussagen manipuliert werden sollen, ist in seltenen

5.1 Anzeichen – können wir merken, ob sich jemand töten möchte?

Fällen auch mal berechtigt und davor dürfen diese sich dann auch schützen und abgrenzen, aber meistens steckt eher ein Hilferuf dahinter. Es ist ein Mythos zu glauben, dass jemand der darüber spricht, es nicht tun wird. Das Gegenteil ist der Fall, viel häufiger wird die Ansage auch in die Tat umgesetzt.

Da Sie im Zweifelsfall den Ernst der Lage nicht genau einschätzen können, sollten Sie versuchen, den Betroffenen zu überzeugen, dass er sich professionellen Rat holt, denn was hat er dabei noch zu verlieren? Eventuell entscheiden Sie sich, gemeinsam zu einem Psychiater oder Psychotherapeuten zu gehen, denn allein hat der Betroffene vielleicht zu große Angst oder schämt sich, weil er sich selbst für so unfähig hält. Hier noch einmal der dringliche Appell: die immer wieder getroffene Aussage »Wer die Absicht äußert, einen Suizid zu begehen, der tut es sowieso nicht«, ist schlicht falsch.

Es gibt jedoch einen Moment, auf den Sie besonders achten sollten, denn dann besteht sogar eine beträchtliche Gefahr für einen drohenden Suizid! Vielleicht ist das gerade der Augenblick, in dem Sie sich erleichtert fühlen, weil Sie denken, nun geht es dem Menschen in Ihrer Nähe endlich besser. Bis zu diesem Zeitpunkt wirkte er traurig, depressiv, mutlos und passiv oder auch gleichgültig, vermutlich mit innerer Todessehnsucht, und sie konnten es ihm ansehen, stumm schaute sein Blick ins Leere, wurde er angesprochen, fiel es ihm schwer, zu antworten, und sagte er doch etwas, so schilderte er vielleicht zögerlich, wie schlecht es ihm ging, wie sinnlos er alles fand und wie wertlos er sich fühlte. Seine Energielosigkeit war zu spüren.

Aber dann kam der Tag, wo es ihm wieder besser zu gehen schien. Er wurde aktiver, unternehmungslustiger und vielleicht auch fröhlicher, ähnlich, wie bei dem Umschlag einer Depression in eine Manie.

Ich erinnere mich, wie ich als ganz junge Assistenzärztin auf einer psychiatrischen Station einen schwer depressiven Patienten behandelte, der eine manisch-depressive Erkrankung hatte. Eines Tages tauchte er im Stationszimmer auf, in der Hand hielt er eine große Tüte mit Kirschen. Er habe nun für alle Mitarbeiter Kirschen gekauft, obwohl sie noch sehr teuer seien, erklärte er. Ich freute mich darüber, dass es ihm nun endlich besser ging, aber die Mitarbeiter wechselten miteinander bedeutungsvolle Blicke. Als er ging, erklärten sie mir, dass sich bei dem

Patienten nun der Beginn einer manischen Phase abzeichnete und dass wir deshalb besonders gut aufpassen müssten, er würde nun vielleicht vermehrt zu unkontrollierten Handlungen neigen. So war es dann auch, und er versuchte einerseits fröhlich alle Regeln außer Kraft zu setzen, andererseits versank er immer wieder ganz depressiv in sich. In diesen »Mischzuständen« kann die Gefahr eines impulsiven Suizids liegen, der Antrieb ist dann bereits gesteigert, aber die Stimmung ist noch nicht dauerhaft gehoben.

Eine ähnliche Erleichterung passiert bei jemandem, der lange mit sich gerungen hat, ob er sich nun das Leben nehmen soll oder nicht. Dann fasst er »endlich« den Entschluss, er braucht nicht mehr zu grübeln, die Entscheidung verschafft ihm eine gewisse Entlastung, er kumuliert seine Kraft zur Umsetzung seines Entschlusses zum Suizid. Alle sind froh, dass es ihm wieder besser geht, und sie ahnen nicht, wie gefährlich gerade dieser Zeitpunkt ist. Bei dem Betroffenen sind scheinbar Erleichterung und Ruhe eingetreten, ohne dass sich die krisenhafte Situation auf erkennbare Weise geändert hätte. Dann gilt es, besonders aufzupassen!

So berichtete mir eine Freundin, dass sie zu einer Familienfeier eingeladen war und dort einen besonderen Mann kennenlernte. Er war fröhlich, schien sehr erfolgreich zu sein, sie war hingerissen von ihm und dachte auch nach ihrer Abreise hin und wieder an ihn. Drei Monate später erfuhr sie, dass er sich kurz nach der Feier erhängt hatte. Sie konnte es kaum glauben, das passte so gar nicht zu dem Bild, das sie sich gemacht hatte. Wie sie aber von den Angehörigen erfuhr, war bei weitem nicht alles so positiv, wie er es dargestellt hatte. Aufgrund beruflicher und privater Schwierigkeiten war er zuvor über einen längeren Zeitraum immer sehr niedergeschlagen gewesen, aber an jenem Abend schien er wie ausgewechselt. Meine Freundin hatte sich von der trügerischen brillanten Fassade täuschen lassen.

Auch von einigen Schauspielern, die meine Patienten sind, habe ich hin und wieder gehört, dass sich niemand vorstellen könne, wie traurig sie in Wirklichkeit seien und welche Qualen ihnen das Leben bereite, aber sie dürften es nicht zeigen, weil sie dann keine Rollen mehr bekämen. Nur wer ein echtes Vertrauensverhältnis zu diesen Menschen aufbaut, dem offenbaren sie sich wirklich.

5.1 Anzeichen – können wir merken, ob sich jemand töten möchte?

Die meisten Menschen, die einen Suizid planen, möchten nicht sterben. Aber sie können nicht mehr so weiterleben wie bisher und sehen keine andere Lösung. Darunter gibt es diejenigen, die den Entschluss offen verkünden und einen unumstößlichen Plan gefasst haben. Vielleicht wurde bei ihnen eine unheilbare Krankheit diagnostiziert, und deshalb möchten sie nicht am Ende unnötig leiden. Es ist gut für sie zu wissen, dass sie auf ihrer Reise trotzdem nicht allein sein werden.

Und dann wieder gibt es Menschen, die fast unmerkliche Zeichen aussenden, weil sie es nicht wagen, offen ihre Absicht kundzutun. Ihre Lage erscheint ihnen aussichtslos und wenig reizvoll, aber sie finden keine Kraft mehr, allein etwas daran zu ändern. Eigentlich wollen sie gar nicht sterben, sie denken nur, dass sie unter diesen Bedingungen nicht mehr weiterleben können. In diesem Fall können wir vielleicht mit Empathie spüren, ob dieser Mensch uns braucht oder nicht. Das Mitgefühl füreinander macht das Leben menschlicher und lebenswerter für uns alle. Bemerken wir als Partner, Freund, Mitschüler oder Arbeitskollege, dass bei unserem Mitmenschen ein innerer Rückzug stattfindet, dass er sich in einer schwierigen Lage befindet, dann sollten wir nicht zögern, mit ihm darüber sprechen und unsere Hilfe anzubieten. So lange wir uns in einer inneren Verbundenheit befinden, wird der Andere zögern, aus dem Leben zu scheiden, sofern er nicht an einer finalen unheilbaren Krankheit leidet. Was genau Sie in diesem Fall tun können, finden Sie in dem Kapitel »Es wird akut – was tun?«

Auf jeden Fall sollten wir immer das Gespräch mit diesen Menschen suchen, es hilft ihnen, wenn sie sich verstanden fühlen. Einfach da sein und zuhören ist aller Hilfe Grundlage. Lebensmüde Menschen sehnen sich zuallererst nach einem sicheren Ort, an dem sie ihre Ängste und Nöte zum Ausdruck bringen können und an dem sie einfach akzeptiert werden, so wie sie sind. Kommentare, Urteile, Ratschläge, Antworten, schnelle Lösungen sind dann eher überfordernd. Wichtiger ist es, die Dinge aus der Perspektive des Betroffenen zu sehen, nicht aus der eigenen.

Damit Sie dabei nicht in eine Überforderungssituation geraten, brauchen Sie unter Umständen ein ganzes Netz an Helfern, auch Fachleute können da einbezogen werden und mit zur Seite stehen.

Manchmal sind es Kleinigkeiten, die einem anderen Menschen in seiner Notlage helfen können. Unterbleiben diese, kann es geschehen, dass er sich das Leben nimmt. Empathie rettet Leben. Vorhersagen aber, ob der andere sich das Leben nehmen wird, können wir nicht. Anzeichen können Hinweise geben, sie bieten jedoch keine Gewissheit. Dennoch können wir immer etwas sehr Wichtiges tun: Wir können achtsam im Umgang mit unseren Mitmenschen sein.

5.2 Warnsignale, die sich summieren

Mitunter liegen die Warnsignale einer tiefen seelischen Krise so versteckt, dass sie vom Umfeld übersehen und fehlinterpretiert werden. Gerade Kindern fällt es schwer, ihre Seelenlage zu vermitteln.

So berichtete mir eine Mutter von ihrem Kind, dass an stundenlangen nächtlichen Hustenattacken litt. Keiner der Ärzte, denen das Kind vorgestellt wurde, fand eine organische Ursache, so dass man schließlich vermutete, es handle sich um psychische Gründe. Doch die Eltern waren nicht überzeugt. Sie wurden nur stutzig, als ihr Kind in den Ferien überhaupt nicht hustete und erst wieder damit begann, als die Schule anfing. Im Gespräch stellte sich heraus, dass das Kind gemobbt wurde, sich aber dafür schämte. Ähnlich können Bauchschmerzen darauf hindeuten.

Mögliche Warnsignale eines drohenden Suizids

auf der emotionalen Ebene

- Selbstabwertende Äußerungen und überzogene Selbstkritik
- Scham-, Minderwertigkeits-, Schuldgefühle, Äußerungen wie: »Ich nütze ja sowieso niemandem«, »Ohne mich wäre alles besser«
- eine bedrückte Stimmungslage oder schnellere Reizbarkeit
- offen zur Schau getragene Gleichgültigkeit oder extreme Stimmungsschwankungen
- Resignation und Hoffnungslosigkeit
- falsche Wirklichkeitsbewertung, andere Personen werden feindseliger erlebt, der Betroffene verschließt sich
- eine plötzlich einsetzende Ruhe und Gelöstheit

auf der körperlichen Ebene

- permanente Antriebslosigkeit und Müdigkeit
- Schlafstörungen
- Konzentrationsschwierigkeiten
- Gewichtsabnahme oder -zunahme
- unbestimmte körperliche Beschwerden ohne Ursache

auf der Verhaltens- und Gesprächsebene

- Suizidankündigungen und -drohungen: »So kann ich nicht mehr leben«
- Rückzug von Freunden und Aktivitäten wie Hobbys oder Sport
- Leistungsabfall in der Schule oder im Berufsleben
- plötzliches Aufräumen, Vernichten und Ordnen von Unterlagen
- Verschenken von persönlichen Gegenständen und Erinnerungsstücken
- Familienangelegenheiten werden geklärt, Feindschaften durch ein Gespräch aufgelöst
- Verfassen eines Testamentes

- Beschäftigung mit dem Thema Tod und Sterben, Lesen von entsprechenden Büchern und Webseiten, Verfassen von Texten oder Gedichten
- unerwartete Besuche und Anrufe, Andeutungen, dass man sich verabschiedet, weil man sich lange nicht wiedersieht
- sich informieren über bestimmte Sterbemethoden, Sammeln von Tabletten
- besonders riskantes Verhalten
- Bericht von imperativen Stimmen, sich das Leben zu nehmen
- Hören trauriger Musik, die sich mit dem Tod befasst
- Jugendliche handeln immer wieder spontan und impulsiv, oft sind keine Warnzeichen wahrnehmbar
- »Ruhe vor dem Sturm«

Bei einer Häufung dieser Signale steigt die Gefährdung. Weiteres dazu lässt sich aber nur im Gespräch herausfinden, wenn konkret nach Suizidgedanken gefragt wird. Notfalls hilft auch die Unterstützung einer Vertrauensperson oder einer Beratungsstelle.

Fragenkatalog von Pöldinger (1992) zur Einschätzung der Suizidalität

1. Haben Sie in letzter Zeit daran denken müssen, sich das Leben zu nehmen? (ja)
2. Häufig? (ja)
3. Haben Sie auch daran denken müssen, ohne es zu wollen? Haben sich Suizidgedanken aufgedrängt? (ja)
4. Haben Sie konkrete Ideen, wie Sie es machen würden? (ja)
5. Haben Sie schon Vorbereitungen getroffen? (ja)
6. Haben Sie schon mit jemandem über Ihre Absichten gesprochen? (ja)
7. Haben Sie schon einen Suizidversuch unternommen? (ja)
8. Hat sich in Ihrer Familie oder in Ihrem Freundes- und Bekanntenkreis schon jemand das Leben genommen? (ja)
9. Halten Sie Ihre Situation für aussichts- und hoffnungslos? (ja)
10. Fällt es Ihnen schwer, an etwas Anderes als an Ihre Probleme zu denken? (ja)
11. Haben Sie in letzter Zeit weniger Kontakt zu Ihren Verwandten, Bekannten und Freunden? (ja)
12. Haben Sie noch Interesse daran, was in Ihrem Beruf und in Ihrer Umgebung vorgeht? Interessieren Sie sich noch für Ihre Hobbys? (nein)
13. Haben Sie jemanden, mit dem Sie offen und vertraulich über Ihre Probleme sprechen können? (nein)
14. Wohnen Sie zusammen mit Familienmitgliedern oder Bekannten? (nein)
15. Fühlen Sie sich unter starken familiären oder beruflichen Verpflichtungen stehend? (nein)
16. Fühlen Sie sich in einer religiösen bzw. weltanschaulichen Gemeinschaft verwurzelt? (nein)

Je mehr Fragen mit den angegebenen Antworten beantwortet werden, desto höher wird das Suizidrisiko eingeschätzt.

6 Die Entwicklung zum Suizid

*Selbst ein Leben, das wir anscheinend vertan haben,
lässt sich rückwirkend mit Sinn erfüllen,
indem wir gerade durch diese Selbsterkenntnis über uns hinauswachsen.*
Viktor Frankl

6.1 Stadieneinteilung nach Pöldinger – Erwägung, Ambivalenz, Entschluss!

Suizidale Menschen zieht es nicht unbedingt zum Tod hin, vielmehr möchten sie nicht mehr weiterleben wie bisher. Bis zu ihrem endgültigen Entschluss schwanken sie in ihrer Gefühlslage wie ein orientierungsloses Schiff bei zunehmendem Wellengang.

Der Psychiater Walther Pöldinger hat versucht, diese Zeit als Dreiteilung abzubilden.

Phase der Erwägung – soll ich, oder besser nicht?

In das erste Stadium geraten viele Menschen irgendwann in ihrem Leben, sie erwägen den Suizid als mögliche Konfliktlösung. Der Gedanke kann sogar helfen, schwierige Situationen besser durchzustehen.

Die Betroffenen ziehen sich zurück, senden aber oft den einen oder anderen Appell: »ich sehe keinen Ausweg mehr«, »ich halte das nicht mehr aus«, »das macht doch alles keinen Sinn mehr.« Untersuchungen haben ergeben, dass 75 Prozent der Suizide vorher angekündigt wurden, wobei die Zahlen je nach Literaturangaben schwanken. Mehr als die Hälfte der Betroffenen suchte in den vorangegangenen vier Wochen einen Arzt auf. Insofern stimmt der Mythos nicht, dass jemand, der vom Suizid spricht, ihn später nicht ausführt. Es ist immer wichtig, diesen »Cry for help« ernst zu nehmen (https://www.medizin-wissen-online.de, Zugriff am 20.03.2021).

Das Umfeld fühlt sich oft von diesen Botschaften überfordert, weiß weder, wie ernst sie gemeint sind, noch wie sie darauf reagieren sollen. Dann fühlen sich die Betroffenen in der Not allein.

Ambivalenzphase – ich will sterben und gleichzeitig leben!

Die Ambivalenz zwischen Leben und Tod verstärkt sich, doch wird sie nicht mehr verbal kommuniziert. Stattdessen werden heimlich konkretere Vorbereitungen für den Ernstfall getroffen, Tabletten werden gesammelt, Zeitpunkt und Ort werden geplant.

Es kann zu ersten suizidalen Handlungen kommen, die mit hoher Wahrscheinlichkeit den Versuch der Rettung miteinschließen, wie u. a. bei einem Pulsaderschnitt und der gleichzeitigen Alarmierung des Notarztes. Im Sinne der Ambivalenz sind diese Handlungen aber immer als glaubwürdig einzustufen, denn die Fähigkeit zur Selbststeuerung und damit zur Distanzierung von den Suizidgedanken schwindet rasant, begleitet von innerer Unruhe, Stimmungsschwankungen, Schlaflosigkeit.

Entschlussphase – alles ist vorbereitet!

Irgendwann ist die Zeit des Abwägens vorbei und der Entschluss zum Suizid steht fest. Es tritt eine trügerische Ruhe ein, der Suizidgefährdete fühlt sich entlastet, es scheint ihm schlagartig besser zu gehen, er wirkt zufriedener, ausgeglichener und glücklicher. Die Kommunikation über dieses Thema wurde als sinnlos eingestuft, konkrete Vorbereitungen zum Suizid werden getroffen. Angehörige und Nahestehende sind meist erleichtert und verstehen später nach einem erfolgten Suizid nicht, wieso er das getan hat: »es ging ihm doch so viel besser.«

Doch selbst in diesem Stadium bleibt eine winzige Restambivalenz bestehen, als wäre trotz des größten Todeswunsches dann das Nichtgelingen ein »Gottesurteil«. Noch immer bleibt die unmittelbare Möglichkeit, in den Verlauf einzugreifen, um ihn zu unterbrechen.

Nicht immer folgt der Ablauf der oben geschilderten Reihenfolge mit den drei Stadien, er kann auch zwischen den Stadien hin und her pendeln, auch der Zeitplan der einzelnen Entwicklungsstufen kann unterschiedlich lange und in unterschiedlicher Intensität auftreten.

Die Möglichkeit der Einflussnahme schwindet im Verlauf, man sollte sie dennoch bis zum Schluss nutzen. Falls der Suizidgefährdete sich dann trotzdem für seinen Entschluss entscheidet, so trägt er die alleinige Verantwortung, weil man selbst alles, was möglich war, versucht hat.

6.2 Präsuizidales Syndrom nach Ringel – Denkeinengung, Aggressionsumkehr und Suizidfantasien

In seinem 1953 erschienenen Buch »Der Selbstmord. Abschluss einer krankhaften psychischen Entwicklung« analysierte der österreichische Psychiater Erwin Ringel an der psychiatrischen Universitätsklinik in Wien 745 Krankengeschichten von Patienten, die einen Suizidversuch unternommen hatten und suchte bei ihnen nach Gemeinsamkeiten des inneren Suizidgeschehens. Er prägte dafür den Begriff »Präsuizidales Syndrom«. Die Merkmale beschrieb er wie folgt: eine allgemeine Einengung sämtlicher Handlungs- und Kommunikationsmöglichkeiten, die schon von Freud beschriebene Aggressionsumkehr gegen die eigene Person und Suizidfantasien.

Die Abläufe waren nie einheitlich und voneinander abgegrenzt, sondern vermischten sich auch, konnten sich sogar hinter einer scheinbaren Gelassenheit und Lebenslust verstecken.

Einengung des Denkens

Für den Betroffenen kommt es zur Einengung des Denkens und Handelns, er glaubt, keine Gestaltungs- und Entfaltungsmöglichkeiten mehr zu haben, um eine Krise zu überwinden. Die Möglichkeiten, sich in seiner Not mitzuteilen, gehen verloren. Aus Angst vor erneuten Enttäuschungen werden keine neuen sozialen Kontakte mehr geknüpft.

Das Denken richtet sich immer negativer aus, positive Informationen werden nicht mehr wahrgenommen, auch die Kreativität geht verloren. Eine Besserung in der Zukunft wird nicht mehr für möglich gehalten, es kommt schließlich zu einem »Tunnelblick«. Schließlich fühlt sich der Betroffene seinen Gefühlen völlig ausgeliefert. Der Betroffene verliert sein Selbstwertgefühl und empfindet die eigene Existenz als sinnlos.

Aggressionsumkehr

Es folgt eine Phase, bei der es dem Betroffenen nicht mehr möglich ist, aggressive Gefühle wie Ärger oder Wut zu zeigen oder die aggressiven Strebungen in konstruktive Bahnen zu lenken.

Bei depressiven Menschen werden die Weichenstellungen dafür allerdings bereits in der Kindheit angelegt: aggressive Impulse dürfen in diesen Familien nicht gezeigt werden, stattdessen kommt es zur Ausprägung einer überstrengen Gewissenskultur. Im Unterbewusstsein bleiben die unterdrückten Gefühle als neurotisches Symptom vorhanden und wirken unbemerkt. Sie können sich beispielsweise als psychosomatische Erkrankung oder Depression zeigen und in stärkerer Ausprägung auch als Suizid.

Im späteren Leben verstärkt sich dieses Muster dadurch, dass die äußeren Umstände auch weiterhin eine Unterdrückung von Gefühlen verlangen, ihre Verdrängung wird gefördert, aus harmlosen Aggressionsentladungen werden durch den inneren Stau immer destruktivere Entwicklungen provoziert und da es keine Möglichkeit der Aggressionsentladung mehr gibt, kommt es praktisch zu einer »Implosion« in der Persönlichkeit und damit zum Suizid.

Suizidfantasien

Gelegentliche Gedankenspiele eines Lebensausstiegs sind noch nicht problematisch, sie können sogar eine gewisse Entlastung der unglücklichen Lebenssituation bringen. Je häufiger aber ein Mensch in diese Scheinwelt flieht, desto schwerer fällt ihm die Rückkehr in die Wirklichkeit. Der Rückzug in die Fantasie wird mit der Zeit so intensiv, dass der Gefährdete nicht mehr zwischen Schein und »Realität« unterscheiden kann, die Suizidfantasien beginnen ein Eigenleben, mechanisch wiederholen sie sich wieder und wieder, bis sie zum Zwang werden. Eine bewusste Beeinflussung wird weniger möglich, der Tod erscheint umso glorifizierter.

Ringel beschrieb auch bei den Suizidfantasien drei Stufen. Zunächst hat der Betroffene nur den Wunsch tot zu sein, dann bekommt er das Bedürfnis, sich selbst zu töten und schließlich überlegt er konkrete Schritte zur Umsetzung seines Vorhabens. In diesem Stadium reicht bereits der kleinste Anstoß, um die Tat einzuleiten.

6.3 Postsuizidales Syndrom

Der Suizid – wenn er nicht gelingt, kann es zu einem Neuanfang kommen! Lässt man einen Suizidüberlebenden aber allein, beginnt er zu grübeln. Er bewertet sich negativ, verurteilt sich, bekommt Schuldgefühle oder macht seine Umgebung dafür verantwortlich. Seine Selbstgespräche helfen ihm nicht, sie führen ihn wie in einem Sog nur tiefer in eine erneute suizidale Abwärtsspirale. Entsprechend hoch ist die Rückfallquote.

Egal, wo sich der Suizident in dieser Zeit aufhält, in der Klinik oder bereits zu Hause, er fühlt sich seinen negativen Bewertungen ausgeliefert und fragt sich: »Was habe ich da getan?« und »Was habe ich denen angetan?« bis hin zur Feststellung: »Schade, dass es nicht geklappt hat.«

Meist ist der Betroffene in einem Schockzustand, er spürt anfangs nichts, dann zunehmende Hilflosigkeit, Scham, Traurigkeit und Wut.

6.3 Postsuizidales Syndrom

Ein Suizidversuch verstärkt oft die vorhandene depressive Neigung. Solchermaßen überwältigt ist er oft nicht in der Lage, sich selbst zu äußern, vermutet in seinem Umfeld eine gewisse Distanzierung, selbst wenn das in der Realität nicht der Fall sein sollte. Er fühlt sich, als würde jemand mit einem Zeigefinger auf ihn zeigen.

Es ist in solchen Situationen zwar äußerst schwierig, aber eines der wenigen Heilmittel ist das gemeinsame Gespräch: »Da ist jemand und spricht mit mir über mich und über das, was geschehen ist.« In diesem Kontakt wächst Vertrauen, als Basis für neues Selbstvertrauen. Von entscheidender Bedeutung ist es, jenseits aller Erklärungen und Begründungen alle Impulse und Empfindungen aufmerksam und liebevoll aufzusammeln. Dies fördert die Selbstverantwortung und Kompetenz, sie ist dafür entscheidend, wie es weiter geht.

Die beliebte Suche nach dem »Warum« gießt eher Öl ins Feuer. Schenkt man den Gründen Aufmerksamkeit, so lassen sich für den Betroffenen vielleicht erst recht welche finden, weil sich subjektiv das Empfinden der Hilflosigkeit und des Ausgeliefertseins verstärkt.

Da die Angehörigen oft selbst noch unter Schock stehen, ist es für sie nicht leicht, so ein Gespräch zu führen. Es kann sogar sein, dass die ursprüngliche Absicht des Suizidversuches ihre Erschütterung gewesen ist. Um sie zu überwinden, hilft nur, allmählich ein wertschätzendes Vertrauensverhältnis aufzubauen.

Sprechen kann man aber nur mit jemandem, der dazu bereit und in der Lage ist. Falls der Suizidüberlebende den Vorfall abtun möchte, braucht er möglicherweise Zeit, um den tragfähigen Kontakt aufzubauen. Selbst sollte man den Vorfall aber nicht beschwichtigend abtun, denn dann wird sich der Betroffene nicht ernst genommen fühlen. Stattdessen gilt es, bei ihm den Glauben zu festigen, dass ein Suizid nicht der einzige Ausweg in der gegenwärtigen Konfliktlage ist. Das ist immer eine Herausforderung für alle Beteiligten, aber auch eine Chance, dass sich beide Seiten öffnen und Neues dazulernen.

Da sich eine Depression durch den Suizid verstärkt, sollte hier unbedingt professionelle Hilfe hinzugezogen werden. Eine medikamentöse Behandlung kann die Gespräche sinnvoll ergänzen, aber nicht ersetzen.

7 Suizidgedanken – Hilfe und Unterstützung

Wenn die Welt sagt: Gib auf,
flüstert die Hoffnung: Probier es noch einmal!
Walt Disney (Die kleine Meerjungfrau)

7.1 Es wird akut – was tun?

Von den Dubliner Taxifahrern können wir lernen! Seit 2014 hatten sie sich entschieden, nicht mehr wegzusehen, sobald sie bemerkten, dass sich ein Mensch das Leben nehmen möchte, indem er beispielsweise von einer Brücke springen oder sich vor die Schienen werfen wollte. Mit relativ wenig Einsatz, ein paar Worten oder einer Geste der Anteilnahme, konnten sie seitdem fast 200 Suizidversuche verhindern.

Ein weiteres Beispiel für einen gelungenen Einsatz fand sich im englischen Sunderland:

Paige Hunter war gerade 15 Jahre alt, als sie beschloss, durch einen Sprung von der Wearmouth Brücke ihrem Leben ein Ende zu bereiten. Sie wurde von zwei Fremden daran gehindert, die zu ihr sagten: »Du bist so viel mehr wert.«

Später überlegte Paige: »Wenn diese Worte mir helfen, bei wem könnten sie das noch?«. Seit dieser Zeit kehrt sie regelmäßig zur Brücke zurück, um Notizen mit lebensbejahenden Worten anzukleben – in der Hoffnung, damit das Leben von anderen Menschen zu retten. Ihre bunten, laminierten Notizen enthielten Botschaften wie »Gib nicht auf. Nicht jetzt, nicht morgen, niemals« und »Sei stark, denn es wird besser. Es mag jetzt stürmisch sein, aber es regnet nie ewig.« Gleichfalls waren die Kontaktinformationen für psychische Unterstützung enthalten.

Bald erregte ihre Initiative Aufmerksamkeit. 2018 wurde Frau Hunter für ihre »innovative Art Menschen in ihrer dunkelsten Stunde zu helfen« von der Polizei ausgezeichnet. Diese bescheinigte, dass die Notizen geholfen hätten, mindestens sechs Menschenleben zu retten. Die Erwiderung von Paige lautete: »Ich habe das nicht für eine Auszeichnung gemacht. Es war einfach etwas, das ich tun wollte«.

Eine der Personen, die durch ihre Botschaften von einem Suizid abgehalten wurde, wandte sich anonym mit einer Danksagung an die lokale Nachrichten-Seite »Sunderland Now«:

»Es ist so schwer, mit Depressionen umzugehen und ich fühlte mich so alleine ... Alles was ich gebraucht habe, war jemand, der mir sagt ... wenn du aufgeben willst, erinnere dich einfach daran, warum du schon so lange durchgehalten hast ... wenn du nicht gewesen wärst, Paige Hunter, und das, was du getan hast, hätten meine Jungs jetzt niemanden mehr.« Hunter erzählte »BBC«, dass sie seitdem viele Nachrichten bekommen habe und sich sehr über die Resonanz freue.

Die Finanzierungsabteilung der Wohltätigkeitsorganisation für psychische Gesundheit If U Care Share hat 2019 einen Antrag gestellt, die Botschaften zu einem festen Bestandteil der Brücke zu machen. Der Vorschlag erhielt einstimmige Unterstützung.

(https://www.independent.co.uk)

Adressen, die weiterhelfen, und ein »Notfallkoffer«

Ein guter Rat bei vermuteter Suizidgefahr!

Als ich noch eine junge Assistenzärztin war, gab mir mein älterer und erfahrener Oberarzt auf der Station den Rat: Falls jemand akut die Absicht hat, sich das Leben zu nehmen, so fordern Sie ihn auf, dass er in dieser Situation einfach irgendjemanden ansprechen soll. Es ist dabei völlig egal, mit wem er in einen Kontakt tritt, Hauptsache er tut es. Eine kurze Zeit später kam es genau zu dieser Situation. Ein Patient bat um Ausgang, weil er »in der Stadt noch etwas erledigen musste«. Ich hatte irgendwie ein ungutes Gefühl, aber wie sollte ich das dem bis dahin nicht suizidal auffälligen Patienten abschlagen? Er bat mich noch einmal inständig darum. Da erinnerte ich mich an den Hinweis meines Oberarztes. Ich sagte dem Patienten direkt, dass ich ein ungutes Gefühl hätte und dass es mir nicht egal sei, ob er sich etwas antun wolle. Falls er aber den Drang bei sich spüre, so solle er unbedingt jemanden ansprechen und mit ihm reden.

Am Abend kehrte mein Patient in die Klinik zurück und erzählte mir, dass er tatsächlich die Überlegung gehabt hatte, sich vor die Straßenbahn zu werfen. Da war sein Blick auf eine ältere Dame gefallen, die einen freundlichen Eindruck vermittelte. Er sprach sie an: Bitte reden Sie mit mir. Es ist ganz egal, worüber, aber ich habe den Druck, mir sonst etwas anzutun. Die Dame stieg darauf ein und begleitete ihn sogar zurück in die Klinik. So rettete sie ihm das Leben. Natürlich hätte es sein können, dass sie seinen Wunsch abgelehnt hätte. In diesem Fall hätte er solange weiterfragen müssen, bis er jemand anderen gefunden hätte.

Was tun bei akuter Suizidgefahr?

Verhaltensempfehlungen für den Fall, dass Sie einem Suizidgefährdeten gegenüberstehen

1. Versuchen Sie, Ihre eigene Angst zu beruhigen. Sorgen Sie für Ihre eigene größtmögliche Sicherheit und dann, so gut es geht, für die Sicherheit des Suizidgefährdeten. Halten Sie dazu eine gewisse räumliche Distanz.
2. Versuchen Sie, verbal zu deeskalieren. Bleiben Sie mit Ihrem Gegenüber möglichst im Gespräch. Halten Sie Blickkontakt und sprechen Sie den Betroffenen mit seinem Namen an. Wählen Sie dabei eine sehr klare Sprache. Benennen Sie die Situation direkt:

»Du willst dich also umbringen.« Vermeiden Sie ausweichende Formulierungen, wie: »Du willst also aus dem Leben gehen«, das verzögert lediglich die gefährliche Situation. Beschreiben Sie die äußere Realität, das wirkt entlastend: »Du stehst hier und möchtest vom Balkon springen, aber da stehen eine Menge Leute.«
3. Beschreiben Sie nun die innere Realität und bieten Sie dabei eine erste Orientierung an: »Ich weiß, du schwankst zwischen Leben und Tod. Du siehst keinen Ausweg. Aber ein Teil von dir möchte weiterleben und behält die Hoffnung, dass alles gut wird.«
4. Als hilfreich hat sich erwiesen, wenn Sie den Betroffenen Unterstützung anbieten, aber die Entscheidung überlassen: »Soll ich mich neben dich setzen oder lieber hierbleiben? Darf ich deine Hand nehmen oder lieber nicht?« Der Betroffene kommt so wieder leichter aus seinem Gedankenkarussell heraus.
5. Paradoxe Interventionen wie: »Na los, dann tu es doch« können zunächst cool wirken und in dem einen oder anderen Fall erfolgreich sein. Tut es derjenige dann aber, so wird der Helfer fortan Schuldgefühle haben. Sie sollten vermieden werden.
6. Fragen Sie nicht zu sehr nach den Gründen für den geplanten Suizidversuch, weil Sie dann möglicherweise die Aufmerksamkeit zu sehr auf die negative Situation lenken, sie wird dem Betroffenen dann umso bewusster.
7. Bis weitere Hilfe eintrifft, lassen Sie den Gesprächsfaden nicht abreißen. Versuchen Sie dabei ruhig und urteilsfrei zu bleiben, bieten Sie Hilfe und Unterstützung, aber keine Lösungen an, um ihn nicht in die Gegenposition zu drängen. Versuchen Sie, ihn von Schuld- und Schamgefühlen zu entlasten.
8. Lassen Sie den Suizidgefährdeten nicht allein, auch nicht beim Gang auf die Toilette! Bleiben Sie bei ihm und sorgen Sie nach Möglichkeit telefonisch dafür, dass andere Helfer hinzukommen, Freunde, Nachbarn, Verwandte. Sagen Sie denen, dass es sich um einen Notfall handelt und dass Sofortmaßnahmen nötig sind. Allein ist man schnell überfordert. Wer könnte sich gegebe-

nenfalls weiter um ihn kümmern? Könnten sich die Helfer abwechseln?
9. Ziehen Sie im weiteren Schritt unbedingt professionelle Krisenberatungsstellen und/oder die behandelnden Fachleute (Hausarzt, Psychotherapeutin, …) hinzu. Profis können Ihnen bereits am Telefon Anweisungen im Umgang mit dem suizidgefährdeten Menschen geben und Sie über die nächsten Schritte informieren.
10. Erst nachdem der Betroffene wieder klarer denken kann, sollten Sie gemeinsam einen Notfallplan erstellen, auf dem genau steht, was er in welcher Reihenfolge tun muss, sobald ihn Selbsttötungsgedanken überschwemmen. Diese Notizen sollte er bei sich tragen.
11. Es ist wichtig, dass er nach Möglichkeit bei akutem Bedarf innerhalb einer bestimmten Zeit (vielleicht innerhalb von einer Stunde) telefonisch jemanden erreichen kann, der mit ihm spricht. Zusätzlich sollte er einen Zettel mit dem Namen des Arztes und seines Vertreters bei sich tragen.

Notfallplan in der akuten Suizid-Krise

Ich richte meine Gedanken jetzt auf diese Dinge:
___

Das vermeide ich, bis ich mich wieder besser fühle:
___

Ich wende mich telefonisch/persönlich an:
___

Das unternehme ich jetzt:
___

Diese Musik könnte ich jetzt hören:
___

Diese Geschichte könnte ich jetzt lesen:
___

7.1 Es wird akut – was tun?

Falls die aufgezählten Dinge nicht helfen, wende ich mich an eine dieser Telefonnummern und bitte um Hilfe:

_____

Ich verspreche, mich an diesen Plan zu halten und mir nichts anzutun.

_____

(Unterschrift und Name der Vertrauensperson, die über Aktivierung informiert wird)

Wer verzweifelt ist, ist in seinem Tunnelblick so gefangen, dass er die einfachsten Strategien vergisst. Er braucht einen Helfer, der ihn dann daran erinnert. Bestimmte Aktivitäten (Musikstücke, Bücher, Aktivitäten im Freien, Sport, usw.) können zusätzlich im Notfall Ablenkung verschaffen.

Vereinbaren Sie verbindlich, Ihr Gespräch in kurzer Zeit (zum Beispiel am gleichen Abend oder am nächsten Tag) fortzusetzen. Sollten Sie dies nicht selbst tun können, organisieren Sie eine Vertrauensperson, die Sie unterstützt. Sorgen Sie dafür, dass die betroffene Person in den nächsten Tagen nicht allein bleibt.

Gemeinsam können Sie auch nach zusätzlicher Hilfe suchen, als erste Anlaufstelle vielleicht den Hausarzt, der gegebenenfalls eine Überweisung zum entsprechenden Facharzt ausstellt.

Hilfsangebote

Fast überall gibt es inzwischen eine Palette verschiedenster Hilfsangebote, sie bieten Angebote zur persönlichen Begegnung oder zur anonymen Nutzung.

Rettungs- und Bereitschaftsdienst

Bereitschaftsdienste können bei einem dringenden Gespräch sofort kontaktiert werden. Die Telefonnummer lautet 116 117, im Akutfall wählen Sie sofort die Rettungsleitstelle 112.

Mancherorts gibt es auch einen mobilen Krisendienst, der auf Wunsch Hausbesuche vornimmt und mit Betroffenen Gespräche führt. Hinweise dazu finden sich auf der Internetseite www.krisendienst-psychiatrie.de.

Telefonseelsorge

Suizidgefährdete, aber auch ihre Angehörigen und Freunde, können sich – auch anonym – an die Telefonseelsorge wenden. Sie ist kostenlos zu jeder Tages- und Nachtzeit unter den bundeseinheitlichen Telefonnummern zu erreichen. Ist die Nummer besetzt? Dann immer wieder versuchen oder per E-Mail ein Gespräch vereinbaren.

- 0800 1110111
- 0800 1110222

Man bekommt dort ein Gespräch mit geschulten Mitarbeitern. Sie haben eine kirchliche Trägerschaft, stehen aber vorurteilsfrei Betroffenen jeder Glaubensrichtung offen.

27 Standorte in Deutschland bieten auch persönliche Gespräche an. Bei Bedarf können sie weitervermitteln, sie sind flächendeckend mit weiteren Hilfsangeboten vernetzt. Weitere Informationen finden Sie auf der Homepage: www.telefonseelsorge.de

Beratungsstellen für Kinder und Jugendliche

Kinder und Jugendliche können sich unter der Rufnummer 0800 1110333 bundesweit an spezielle Beratungseinrichtungen, die überwiegend vom Deutschen Kinderschutzbund getragen werden, wenden.

Unterstützung für Suizidgefährdete im Internet

- www.suizidprophylaxe.de
  Homepage der Deutschen Gesellschaft für Suizidprävention, bietet auch Kontaktinformationen für Betroffene
- www.suizidprävention-deutschland.de

- www.deutsche-depressionshilfe.de
  des Vereins »Deutsches Bündnis gegen Depression e. V.
- www.nummergegenkummer.de
- www.ak-leben.de
  der Arbeitskreis Leben in Baden-Württemberg bietet Unterstützung an
- www.sorgenmail.de
  eine themenoffene Onlineberatung durch Ehrenamtliche
- www.neuhland.de
  die älteste Einrichtung für Suizidprävention berät speziell Kinder und Jugendliche.
- www.suizidprophylaxe.de
  ein Verzeichnis der Telefonnummern und Hilfseinrichtungen für Suizidgefährdete

Sozialpsychiatrische Dienste

In jeder Gemeinde können Sozialpsychiatrische Dienste Menschen in psychischen Krisen und bei psychiatrischen Erkrankungen beraten und weitere Hilfen vermitteln. Sie sind meist bei den Gesundheitsämtern angesiedelt.

Kriseninterventionsstationen an Krankenhäusern

Manche psychotherapeutischen und psychiatrischen Kliniken bieten ein besonderes Angebot speziell für Suizidgefährdete.

Beratungsstellen

In Beratungsstellen der Jugendämter und Ehe-, Familien-, Lebensberatungsstellen in den Gemeinden finden Kinder, Jugendliche und Eltern bei akuten Krisen Hilfe.

Die Deutsche Arbeitsgemeinschaft für Jugend- und Eheberatung e. V. (DAJEB) bietet einen guten Beratungsführer an. Sie listet mit einem guten Suchsystem unter www.dajeb.de ca. 12 000 Beratungsangebote auf.

App mit Krisenkompass

Die Telefonseelsorge hat seit 2020 für Suizidgefährdete und Begleitpersonen eine kostenfreie App, den »KrisenKompass« herausgebracht. Sie kann im App-Store heruntergeladen werden und gewährleistet absolute Vertraulichkeit.

Mit verschiedenen Funktionsweisen wie einer Tagebuchfunktion und persönlichen Archiven zur Speicherung positiver Gedanken, Fotos, Erinnerungen oder Lieder, kann ein persönliches Rüstzeug für schlechte Momente gepackt werden. Darüber liefert sie Informationen für Krisensituationen, Hinweise zu beruhigenden Techniken, direkte Kontaktmöglichkeiten zur Telefonseelsorge und zu anderen professionellen Anlaufstellen. Die App ist dann jederzeit in Griffweite auf dem Handy und dabei, falls es nötig wird. Der KrisenKompass funktioniert sowohl online als auch offline.

Es finden sich dort die Rubriken: »Ich denke öfter an Suizid«, »Ich habe jemanden durch Suizid verloren« und »Ich sorge mich um jemanden mit Suizidgedanken«.

Hausärzte

Oft ist der Hausarzt eine erste Vertrauensperson und falls erforderlich, kann er weitere Schritte einleiten.

Niedergelassene Nervenärzte, Psychologen und Psychotherapeuten

In Deutschland stehen weit über tausend Praxen und Institutsambulanzen mit Nervenärzten, Psychiatern, Psychologen, Psychotherapeuten und Kinder- und Jugendlichentherapeuten zur Verfügung.

Der Therapeut wird bemüht sein, die besondere Lebenslage und die damit einhergehenden Gefühle möglichst gut zu verstehen. Er wird Fragen stellen, auch nach dem Beginn der Probleme und nach Gegenstrategien. Manchmal bittet er um konkrete Beispiele oder er erkundigt sich, ob es Zeiten gab, in denen es besser war.

Nicht immer ist es notwendig, das »ganze Leben« zu erzählen, manchmal reicht die Schilderung der aktuellen Situation. Während der Therapie wechseln Phasen, in denen es besser geht, mit solchen, in denen das noch nicht der Fall ist. Sie sind dann kein Rückfall, werden im Verlauf der Therapie seltener und in immer größeren Abständen auftreten, die Intensität der negativen Gefühle wird abnehmen.

Mitunter hilft eine unterstützende Kombination mit Medikamenten: Antidepressiva bei einer Depression und Antidepressiva und Anxiolytika bei Angst und Panik.

Die jeweiligen Kontaktdaten lassen sich im Internet leicht suchen und finden, bei entsprechenden Suchportalen oder direkt bei der Kassenärztlichen Vereinigung.

Gesprächsleitfaden bei Suizidgedanken – da ist jemand und spricht mit mir

Um Nähe miteinander herzustellen, braucht es einen entsprechenden Raum, eine bewusst zur Verfügung gestellte Zeit und eine möglichst freie Atmosphäre, sei es mit einem Gespräch, einer gemeinsamen Teepause, einer gemeinsamen Meditation oder einem gemeinsamen Spaziergang. Manchmal ist es verbindend, im Gehen miteinander zu reden. Auch Musik kann sich unterstützend auswirken.

Planen Sie genügend Zeit miteinander ein, es könnte länger dauern. Müssten Sie sich aber bereits nach zehn Minuten verabschieden, wäre es kompliziert, später wieder anzuknüpfen. Ebenso sollten Sie ungestört bleiben.

Eine Voraussetzung für das Gesprächsangebot ist, dass Sie sich gerade selbst stark genug fühlen, um das schwierige Thema auszuhalten.

Sie brauchen dabei weder die Probleme des Suizidgefährdeten lösen und noch können Sie Verantwortung für sein Leben übernehmen.

Wichtig ist es, dass er seine Autonomie für beides behält. Es wäre sogar in Ordnung, wenn er Ihr Gesprächsangebot ablehnt, Sie können nur denjenigen unterstützen, der das möchte. Vielleicht ist die Ablehnung nur vorübergehend, weil der Zeitpunkt nicht geeignet ist, er nicht in Stimmung ist oder noch zu viel Angst vor Ihrer Verurteilung hat. Nehmen Sie es nicht persönlich, Sie können es später nochmals versuchen.

Oft reicht ein Gespräch nicht aus, weil es für Ihr Gegenüber vermutlich ungewohnt ist; setzen Sie sich nicht unter Druck, dass sich danach alles verändert haben muss.

Falls das Thema Suizid für Sie am Beginn zu direkt ist, können Sie auch erst einmal allgemein nach dem Befinden fragen. Je authentischer Sie dabei Ihre eigenen Gefühle und Wahrnehmungen an den Anfang stellen, umso vertrauensvoller sind sie.

> »Ich mache mir Sorgen, weil Du Dich in der letzten Zeit zurückziehst und traurig wirkst. Oder: Ich merke, dass Du vermutlich Liebeskummer hast. Und ich frage mich, wie es Dir wohl dabei geht? Oder: Ich spüre, dass es Dir gerade nicht so gut geht. Wäre es gut für Dich, einmal mit mir darüber zu reden?«

Sprechen Sie dann das Thema Suizid direkt an, nur so begreift der Suizidgefährdete, dass Sie informiert sind und kann ebenfalls offen darüber reden.

> »In der letzten Zeit hast Du Dich zurückgezogen und ab und zu Bemerkungen fallen gelassen, die mich aufhorchen ließen. Ich habe Angst, dass Du Dir das Leben nehmen könntest. Das wäre mir nicht egal.«
>
> »Ich möchte offen mit Dir reden. Mir ist aufgefallen ... (Beschreiben Sie mögliche Beobachtungen ohne eigene Wertung). Überlegst Du hin und wieder, dass es besser wäre, nicht mehr zu leben?«
>
> »Hattest Du in der letzten Zeit immer wieder mal das Gefühl, dass Du nicht mehr weiterleben möchtest?«

Falls Ihr Gegenüber diese Fragen bejaht, löst das bei Ihnen sicherlich Betroffenheit aus. Wichtig ist es, ruhig bleiben, selbst wenn Sie erschrocken sind. Nur dann wird sich Ihr Gegenüber verstanden und angenommen fühlen und anvertrauen. Bei Panik zieht sich Ihr Gesprächspartner innerlich zurück.

Hören Sie im weiteren Verlauf erst einmal zu. Dabei können Sie Fragen stellen, um Ihren Gesprächspartner besser zu begreifen. Das ist oft nicht einfach, zu groß ist die Verlockung, sofort selbst zu reagieren, unter Umständen sogar mit Unverständnis.

Es ist wichtig, Informationen zu sammeln, statt Lösungen anzubieten. Am nachfolgenden Beispiel aus einer Therapiesitzung möchte ich am Beispiel einer 25-jährigen Patientin (Katharina) zeigen, wie wichtig das Zuhören ist:

> **T (Therapeutin):** Warum sind Sie so verzweifelt, dass Sie sich das Leben nehmen möchten?
> **P (Patientin):** Ach, das denke ich ja nur manchmal.
> **T:** Und in welchen Situationen taucht dieser Gedanke besonders auf?
> **P:** Meistens denke ich das nicht. Und wenn ich doch daran denke, geht das ja auch wieder vorbei.
> **T:** Aber es kommt ja immer wieder mal. Können Sie mir so ein Beispiel schildern? Was war denn beim letzten Mal der Anlass?
> **P:** Ach, es sind Kleinigkeiten, die mich aus der Fassung bringen. Dieses Mal war einfach nur die Butter alle.
> **T:** *Wartet ab. (Wichtig!)*
> **P:** Sogar die Butter vergesse ich einzukaufen.
> **T:** *Wartet ab.*
> **P:** Ich bin so eine Versagerin. Nichts bekomme ich auf die Reihe. Das merke ich ständig. Die anderen schaffen alles mit links. Mein Freund zum Beispiel. Er schafft alles, was er will. Und er macht mir noch nicht einmal Vorwürfe, aber ich spüre seinen mitleidigen Blick ganz genau. Dann komme ich mir noch schlechter vor. Ich halte mich selbst nicht mehr aus. Er ist immer so gut drauf und ich verderbe ihm die ganze Stimmung.

Katarina hat sich geöffnet und zeigt endlich, wie es ihr wirklich geht. Sie verurteilt sich selbst so, dass sie es kaum noch aushält. Für Angehörige ist es an dieser Stelle wichtig, nicht zu schnell zu trösten oder abzuwiegeln, nach dem Motto, »Ach, das stimmt doch gar nicht. Du machst doch so vieles gut.« Damit zu kommen, wäre noch zu früh, Katarina wird es nicht glauben und sich nicht ernst genommen fühlen. Sie muss dort abgeholt werden, wo sie momentan steht.

Sie könnten jetzt weiter nachfragen, zum Beispiel wie lange es ihr schon so geht, wie stark diese Gedanken im Moment sind, was ihr hilft, die Suizidgedanken in den Hintergrund zu schieben, welche Menschen und Aktivitäten ihr gut tun, ob sie schon etwas unternommen hat, damit es ihr besser geht und in welcher Form sie sich von Ihnen Hilfe wünscht und was sie gerade von Ihnen braucht.

Bieten Sie aber nur so viel Unterstützung an, wie Sie auch wirklich leisten können. Ihre Aufmerksamkeit und Ihre Bereitschaft zuzuhören sind bereits eine große Hilfe. Wenn Sie es geschafft haben, zu Ihrem Gegenüber eine gute Beziehung aufzubauen, so ist der wichtigste Schritt bereits erfolgt. Danken Sie auch dafür, dass Ihnen Vertrauen entgegengebracht wird.

Noch ein Hinweis: Je mehr die Menschen in eine akute suizidale Krise geraten, desto eher neigen sie dazu, ihre Gefühlszustände szenisch in Aktionen umzusetzen, da sie immer weniger in der Lage sind, sich im Gespräch adäquat auszutauschen. Durch die Art ihres Handelns induzieren sie dabei aber die gleichen Gefühle im Gegenüber. Indem sie beispielsweise den anderen beschimpfen, lösen sie im anderen diejenige Kränkung aus, unter der sie selbst leiden. Oder sie verhalten sich komplett hilflos und sagen auch nichts, dann fühlt sich der Nahestehende irgendwann ebenso machtlos.

Es hat sich deshalb in diesem Fall als sinnvoll erwiesen, wenn Sie als Einstieg stellvertretend für beide diese unerträglichen Gefühle beschreiben:

»Ich merke, dass du nicht weißt, was du sagen sollst und mir geht es genauso.«

»Ich fühle mich gerade hilflos und wir müssen sehen, wie wir aus dieser Situation wieder herauskommen.«

»Du bist wütend und beleidigst mich. Ich kann mir vorstellen, dass du dich gerade ebenso gekränkt fühlst.«

Im darauffolgenden Schritt sollten Sie dann dem Betroffenen anbieten, die unangenehmen Gefühle zu zweit zu bewältigen:

»Schauen wir beide, wie wir es schaffen, diese Situation am besten aufzulösen.«

Diese Art des Gespräches schafft für beide eine Entlastung. Lassen Sie sich genauer von den inneren Gefühlszuständen berichten, schnelle Lösungen sind unrealistisch und werden auch nicht geglaubt. Vermeiden Sie auch jegliche »Warum-Fragen«, denn sie provozieren nur einen Rechtfertigungsdruck und lenken die Aufmerksamkeit in die falsche Richtung.

Falls der Betroffene nun nicht in der Lage ist, selbst in irgendeiner Form aktiv zu werden, können Sie an dieser Stelle auch anbieten, selbst tatkräftige Unterstützung anzubieten.

Im weiteren Verlauf könnten Sie fragen, wer ein zusätzlicher Beistand wäre. Sie könnten beide gemeinsam ein Helfernetz aufbauen, so dass der Suizidgefährdete das Gefühl hat, er ist wieder mehr integriert. Jegliches »Wir-Gefühl« wirkt entlastend.

Machen Sie deutlich, dass Sie es gut fänden, professionelle Hilfe anzunehmen. Ist die Hürde noch zu hoch, hilft vielleicht erst einmal die Telefonseelsorge, oder Sie suchen im Internet gemeinsam nach einem geeigneten Therapeuten.

> »Nimm es wie eine Erkrankung. Da würdest du ja auch zum Arzt gehen, weil er dir hilft.«

Alles was Sie berichtet bekommen, sollten Sie vertraulich behandeln, mit einer Ausnahme: Sie dürfen sich nicht das Versprechen abnehmen lassen, die Suizidabsichten generell als Geheimnis zu bewahren. Falls Sie sich mit dem Betroffenen überfordert fühlen und eine akute Gefahr sehen, müssen Sie immer die Handlungsoption behalten, sich an einen Dritten wenden zu können.

Mit ein paar Dingen müssen Sie im Gespräch vorsichtig sein. Auf keinen Fall dürfen Sie Ihren Gesprächspartner unnötig drängen, mehr zu erzählen, als er eigentlich möchte. Respektieren Sie auch, falls er nicht mit Ihnen sprechen möchte.

Stellen Sie keine Diagnosen, selbst wenn Sie vermuten, dass eine psychische Erkrankung vorliegt. Das müssen Sie den Fachleuten überlassen, sonst fühlt sich die andere Seite von Ihnen »abgestempelt«. Aber Sie könnten vielleicht sagen:

> »Ich habe gehört, dass Suizidgedanken manchmal auch mit psychischen Störungen zusammenhängen. Aber ich kenne mich da nicht fundiert aus. Vielleicht könntest du ja einen Fachmann aufsuchen und falls es bei dir der Fall ist, könnte der dich behandeln.«

Je größer Ihr moralischer Druck ist, desto schlechter wird sich Ihr Gegenüber fühlen und versuchen, zu Ihnen auf Abstand zu gehen. Aussagen, wie: »Stell dir doch nur vor, was dein Suizid für deine Eltern, deinen Mann, deine Kinder bedeuten würde« sind nicht hilfreich.

Umgekehrt macht es auch keinen Sinn, Dinge zu bagatellisieren oder schönzureden, selbst wenn es gut gemeint ist. Machen Sie es sich bewusst, dass Ihr Gesprächspartner leidet und alles furchtbar findet, sonst hätte er die Suizidgedanken nicht.

In der guten Ansicht, unser Mitgefühl und Verständnis auszudrücken, ziehen wir manchmal Analogien zu uns selbst und sprechen von eigenen Problemen. Doch auch das kann dazu führen, dass sich Ihr Gesprächspartner nicht wahrgenommen fühlt, er möchte nun mal, dass es um ihn geht. Bei ähnlichen Erfahrungen kann es jedoch hilfreich und konstruktiv sein, ihm mitzuteilen, wie Sie diese bewältigt haben.

Es liegt in der Natur des Menschen, anderen zu rasch Lösungen anzubieten. Doch da die Betroffenen bereits ein mangelndes Selbstwertgefühl haben, schämen sich mitunter, weil sie nicht selbst dazu in der Lage sind, eigene Ideen zu entwickeln und umzusetzen. Schnell entsteht dann die bekannte »Ja, aber ...«-Situation. Sie machen Vorschläge und Ihr Gegenüber beweist Ihnen, dass davon nichts möglich ist, bis Sie endgültig aufgeben und sich zurückziehen. Inzwischen fühlt sich der Suizidgefährdete selbst immer schlechter. Besser ist es, ihm zu zeigen, dass Sie ihn schätzen und ihm zutrauen, für sich gute Lösungen zu entwickeln, wobei er mit ihrer Unterstützung rechnen kann. Erst, falls er dazu überhaupt nicht in der Lage ist, bieten Sie selbst Vorschläge an.

Ihr Gegenüber spürt genau Ihre innere Haltung, deshalb ist es umso wichtiger, sich auch selbst zu reflektieren. Denken Sie daran: Sie können nur ein »Angebot« machen, alles andere hängt nicht von Ihnen ab. Sie dürfen sich auch eingestehen, sich für einen Moment überfordert zu fühlen. Mir wurde ein Fall berichtet, wo eine Therapeutin zu ihrer Patientin sagte: »Es tut mir leid, da weiß ich jetzt auch nicht, was ich dazu sagen kann.« Zu ihrem Erstaunen war genau dieser Satz für die Patientin entlastend, nach dem Motto, da sieht jetzt mal jemand, wie es mir geht und versteht mich.

Zusammenfassend geht es darum, in Kontakt zu kommen, Vertrauen aufzubauen, im Kontakt zu bleiben, Wertschätzung zu zeigen, nichts zu bewerten und die Selbstverantwortung und Kompetenz des Gegenübers zu fördern.

Noch ein Hinweis: Manchmal können auch das Reden und viel Liebe nicht verhindern, dass sich jemand das Leben nimmt, doch nichts hindert uns daran, es zu versuchen.

Am Ende des Gespräches sollten folgende Faktoren geklärt sein:

- Hat der Betroffene einen hohen Handlungsdruck, Suizidideen in eine suizidale Handlung umzusetzen oder nicht?
- Hat er Hoffnung auf Hilfe/Veränderung und entlastet das Gespräch/der Kontakt ihn?
- Bestehen Planungen für die nächste Zukunft? Sind diese realistisch?
- Hat er akute Suizidabsichten »auf später aufgeschoben«, d. h. ist aus dem Entschluss wieder Ambivalenz und Inanspruchnahme von Hilfsangeboten geworden?
- Verleugnet er trotz vorheriger anderslautender Information die Suizidalität?
- Scheint er »glaubwürdig«, ist er »offen«?
- Ist er überhaupt geschäftsfähig (gesetzlicher Betreuer)?
- Hat er suizidfördernde Symptome, z. B. Wahn, Halluzination, altruistische Ideen?

(nach Wolfersdorf und Etzersdorfer 2022, S. 122)

Wenn jemand immer wieder mit Suizid droht ...

»Ich bin suizidal. Ich will mich umbringen und du bist der einzige Grund, warum ich es nicht tun kann. Du bist deshalb für mich mehr eine Last als eine Hilfe!« Wie ernst ist diese Drohung gemeint? Ist es ein Hilferuf, eine Erpressung, der Versuch zu manipulieren? Welche Motive stehen dahinter?

Oft bekommt der Suizidgefährdete damit die Aufmerksamkeit und die soziale Unterstützung, die er sich so sehr wünscht und die er in seinem früheren Leben vermisst hat – durch Desinteresse, Zeitmangel oder Stress seiner Bezugspersonen. Seinen Mangel hat er abgespeichert, also fühlt er sich sofort verloren, falls er nicht ständig neue Aufmerksamkeit bekommt. Angehörige, selbst Berater können da schnell in eine Überforderung geraten.

7.1 Es wird akut – was tun?

Denn sie haben Angst, dass sich der Suizidgefährdete doch etwas antut. Wie sollen sie dann mit dieser Schuld weiterleben? Andererseits möchten sie auch nicht alle Forderungen durchgehen lassen.

Wie ernst ist es also? Zunächst einmal: Sicher können wir nie sein, dass sich hinter den Äußerungen nicht doch ein realer Suizidgedanke verbirgt. Ernstnehmen müssen wir die Drohung schon, vermutlich befindet sich der Betroffene wirklich in einer Krisensituation.

Deshalb macht es Sinn, statt einer Konfrontation erst einmal darauf einzugehen. Signalisieren Sie also, dass Sie zuhören werden und dass es Ihnen wichtig ist zu erfahren, was er fühlt. Bleiben Sie ruhig und ermutigen Sie weiterzusprechen. Der Betroffene braucht es, seine Gedanken offen aussprechen zu können. Im Moment sieht er seine Wahrheit als die einzig Richtige, auch wenn Sie da gelegentlich anderer Meinung sind. Besonders nach einer Drohung fällt es schwer, ruhig zu bleiben, versuchen Sie es aber trotzdem und nehmen Sie sein Verhalten möglichst nicht persönlich.

Im nächsten Schritt sollten Sie klar zu erkennen geben, dass Sie sich mit seinen Äußerungen überfordert fühlen, Sie können das nicht allein aushalten, er braucht eine fachliche Beratung. Sie könnten zu ihm sagen: »Deine Suizidgedanken machen mir Angst. Das Risiko kann ich nicht allein tragen, deshalb möchte ich, dass du dir fachliche Unterstützung holst. Ich übernehme keine Verantwortung dafür. Aber ich unterstütze Dich bei der Suche danach.«

Nur so machen Sie deutlich, dass Sie die Drohung ernst nehmen. Falls der Suizidgefährdete Sie bittet, niemandem etwas davon zu sagen, so bekämen Sie die Last und die Verantwortung aufgebürdet. Hier dürfen (und müssen) Sie sich statt eines »Schweigegelübdes« ganz klar abgrenzen. Das zermürbt Sie sonst, dann haben Sie ständig Angst und beobachten immer wieder den Betroffenen.

Gemeinsam könnten Sie einen Hausarzt oder, falls möglich, gleich einen Psychotherapeuten aufsuchen. Als Angehöriger können Sie niemals gleichzeitig der »Psychotherapeut« sein. Außerdem fehlen Ihnen dessen professionelle Hilfsstrategien. Falls sich der Betroffene bereits in einer Therapie befindet, ist es unbedingt erforderlich, den Therapeuten diesbezüglich zu informieren.

Und zu guter Letzt: Holen Sie sich selbst Rat, wo es möglich ist, der Umgang mit suizidgefährdeten Menschen ist anspruchsvoll. Besonders schwierig ist es, wenn die Drohung im Zusammenhang mit einem Beziehungskonflikt oder einer Trennung ausgesprochen wird. Dann ist das Verhältnis sowieso schon emotional aufgeladen. Bleiben Sie mit dieser Belastung selbst nicht allein!

7.2 Raus aus dem Präsuizidalen Syndrom – ein Richtungswechsel

Erwin Ringel beschreibt mit dem »Präsuizidalen Syndrom« den genauen psychologischen Ablauf, der zum Suizid führt – die Einengung der Lebensbezüge, die Aggressionsumkehr hin zur eigenen Person und schließlich die sich selbst verstärkenden Suizidfantasien. Alles, was dem also entgegenwirkt, hilft also, einen Betroffenen vom Suizid wegzuführen. Sich Wahlmöglichkeiten zu erschließen, bedeutet Freiheit! Die glaubt der Suizidgefährdete nicht zu haben, er sieht nur eine Option.

Statt der Einengung muss es also wieder darum gehen, die Denk- und Lebensbezüge zu erweitern, statt die Aggression gegen die eigene Person zu richten, muss sie wieder konstruktiv nach außen gerichtet werden und statt der Suizidfantasien müssen neue Visionen zugelassen und entwickelt werden.

Hilfe zur Erweiterung der Lebensbezüge!

Der Stress fokussiert uns, so dass wir uns leistungsstark auf ein Ziel ausrichten, im günstigsten Fall ist es positiv, im ungünstigsten so negativ, dass es im Extremfall zu einem Suizid führt. Der Nachteil dieser Zentrierung besteht darin, dass wir andere Einflüsse und Möglichkeiten zunehmend durch selektive Wahrnehmung ausblenden.

Jeder Mensch, der einmal eine Krise durchgestanden hat, weiß, wie erleichternd es sich auswirkte, als jemand sich bereit erklärte, miteinander lösungsorientiert und ohne Gängelei nachzudenken. Plötzlich fallen einem dann selbst wieder neue Lösungen ein. In diesem Sinne bin ich auch immer wieder neu von meinen Patienten überrascht. Anregung und Inspiration führen zu einem freieren und flexiblen Denken, das offener für neue Denkansätze ist.

Mit der Begegnung im Du erweitert sich der eigene Denkhorizont

Gerade in einer Lebenskrise bemerken wir deutlich, wie hilfreich andere Mitstreiter sind. Ohne sie wären auch weder Odysseus noch Harry Potter zurechtgekommen.

Auch Theseus – der Held der griechischen Antike – hätte niemals allein den Weg aus dem Labyrinth mit seinem vernichtenden Minotaurus im Zentrum gefunden. Erst Ariadne reichte ihm den sinnbildlichen roten Faden, mit dessen Hilfe er nach seiner Verirrung wieder aus dem Labyrinth fand.

Was würden wir tun, wenn wir einander nicht hätten? Wir könnten unangenehme Bedingungen schwerer bewältigen. Mit der nachfolgenden Geschichte, die ich erzählt bekam, möchte ich verdeutlichen, worum es mir geht.

Man schrieb das Jahr 1920, da ging Franz Kafka eines Tages mit seiner Freundin in Berlin durch einen Park spazieren. Als er auf einer Parkbank ein kleines weinendes Mädchen sitzen sah, fragte er es, was denn passiert sei. Es erzählte ihm, dass es seine Puppe verloren habe. Gemeinsam begannen sie, den Park zu durchforsten, aber alles Suchen half nichts, sie blieb verschwunden. Schließlich verabschiedete er sich von dem Mädchen mit den Worten:
»Wir treffen uns morgen hier und versuchen es noch einmal.« Am nächsten Tag trafen sie sich wieder an der Parkbank, aber dieses Mal trug er einen kleinen Brief in der Hand. Er erzählte dem Mädchen, dass die Puppe den Brief geschrieben hatte, in dem sie von einer Abenteuerreise berichtete, auf die sie gegangen war. Das kleine Mädchen bräuchte sich keine Sorgen machen, denn sie sei an einem sicheren Ort und verbringe unterwegs eine wundervolle Zeit. Die beiden trafen sich ab da an regelmäßig und jedes Mal hatte er neue

Briefe von der Puppe dabei. Immer seltener fühlte sich das Mädchen traurig über den Verlust ihrer Puppe.

Und einmal kam Kafka mit einer neuen Puppe in der Hand und erzählte ihr, dass die Puppe jetzt so aussähe, weil sie sich durch all ihre Abenteuer so verändert habe. Das Mädchen akzeptierte seine neue Spielgefährtin und bewahrte sie sorgsam auf.

Viele Jahre später, als aus dem kleinen Mädchen bereits eine erwachsene Frau geworden war, bemerkte sie, dass da ein Zettel in der Tasche vom Puppenkleid steckte. Franz Kafka hatte ihr eine Botschaft hinterlassen. Er schrieb, dass sie all das, was sie in ihrem Leben lieben würde, auch verlieren würde. Aber es käme immer wieder zu ihr zurück … in einer anderen Form oder in einer anderen Gestalt.

Seit dem Beginn der Menschheitsgeschichte helfen wir Menschen einander zu leben und zu überleben. Schon bei unserer Geburt sind wir von Menschen umgeben, sie bilden unsere Familie, wir wären sonst verloren, würden verhungern, verdursten und erfrieren. Im Unterbewusstsein wird verankert, wer welche Aufgaben übernimmt und welche Rolle man uns zuteilt. So ist jeder Mensch darauf angelegt, eine Verbindung mit dem »Du« einzugehen, statt als autonomes Einzelwesen zu leben. Bereits als Baby lernen wir, uns auf andere Menschen auszurichten und nach Möglichkeit Verbundenheit herzustellen. Wir schreien, zappeln, unser Gesichtsausdruck wechselt, indem wir lächeln oder unsere Gesichtszüge schmerzhaft oder traurig verziehen, ohne dass wir es selbst bemerken. Darauf erhalten wir eine Antwort oder wir fühlen uns verloren, spüren das Fehlen. Später reaktivieren sich derartige Gefühle immer dann, wenn wir woanders einen Verlust erleiden. Ist jemand in dieser Hinsicht traumatisiert, so hält er ihn umso schwerer aus, weil die Erinnerung an ein tiefsitzendes schmerzhaftes Gefühl geweckt wird, dem er entfliehen möchte.

Später kommen wir in weitere Gruppen, im Kindergarten, in der Schulklasse, im Freundeskreis, in Berufsgruppen, mit einer eigenen Familie. Vielleicht gehören wir auch zu einer Glaubensgemeinschaft, sind Mitglieder eines Sportclubs, einer Theatergruppe, eines Vereins. Ob es uns bewusst ist oder nicht, überall sind wir von Menschen umgeben. Wir brauchen die Anderen, sei es der Zahnarzt oder der Stromhersteller, jeder hat unterschiedliche Fähigkeiten und stellt sie uns zur Verfügung, ohne dass wir es immer bemerken. Erst durch die Bildung von Gruppen wurde der Mensch zum »erfolgreichsten Tier« dieser Erde und in unserem Unterbewusstsein ist diese Erfahrung fest abgespeichert. Sigmund Freud spricht in diesem Zusammenhang von einem »sozialen Trieb – herd instinct, group mind« (Freud 1999, S. 74).

Deshalb hat sich auch kein perfekter Mensch ausgemendelt, sondern wir sind effektiver, wenn wir im Team in sozialer Verantwortung gemeinsam kooperieren.

Im menschlichen Miteinander müssen wir Hilfe als Teil des Lebens akzeptieren und annehmen. Ob uns das möglich ist, begründet sich in unserem »Urvertrauen«, das in den ersten Beziehungen erworben wurde. Es befähigt uns, später in schwierigsten Lebenslagen auf mitmenschliche Hilfe zu hoffen, diese aktiv zu suchen und in Anspruch zu nehmen. Unseren Wert und unsere Würde sehen wir dann auch nicht durch das Annehmen von Beistand in Frage gestellt. Gerade bei Krisen hilft die Unterstützung von Anderen.

Diese Botschaft hat sich selbst unter den schlimmsten Bedingungen menschlicher Existenz, wie z. B. in den nationalsozialistischen Konzentrationslagern, bewahrheitet. Wir hätten ja erwarten können, dass sich unter diesen schrecklichen Lebensbedingungen die dort inhaftierten Menschen reihenweise umgebracht hätten. Warum haben sie es nicht getan? Schlimmere unmenschliche Bedingungen gab und gibt es kaum nirgendwo auf der Welt. Aber dennoch haben die Insassen bis auf einige, die den inneren Halt bereits verloren hatten, um ihr Leben gekämpft. Geholfen hat ihnen dabei die menschliche Gemeinschaft derjenigen, die wie sie selbst der Situation ausgeliefert waren. Damals gab es eine ganze Schicksalsgemeinschaft, die der Willkür ausgesetzt war. In der heutigen Zeit fühlen sich viele Menschen in unserer westlichen Welt in Krisen allein, ihr Unheil scheint individuell zu sein und jeder glaubt, er unterscheide sich in seinem Leiden von seinen Mitmenschen, und spürt dadurch keine innere Verbundenheit mehr.

Wie schlecht es uns ohne den mitmenschlichen Austausch geht, zeigte sich auch international u. a. am Beispiel von Litauen. Trotz guter wirtschaftlicher Ausgangsbedingungen hatte es viele Jahre lang die höchste Suizidrate, sie lag beinahe zehnmal so hoch wie in Griechenland, dem Land mit der niedrigsten Rate, einer größeren familiären

Verbundenheit und wirtschaftlich weit schlechteren Bedingungen. Danutė Gailienė, Suizidforscherin und Professorin an der Universität von Vilnius, sagte zur Erklärung in einem Interview: »Die Menschen hier vertrauen anderen nicht und suchen deshalb nicht nach Hilfe, wenn sie ein Problem haben. Sie denken, sie müssen ihre Probleme selber lösen. Viele leiden unter unbehandelten Traumata. Sie suchen nicht nach Hilfe oder glauben, dass das niemanden etwas angeht. Ein Mensch kann nur dort abgeholt werden, wo er gerade steht. Sonst warten beide vergebens.« (Linija, 22.09.2017, Zugriff am 12.02.2021).

Nun ist es leider so, dass sich jemand, der gefährdet ist, häufig zurückzieht. Dann hilft es nur, wenn andere Menschen aktiv auf ihn zugehen und Vertrauen aufbauen. Die Grundprinzipien sind dabei Respekt, eine klare Sprache und Menschenliebe. Wir geben anderen Wertschätzung und fordern sie ein.

Zusätzlich kann auch noch eine Mentorin oder ein Mentor zu Rate gezogen werden, eine stabile und charakterstarke Persönlichkeit mit guten Werten, die über eine gute Lebenserfahrung verfügt. Dabei kann es sich um Freunde, Trainer, Onkel oder Tanten oder um Therapeuten handeln. Wichtig ist dabei, dass die Person vertrauensvoll ist und gemocht wird.

Der 2011 verstorbene Steve Jobs, einer der bekanntesten Persönlichkeiten der Computerindustrie, soll einmal gesagt haben: »In diesem Augenblick, wo ich in einem Krankenbett liege und auf mein ganzes Leben zurückblicke, verstehe ich, dass all die Anerkennung und all der Reichtum, worauf ich so stolz war, an Wert verloren haben vor dem Gesicht des kommenden Todes. Was ich jetzt noch mitnehmen kann, sind Erinnerungen, die auf der Liebe basieren und mit Liebe erschaffen worden sind. […] Dein Reichtum – das ist die Liebe zu Deiner Frau und zu Deinem Mann, das ist die Liebe zu Deinen Nächsten. Passt auf Euch auf und sorgt Euch um die anderen.« Auch wenn es umstritten ist, ob diese Worte wirklich so von ihm gesagt wurden, die Botschaft dahinter ist treffend.

Die heilende Kraft gemeinsamer Rituale

Warum zählte Ludwig van Beethoven an jedem Morgen sechzig Bohnen für seinen Morgenkaffee langsam selbst aus, bevor er dann bis zum

Nachmittag arbeitete? Warum steht ein Fußballteam im engen Kreis mit nach vorn gebeugten Köpfen und hält sich gegenseitig an den Schultern? Aus welchem Grund gehen wir in ein Restaurant, um uns dort ein Essen zu bestellen, das wir uns daheim ebenso gut und viel günstiger zubereiten könnten? Ist es nicht auch der Reiz des Besonderen, das Zelebrieren des Augenblicks, herausgelöst aus dem gewöhnlichen Geschehen des Alltags? Es ist die Kraft der kleinen und großen Rituale, die unser Leben unbemerkt, aber wirksam beeinflussen. Wir finden sie sowohl mit einer religiösen, transzendentalen und existenziellen Zielsetzung als auch im Alltagsgeschehen in ihrer stabilisierenden Funktion, mit der sie unser Leben und unsere Zeiterfahrung strukturieren. Rituale schaffen Ordnung im Bewusstsein und bilden innere Ankerplätze im schnellfließenden Strom der Zeit.

Wie wichtig dieser Aspekt ist, können wir bei Kindern erleben, die auf das Genaueste an den kleinen und größeren Ritualen des Alltags festhalten. Da gibt es das gemeinsame Frühstück, manchmal Tischgebete, die Gutenachtgeschichte vor dem Schlafengehen oder ein bestimmtes Lied vor dem Einschlafen. Jedes Mal muss die Handlung zumindest für eine bestimmte Zeit auf gleiche Art und Weise ablaufen und es kann eine Tragödie auslösen, sollte ein Ritual plötzlich ausfallen.

Auch im Erwachsenenalter bereichern uns Rituale und sei es auch nur in Form einer ersten Tasse Kaffee am Arbeitsplatz, mit der wir morgens noch mal kurz innehalten, bevor wir von der Privatsphäre auf die Arbeitswelt umschalten, oder das morgendliche Joggen, das uns auf den Tag einstimmt. Noch einmal »nehmen wir kurz den einen Arbeitsgang heraus und legen einen anderen privaten Gang ein«, es ist unser kleines Übergangsritual.

Gemeinsame Rituale verankern uns auch in der Gemeinschaft mit anderen, dadurch verstärken sie unseren inneren Halt und geben ein Gefühl der Geborgenheit in der Familie oder Gruppe. Da ist die gemeinsam gefeierte Geburt, das Weihnachtsfest, die Hochzeit oder das Miteinander-Trauern bei einer Beerdigung. Und so helfen Rituale auch, wichtige Übergangssituationen im Leben zu markieren und zu überbrücken, sei dies der Eintritt in die Schule oder der Beginn des Berufslebens. In schwierigen Zeiten stützen uns Rituale, sei es nach dem Tod eines Familienangehörigen oder bei einer schweren Krankheit.

Indem sie uns aus dem Einerlei des Alltags herauslösen, erschaffen sie für uns das Erlebnis des besonderen Momentes, in welchem wir wieder selbst für uns aktiv werden. Das Ritual an sich hat keinen messbaren Zweck, es dient ausschließlich dem eigenen psychischen Wohlbefinden.

Seine unmittelbare Wirkung beruht auf dem wiederholten Erleben der gleichen Abfolge, indem unser Nervensystem darauf konditioniert wird, einen bestimmten Reiz mit dem dabei erlebten Gefühl eines angenehmen inneren Zustandes zu verknüpfen. Sobald der Reiz erneut hervorgerufen wird, werden wieder die damit verbundenen Gefühle ausgelöst. Jeder hat dabei eigene innere Erlebnismuster. Ein Beispiel dafür ist das Backen der Weihnachtsplätzchen. Jedem steigt bereits bei der Erwähnung der spezielle leckere Duft in die Nase. Wer so etwas in seiner Kindheit positiv erlebt hat, wird sich daran erinnern und es wiederholen. Wer das nicht aus seiner Kindheit kennt, wird damit nichts Besonderes anzufangen wissen. Aber er hat vielleicht andere Rituale, die ihn früher gestärkt haben.

Religionen wissen um die heilsame Kraft der Rituale und sie wenden sie auch an. Es beginnt schon bei den Räumlichkeiten, die eine besondere Stimmung ausstrahlen, egal ob es sich um eine Kirche, einen buddhistischen Tempel oder um eine Moschee handelt. Das Innere ist abgedunkelt und vermittelt Geborgenheit. Die Aufmerksamkeit lädt ein, sich zu sammeln. Kerzen vermitteln eine beruhigende Wirkung, denn ihr Licht strahlt Wärme und Hoffnung aus. Räucherstäbchen und Weihrauch fördern den meditativen Zustand, da sie jene Gehirnareale in ihrer Aktivität drosseln, die für das rationale und analytische Denken zuständig sind. Bestimmte Bilder, zum Beispiel auf den Kirchenfenstern, erinnern an Geschichten, die von der Bewältigung verschiedener Herausforderungen berichten. Statuen und Symbole vertiefen die Glaubensinhalte. Die besondere Kleidung der Priester und Mönche hebt diese aus dem Alltagsleben heraus und bewirkt eine besondere Feierlichkeit. Durch mantraartige Gesänge, den Einsatz von Glocken, Klangschalen oder Gongs wird der Eindruck verstärkt. Da die Handlungen immer gleich vollzogen werden, übt ihr Ablauf eine stabilisierende Wirkung auf die Psyche aus. Das Gemeinschaftsgefühl ermöglicht es, sich aufgehoben und getragen zu fühlen.

Und genau dieses Erlebnisfeld nutzen wir, indem wir mit unseren Angehörigen Rituale schaffen, die mit einer gemeinsamen Bedeutung aufgeladen werden. Es kann sich dabei um eine Kleinigkeit handeln, wie ein tägliches Telefonat zu einer bestimmten Uhrzeit, auf das beide warten. Beide können sich aber auch gemeinsam ein Lied anhören und als wunderbare Erinnerung verankern, die beim erneuten Anhören aktiviert wird. Oder es wäre möglich, an jedem Sonntag seinem Angehörigen einen Brief zu schicken, auf den er sich freut. Weiteren Ideen sind keine Grenzen gesetzt.

Vielleicht tauschen sich beide miteinander über die Rituale ihrer Kindheit aus. Welche waren besonders bereichernd? Welches innere Gefühl verknüpfte sich damit? Auf welches Ritual ließe sich spontan zurückgreifen, falls düstere Gedanken an die Oberfläche drängen?

Gäbe es auch Rituale, bei denen es sich lohnen würde, sie langfristig ins Leben zu integrieren? Je öfter dann eine bestimmte Gewohnheit ausgeübt wird, desto positiver lädt sie sich auf, umso leichter entsteht ein »Flow« und die positive Energie kommt zum Fließen.

Ein nicht zu unterschätzendes Ritual kann es sein, wie der Tag beginnt. Oft wird gar nicht bemerkt, welchen Einfluss dieses Geschehen für die Stimmung des restlichen Tages haben kann. Wie bei einem 100-Meter-Lauf ist bereits der Start entscheidend.

Aber wie könnte das in der Praxis aussehen? Eine Möglichkeit wäre es, das Fenster weit zu öffnen und ein paar tiefe Atemzüge zu nehmen. Je fürsorglicher und liebevoller bereits der Tag startet, desto mehr färbt diese Stimmung auch auf das übrige Tagesgeschehen ein. Dazu kann eine passende Musik abgespielt werden, es kann ein kurzes Gebet gesprochen werden oder ein selbstgewählter kurzer Text gelesen werden. Vielleicht lassen sich auch zehn Dinge aufzählen, für die es sich lohnt, dankbar zu sein. Auf jeden Fall macht es Sinn, sich mit dem Betroffenen ein Ritual zu überlegen, dass ihn im Falle der Gefahr vom Suizid abhält.

Leben bedeutet Bewegung!

Was hatten Johann Wolfgang von Goethe und Agatha Christie gemeinsam? Nach einem heftigen Liebeskummer planten sie aus dem Leben zu scheiden, aber stattdessen unternahmen sie eine Reise.

Goethe scheiterte in seiner Liebesbeziehung zu einer verheirateten Frau – da sie nicht zu realisieren war, quälte sie sein Herz mit Sehnsucht. Er schrieb darüber einen Bestseller, in dem sich der Hauptheld Werther das Leben nimmt, während der Schriftsteller selbst hingegen nach Italien verreiste.

Agatha Christie startete ihre Reise im Anschluss an einen heftigen Ehestreit, als sie von der Affäre ihres Ehemannes mit seiner Golfpartnerin Nancy Neele erfuhr. Sie war zu diesem Zeitpunkt 36 Jahre alt und nach der Veröffentlichung von sechs Kriminalromanen bereits eine Berühmtheit. Doch ihr Auto wurde zunächst nahe bei einem ominösen See entdeckt, indem sich ab und zu hochgestellte junge Damen ertränkten, dem Silent Pool von Guildford/Surrey. Als man das Auto fand, brannten die Scheinwerfer noch, von ihr fehlte jede Spur. Auf der Sitzbank fand sich eine durchwühlte Tasche und ein abgelaufener Führerschein. Eine beispiellose Suchaktion begann, an der sich tausend Polizisten und nach manchen Berichten bis zu 15 000 Freiwillige beteiligten. Sie konnten aber die Schriftstellerin nicht finden, denn diese befand sich inzwischen bereits fast 400 km entfernt im Kurort Harrogate, North Yorkshire, wo sie quicklebendig feiernd und tanzend schließlich von einem Banjospieler der hoteleigenen Band erkannt wurde. Später behauptete sie, sich an nichts erinnern zu können, eine »dissoziative Amnesie« gehabt zu haben, die ihr so von ihren Ärzten attestiert wurde und sie kam mit dieser Behauptung durch, obwohl einige Fakten offensichtlich dagegensprechen. Sie ließ sich scheiden, heiratete ein zweites Mal und schrieb noch viele weitere Bücher.

Leben ist immer in Bewegung. Stillstand ist Rückschritt, ist Tod. Vom ersten Moment unseres Lebens an sind wir aktiv. Zunächst sind wir im Radius eingeschränkt, extrem im Mutterleib. Aber dann erweitern wir ständig diesen Spielraum. Sobald es unsere Gehirnreifung möglich macht, erweitern wir unseren Überblick, wir sitzen, krabbeln und laufen. Nichts hält uns davon ab, es sei denn, wir sind aus körperlichen Gründen dazu nicht in der Lage. Wir spüren, wie gut es unserer Seele tut, sie wird durch neue Eindrücke und Erkenntnisse bereichert. Mit sechs Jahren werden wir eingeschult, dann gewöhnen wir uns daran, wieder vermehrt zu sitzen. Anfangs fällt es schwer, aber wir passen uns an. Irgendwann hocken wir den ganzen Tag vor dem Computer, in verschiedenen Meetings, zu Hause und in den öffentlichen oder privaten Verkehrsmitteln. Unseren Körper nehmen wir noch wahr, wenn er

Hunger oder Schmerzen hat. Wir erstarren körperlich und unsere Denkvorgänge gleich mit. Lebendig zu sein heißt aber das genaue Gegenteil, raus aus der Erstarrung! Das spiegelt sich auch in unserem Gehirn wider, das Denken wird »beweglicher«. Doch wie schwer fällt es, sobald man sich einmal daran gewöhnt hat.

Immer wieder erlebe ich in meiner Praxis, wie befreiend es sich für viele anfühlt, mit einem Sport zu beginnen. Aber dieser muss jeweils gut zu einem passen. Spannend ist es dann zu entdecken, dass eine sportliche Betätigung nicht unbedingt ein zusätzlicher Zwang sein zum »Ableisten« sein muss. Jeder Mensch kann die körperliche Möglichkeit entdecken, die am besten zu ihm passt.

Es muss nicht immer Joggen sein, nur wer Freude dabei empfindet, sollte das tun. Sonst wird er das nicht durchhalten und kritisiert sich dafür ständig. Oftmals weiß das Bauchgefühl genau, was das Richtige ist. Genau so habe ich das auch bei meinen Patienten erlebt.

Da war eine strenge Lehrerin, sie sah aus wie ein General, errötete aber, sobald der Direktor im Klassenraum erschien. Plötzlich entdeckte sie durch den Bauchtanz ihre weibliche Seite. Eine gestresste Hausfrau mit den drei kleinen Kindern und einem ständig abwesenden Ehemann, die kein Ventil für ihre Aggressionen fand, entdeckte den Kampfsport für sich und brachte es bis zur Bayerischen Meisterschaft. Eine Managerin entdeckte ihre Erotik beim Salsa, der Mathematiker schärfte seine Konzentration beim Tischtennis, die Kunsttherapeutin erfuhr Leichtigkeit beim Rollerbladen, für jeden war etwas dabei. War es aber nicht das Richtige, dann ließ es der Betreffende wieder nach einer Weile und suchte weiter. Es geht darum, sich wieder positiv zu spüren, sich zu fühlen, in Bewegung zu kommen. Dazu möchte ich Ihnen ein Beispiel aus meiner Praxis berichten.

Ein ehemaliger Fußballer, Claudio, betrat meine Praxis. Er berichtete mir, dass er nur noch auf seinem Bett lag und darüber nachdachte, sich das Leben zu nehmen. Ehemals durch sehr viel Anerkennung verwöhnt, fühlte er sich nun als abgrundtiefer »Loser«.

Alles begann damit, dass er seine Oma verloren hatte, zu der er eine besondere Beziehung hegte. Sie war es, die regen Anteil an seiner Entwicklung genommen hatte. Kurz darauf verlor er eine zweite wichtige Stütze, sein langjähriger Freund war überraschend an einem Hirntumor verstorben. Trotz seiner Freundin fühlte er sich zum ersten Mal einsam auf dieser Welt. Er sprach mit seinem Arbeitgeber, dass er, der es immer gewohnt gewesen war, sich engagiert zu zeigen, eine Zeitlang nicht mehr voll einsatzfähig sein würde. Sein Arbeitgeber verstand und zog sofort die Konsequenz. Meinem Patienten wurde gekündigt. Die Freundin hielt die Belastungen seines Stimmungstiefs nicht mehr aus und verließ ihn. Nun war er tatsächlich endgültig allein. Wozu sollte er noch weiterleben? Es machte doch alles keinen Sinn mehr. Also lag er auf seinem Bett, starrte die Decke an und dachte an den Suizid.

In mir, seiner Therapeutin, fand er nun jemanden, der ihm wieder mit Respekt und in Würdigung seiner Lebensleistung zuhörte, ihn verstand und weiterhin wertschätzte. Wir besprachen, dass er sich, trotz Überwindung, wieder in Bewegung setzen musste. Er sollte dabei selbst entscheiden, wie. Bereits einige Tage später berichtete er mir von Spaziergängen durch den Englischen Garten, die ihn furchtbar langweilten. Doch dann war ihm aufgefallen, dass er seine ältere Nachbarin mit ihrem Hund schon des Längeren nicht mehr gesehen hatte. Kurzentschlossen habe er bei ihr geklingelt und sie berichtete ihm traurig, dass sie an der Hüfte operiert worden war und nicht wusste, wer das Tier nur ausführen könnte. Er bot ihr seine Dienste an und ging fortan mit dem Hund durch den Englischen Garten. Dabei begegnete er anderen Hundebesitzern, es gab ja sogar eine »Hundewiese«. Er wechselte ein paar Worte, dann ging er wieder nach Hause und legte sich für den Rest des Tages auf sein Bett, um zu grübeln. Die Nachbarin hingegen freute sich sehr über sein Tun und überraschte ihn als Dank mit einem selbstgebackenen Kuchen. Er freute sich erstmals wieder. Hatte sie nicht auch irgendwie eine entfernte Ähnlichkeit mit seiner Oma?

Nach einigen Wochen tauchte ein neues Problem auf, wie er mir lächelnd berichtete. Der Hund zerrte auf den Spaziergängen immer öfter mit seinem Kopf an der Leine in Richtung Heimat, die immer ausgedehnteren schnelleren Spaziergänge wurden ihm zu anstrengend. Die Nachbarin fragte ihn, was er denn mit dem Hund machte, der sei nach der Rückkehr immer anderthalb Stunden lang völlig apathisch. Claudio schien seine sportliche Verfassung zurückzugewinnen. Weil er sich nicht ausgelastet fühlte, lud er sich eine Sport-App herunter und begann mit einem Zusatzprogramm, verfolgte aufmerksam seine Fortschritte. So gestärkt bewarb er sich wieder für einen neuen Job. Es klappte nicht gleich auf Anhieb, aber schließlich fand er eine Anstellung. War es nicht letztlich ein Glück? Was hätte er sich vielleicht jahrelang für einen Arbeitgeber engagieren sollen, der dies überhaupt nicht würdigte? Mit dem neuen Job kam auch kurze Zeit später wieder eine neue Freundin. Er war in die Welt zurückgekehrt.

Neben der Therapie half Claudio hier die Nachbarin durch ihre kleine Aktion, sich wieder in Bewegung zu setzen und das tat ihm gut. Es hätte aber genauso gut eine jüngere Nachbarin sein können, mit der er gemeinsam Tanzschritte übte, oder ein guter Freund, der mit ihm Wandern oder Skifahren ging. In jedem Fall hilft es Betroffenen, aktiv zu werden.

Allerdings macht es Sinn, mit kleineren Schritten zu beginnen, die größeren kommen nach den ersten Erfolgserlebnissen von allein. Was ist die geringste Aktion, die ein Lebensmüder gerade noch bewältigt? Für Claudio war es »nur« ein Spaziergang, wichtig war lediglich, dass er in Bewegung kam.

»Etwas Besseres als den Tod findest du überall!« Wer kennt ihn nicht, den Spruch der Bremer Stadtmusikanten? Viele Figuren in den Kinder- und Hausmärchen der Brüder Grimm sind unterwegs, die einen freiwillig, die anderen manchmal sogar gezwungenermaßen. Das Heim und die Heimat erweisen sich für sie oft als unheimlich. Davon können nicht nur die Bremer Stadtmusikanten ein Lied singen, auch Hänsel und Gretel oder Brüderchen und Schwesterchen ziehen hinaus in die weite Welt. Wer es schafft, seinen Aktionsradius zu erweitern, dem geht es vielleicht so wie einer meiner Freundinnen.

Sie erzählte mir, dass sie sich vor vielen Jahren wegen einer Depression das Leben nehmen wollte. Und während sie grübelnd in der Ecke saß, fiel ihr ein, dass sie eigentlich schon immer in ihrem Leben nach Barcelona reisen wollte. Sie könnte doch nun, so überlegte sie, da es sowieso egal war, noch für eine Woche dorthin reisen und ihren Plan erst danach umsetzen? Sie flog tatsächlich hin und als sie dort war, kam ihr nach einer Woche der Gedanke, dass sie doch weiter das Leben ausprobieren sollte. Inzwischen hat sie eine Therapie gemacht, aber einmal im Jahr reist sie regelmäßig nach Barcelona zur Wiederauffrischung ihrer Erinnerung. Sie ist froh, dass sie sich nicht das Leben genommen hat.

Wer sich in einem tiefen Tal befindet, für den ist es schwer sich vorzustellen, dass oben auf dem Berg die Sonne scheinen könnte. Trotzdem wieder loszugehen, fällt verdammt schwer. Etwas leichter ist es, wenn sich jemand findet, der einem »in den Hintern tritt«. Man läuft los, geht Schritt für Schritt, zuerst erscheint alles sinnlos, doch man läuft trotzdem weiter und irgendwann wird es heller und lichter, die Sonne lugt schon hier und da hervor, man hört plötzlich wieder die Vögel singen, das Laufen fällt leichter, weil man sich schon daran gewöhnt hat, man fasst wieder Hoffnung, den Berg zu erreichen, obwohl es noch immer mühsam ist. Es baut sich eine Fantasie auf, die sich das gewünschte Ziel bereits vorstellt. In dem Moment, wo man dann den Gipfel erklommen hat, spürt man plötzlich den Stolz über das erste Erfolgserlebnis.

Auf der neurobiologischen Ebene bildet sich dieser Vorgang ab. Unser Belohnungsbotenstoff Dopamin springt wieder an, sobald wir uns wieder in Bewegung setzen. Beim drohenden Suizid fehlt die vom Leben erhoffte Belohnung und das Gehirn kann sich keine alternativen Chancen mehr vorstellen, weil sich das Denken verengt hat. Es muss sich wieder befreien und weiten. Was immer dazu dient, sollte unternommen werden, neue Freundschaften, eine Weltreise oder einfach nur eine neue Tätigkeit. Die Beschränkung und Fokussierung darauf, keine Wahl zu haben, muss aufgelöst werden.

> Michael, ein Patient, hatte sich mit seinem Studium und seinem gleichzeitigen Vertrag als Werkstudent bei einer Computerfirma vollkommen überfordert. Er bekam dort immer mehr Arbeit aufgehalst, musste endlose Excel-Tabellen mit großen Eurobeträgen übertragen. Immer sollte er verfügbar sein, sogar am Wochenende, und er bekam Probleme mit der Firma, als er einmal am Sonntag um 9 Uhr nicht

zu erreichen war. Seine Masterarbeit blieb dabei auf der Strecke. Da er gewöhnt war, immer alles sehr gut zu machen, geriet er in eine derartige Überforderung, dass er weder essen noch schlafen konnte. Er bekam Panikanfälle. Sein altes Muster, sich unter Druck setzen zu lassen, griff erneut. Die Anfälle steigerten sich, erste Suizidgedanken tauchten auf. Plötzlich schien es ihm, dass die Leute begannen, ihre Gesichter zu bösen Grimassen zu verzerren und er wagte sie nicht mehr sie anzuschauen.

Er fühlte sich wie unter einem Zwang, vor die U-Bahn werfen zu müssen, lief rastlos umher, einmal 23 km vom Studentenheim bis zur Praxis. In eine Klinik wollte er auf keinen Fall, er hatte Angst, danach nie wieder auf die Beine zu kommen, weil er aus der Bahn geworfen wurde. Es war hilfreich, dass er zu mir Vertrauen hatte: »Solange Sie daran glauben, es mit mir hinzubekommen, werde ich es auch glauben«, sagte er. Ich schrieb ihn arbeitsunfähig, verordnete ihm ein Medikament ohne Abhängigkeitspotenzial. Er bekam meine Handynummer, um mich erreichen zu können. Zu seiner finanziellen Unterstützung schaltete ich seine Herkunftsfamilie in Hamburg ein. Auch seine Freundin bezog ich ein, sie ließ ihn nicht mehr allein, nahm ihn sogar in ihre Vorlesungen mit. Als Tagesstruktur sollte er täglich einige Stunden an seiner Masterarbeit schreiben, um sich abzulenken.

Im Verlauf der Therapie stabilisierte er sich und bestand erfolgreich sein Studium. Danach begab er sich gemeinsam mit seiner Freundin auf eine zuvor geplante Weltreise, u. a. nach Singapur, Südafrika, Kanada und Amerika. Unterwegs bekam er sogar einen kleinen Auftrag bei einer Computerfirma. Auf seiner Reise bestand er einige Bewältigungssituationen und konnte sich festigen.

Sobald man sich auf den Weg macht, gerät man wieder in Bewegung. In der Menschheitsgeschichte lebten unsere Vorfahren zuerst auf Bäumen, stiegen herab, beschritten Wege, entdeckten Ziele, neue Früchte, neue Welten. Dadurch entwickelten sie sich immer weiter. Wege entstehen, indem man sie geht.

Steckt man jedoch in einer suizidalen Krise, führt dieser Weg scheinbar auf einem schmalen Seil über einen Abgrund. Da hilft es nur, nicht dort hineinzublicken, sondern sich nur auf den nächsten Schritt zu konzentrieren und dann wieder auf den nächsten, bis das andere Ufer erreicht ist.

Spirituelle Kräfte unterstützen den Überlebenswillen

Spiritualität ist eine Kraft, die Halt geben kann, besonders in größter seelischer Not. Insofern ist es auch nicht verwunderlich, dass es nach Aussagen der Religionsethnologie kein Volk auf dieser Welt gibt, dass ohne diese Ressource auskommt. Alle Kulturen unterscheiden zwischen einem sakralen – heiligen – und einem profanen – weltlichen – Bereich.

Spiritualität und Religion werden dabei oft durcheinandergebracht oder als zwei Begriffe angesehen, die dieselbe Sache beschreiben. Die religiöse Bindung ist eine mögliche Ausrichtung der Spiritualität, es gibt aber auch viele weitere Formen, selbst Menschen ohne religiöse Bindung können tiefe Spiritualität erfahren.

Religiöse Menschen suchen eine Verbindung zu Gott oder einer göttlichen Größe außerhalb der menschlichen Welt. Ihnen gibt der Glaube Halt: Sie fühlen sich darin beheimatet, erleben Zugehörigkeit und Trost.

Spiritualität ist offener und daher schwieriger zu beschreiben, in dem Wort steckt das lateinische Wort »Spiritus«, das Geist oder Seele bedeutet. Es geht um die Auseinandersetzung mit dem eigenen Seelenleben, im weitesten Sinne auch um Konzepte, wie die Seele Krisen und Krankheit aber auch den Tod selbst übersteht.

Hierzulande werden Bausteine verschiedener Weltreligionen und Philosophien immer häufiger miteinander kombiniert: Menschen pflegen christliche Rituale, indem sie beten, ihre Kinder taufen lassen und in Weiß heiraten, aber sie meditieren auch, suchen ein Schweigekloster auf, oder sie befolgen Lehren der jüdischen Kabbala, ernähren sich ayurvedisch und wählen ein bewusstes Konzept des achtsamen Lebens. Vielleicht ist es nicht so entscheidend, wie genau Spiritualität gelebt wird, sondern von größerer Wichtigkeit, ob sie tragfähig ist und einem Menschen auch in der Krise hilft.

Wo immer Religion und Spiritualität in einer positiven wertschätzenden Form gelebt werden, verbessern sie auch die Prognose bei einer latenten Suizidalität. Die Zeiten der Sünde und Verurteilung sind nicht mehr zeitgemäß, hilfreich ist vielmehr eine Religion der Liebe und der Annahme, die man im besten Fall auch so vom Bodenpersonal vermittelt bekommt. Wichtig ist, sich – wie man ist – von Gott angenommen zu fühlen. Dann wird man auch Trost finden und daraus resultiert wiederum eine größere Zuversicht. Deutlich beschrieben wird das in dem Gedicht von Dietrich Bonhoeffer, der es kurz vor seiner Hinrichtung durch die Nazis 1945 beschrieb:

> Von guten Mächten treu und still umgeben,
> behütet und getröstet wunderbar,
> so will ich diese Tage mit euch leben
> und mit euch gehen in ein neues Jahr.
> Noch will das alte unsre Herzen quälen,
> noch drückt uns böser Tage schwere Last.
> Ach Herr, gib unsern aufgeschreckten Seelen
> das Heil, für das du uns geschaffen hast.

Auch wissenschaftliche Studien belegen den Halt einer positiven Religionsauffassung. Laut einer an der Harvard Medical School entstandenen Forschungsarbeit im Jahr 2013 (https://psylex.de) hatten Patienten, die sich an einer negativen Religiosität orientierten – indem sie glaubten, dass Gott sie bestrafen würde oder dass der Teufel hinter ihrer Krankheit stecken würde –, ein größeres Suizidrisiko, bevor sie eine Behandlung begannen. Hingegen hatten Patienten, die sich an einer positiven Religiosität orientierten, indem sie die Verhältnisse als »Gottes Plan« einordneten und zu Gott beteten, eine geringere Suizidgefährdung.

Darin spiegelt sich die aus tiefer Ehrfurcht vor der Ordnung geprägte universale menschliche Empfindung wider, dass letzten Endes alles auf einer ganzheitlichen, jedoch nicht erklär- oder beweisbaren Wirklichkeit beruht. Welche Spiritualität oder Religion bevorzugt wird, um darin Trost und Halt zu finden, mag der Einzelne dabei frei für sich entscheiden.

Einer der größten Schutzfaktoren, den eine Religionszugehörigkeit mit sich bringt, ist auch die soziale Interaktion und Integration, die sich aus dem Zusammenkommen von Mitgliedern der Glaubensgemeinschaften entwickelt. Gemeinsam ist allen Religionen, dass sie mentale

Ressourcen vermitteln und dass diese wiederum suizidale Gedanken vermindern können.

Ermunterung zur Selbstwirksamkeit

Gerade bei Suizidgedanken scheint es unmöglich zu sein, das Leben in sinnvolle Bahnen zu lenken, die Überzeugung, der Glaube, selbst »wirksam« sein zu können, ist abhandengekommen.

Liegt nicht gerade ein kompletter Kontrollverlust vor? Ist man nicht seinem Schicksal ausgeliefert? Diese Art zu denken führt sogartig in eine Abwärtsspirale, bis man selbstlimitierend keine andere Wahl mehr zu haben scheint als den Suizid.

Der Selbsteinschränkung begegnen wir immer wieder im Leben, manchmal bemerken wir es aber nicht. Ein anschauliches Beispiel dafür zeigt sich im Leistungssport. Viele Jahre lang galt für Läufer beispielsweise die »Four-Minute-Mile« als absolute Barriere. Es wurde vermutet, dass der menschliche Organismus nicht in der Lage sei, eine Meile in weniger als vier Minuten zu laufen. Da niemand es je geschafft hatte, wurde eine körperliche Grenze vermutet. Im Jahre 1954 konnte Roger Bannister dann erstmalig den Bann brechen und war eine halbe Sekunde schneller. Als sich die Nachricht verbreitete, folgte ein Rekord dem nächsten (Bandura 1997, S. 396), denn die psychologische Botschaft lautete: Es ist machbar!

In der Folgezeit wurde die Bestzeit wieder und wieder unterboten, weil die Läufer nun ihre eigene Selbstwirksamkeitserwartung erhöhten. In der Psychologie nennt sich das »stellvertretende Erfahrung« oder »Modelllernen«, man vergleicht sich mit anderen und zieht aus deren Errungenschaften den Schluss, dass man ebenfalls dazu in der Lage ist.

Aber wie soll sich das mit dem inneren Selbstvertrauen verbinden? Dazu sollten wir wissen, wie sich dieses im Laufe der menschlichen Entwicklung herausbildet.

Neugeborene sind sich ihrer nicht als eigenständige Person bewusst. Erst später lernen sie, welche Folgen sie mit ihren Handlungen hervorrufen, so produziert das Schütteln ihrer Rassel Geräusche und ihr Schreien holt Erwachsene herbei. Durch die ausgelösten Reaktionen entdecken sie, dass sie eine von Anderen abgegrenzte Person sind. Kommen dann später weitere Fähigkeiten hinzu, so beginnen die Kinder, sich mit anderen Menschen zu vergleichen, anfangs mit der Familie, später mit Gleichaltrigen. Haben sie sich jedoch bis dahin kaum selbstwirksam erlebt, etwa weil die Erwachsenen auf sie nicht reagierten, sondern sich mit eigenen Dingen beschäftigten, haben die Kinder möglicherweise Probleme, sich Spielgefährten anzuschließen, weil ihre Selbstzweifel inzwischen zu stark ausgeprägt sind.

In der Schule erweitern sie ihre Sprach- und Denkfähigkeiten und ihre soziale Kompetenz, sie erwerben das nötige Wissen zur selbständigen Problemlösung. Erleben sie sich dabei positiv, werden sie in ihrer Gewissheit gestärkt, selbstwirksam sein zu können. Bleibt diese Bestätigung aus, verhindert das den Aufbau eines positiven Selbstbildes.

Das Erwachsenenalter stellt wieder neue Anforderungen – die Erfahrungen in Firmen durch Fremdbestimmung, Vorgesetzte, überbordende Bürokratie tragen manchmal zum weiteren Verlust der Selbstwirksamkeitserwartung bei.

Doch wie lässt sich dieser Falle entkommen? Hierzu lieferte der kanadische Psychologe Albert Bandura bereits vor 40 Jahren ein entsprechendes Konzept. Auf ihn geht auch der Begriff der »Selbstwirksamkeit« zurück. Im Kern geht es darum, schwierige Aufgaben, Herausforderungen und Probleme durch eigenes Handeln konstruktiv bewältigen zu können und sich dabei als wirksam zu empfinden.

Bandura war dabei das beste Beispiel für seine eigene Theorie. Er wurde 1925 geboren und stammte aus den einfachen Verhältnissen einer kinderreichen Einwandererfamilie aus Osteuropa. Seine Eltern waren nie zur Schule gegangen und er wuchs in Mundare auf, einem Ort, in dem Bildung ausgesprochen schwierig zu erlangen war. Auf sich gestellt, entwickelte er ein unabhängiges Lernen, was ihm in seinem späteren Leben half. Er absolvierte später sogar an der University of Iowa den Master in Psychologie und promovierte dort bereits ein Jahr später. Bis zu seinem Ruhestand wirkte er an der Stanford University. Zwölf internationale Hochschulen verliehen ihm die Ehrendoktorwürde und schließlich wurde er zum Präsidenten der American Psychological Association gewählt.

Albert Bandura analysierte menschliches Verhalten über mehrere Jahre hinweg und kam dabei zu dem folgenden Ergebnis:

Um überhaupt mit einer Handlung zu beginnen, müssen Menschen davon überzeugt sein, diese auch tatsächlich erfolgreich leisten und ausführen zu können. Und da ist es gut, wenn jemand sie darin bestärkt, das führt zu einer Umstrukturierung im Gehirn. Manchmal ist die Bezugsperson auch ein Vorbild, an dem man sich orientieren kann. Wird der Erfolg anderer Personen beobachtet, die einem selbst wichtig oder ähnlich sind, so stärkt das die eigene Selbstwirksamkeit.

> **Die Vermittlung von Selbstwirksamkeits-Überzeugungen**
>
> 1. Erfolgserlebnisse: Sie verstärken sich selbst, Misserfolge schwächen das Gefühl der Selbstwirksamkeit.
> 2. Modelllernen: Die Beobachtung der Erfolge anderer Personen, die einem wichtig oder ähnlich sind, stärkt auch die eigene Selbstwirksamkeit.
> 3. Einfluss sozialer Gruppen: Können sowohl einen negativen Einfluss haben, indem sie beispielsweise betonen, dass man ein Versager ist, als auch einen positiven Effekt.
> 4. Interpretation von Emotionen und Empfindungen: Druck bewirkt körperliche Reaktionen, wie Herzrasen, Zittern und feuchte Hände. Diese verstärken ein Gefühl des möglichen Scheiterns. Durch Übung lässt sich lernen, diese neu zu interpretieren, beispielsweise als Zeichen freudiger Erregung.
>
> (Bandura 1997)

Selbst im Gehirn kann der Einfluss der Selbstwirksamkeit abgebildet werden. Glauben wir, Einfluss auf unser Leben zu haben und Herausforderungen zu meistern, so motiviert uns der Nervenbotenstoff Dopamin, uns zu engagieren. Sobald der Erfolg einsetzt, wandelt er sich in ein körpereigenes Morphium um und sorgt für einen angenehmen Entspannungszustand, wie der Wissenschaftler Tobias Esch beschrieben hat (2014). Nicht die Endorphine sind es, die diesen Zustand hervorrufen, obwohl das zuvor vermutet wurde.

Aber was passiert bei einem Misserfolg? In diesem Fall wandelt sich das Dopamin in Adrenalin und Noradrenalin um und löst Stress aus, der uns antreiben soll, stärker für den Erfolg zu kämpfen. Bleibt die erhoffte Antwort weiterhin aus, so wird der Stress chronisch und der Nervenbotenstoff Cortisol wird ausgeschüttet. Je länger dieser Zustand anhält, desto passiver und desinteressierter werden wir irgendwann, die Gedanken schalten nach außen ab und engen sich ein, weil alles sowieso keinen Sinn zu machen scheint, wie beim präsuizidalen Syndrom. Der Betroffene möchte sich nur noch machtlos dem Tod ausliefern, weil Alternativen nicht funktioniert haben.

Banduras Theorie deckt sich mit dem Konzept der erlernten Hilflosigkeit des amerikanischen Psychologen Martin Seligman (2016). Er untersuchte die Denkmuster von unglücklichen Menschen und kam zu dem Schluss, dass eine antrainierte Hilflosigkeit im weiteren Leben zu einer Depression führen kann. Sie beginnt bereits in der Kindheit, wenn der Nachwuchs nichts allein machen darf, aber auch später, beispielsweise in einer Ehe, in der ein Partner besonders bevormundend ist. Die Hilflosigkeit verstärkt sich von selbst, da im Gehirn ökonomisch immer alles abgebaut wird, was man nicht benötigt.

Wir kennen das Phänomen, auch eine Fremdsprache oder der Lehrstoff der Universität werden wieder vergessen, Gefühle und Gewohnheiten verschwinden, falls sie nicht angewandt werden.

Je öfter wir hingegen erleben, Herausforderungen oder Probleme durch eigenes Handeln auch wirksam bewältigen zu können, desto mehr verstärkt sich die Überzeugung, das zu können und damit der Glaube an die eigene Selbstwirksamkeit. Sobald wir diesen Mechanismus kennen, können wir ihn bewusst einsetzen.

Studien untermauern diese Theorie, u. a. belegen amerikanische Forschungsergebnisse, dass diejenigen Bewohner in einem Altenheim, die sich um eine Pflanze oder ein Tier kümmerten, fröhlicher, ausgeglichener und leistungsfähiger wurden und weniger Gedanken an den Tod hegten als eine entsprechende Kontrollgruppe. Ein Beispiel aus meiner Praxis unterstreicht das.

Claudia (25)

Eines Tages kam Claudia zur Therapie. Sie war ein hübsches Model, wirkte im Gegensatz dazu jedoch sehr verzweifelt. Ihr Dasein bewegte sich in einer Sackgasse, aus der es keinen Ausweg mehr zu geben schien. Und da sie keinen Sinn mehr darin fand, so weiterzuleben, lag es für sie nahe, sich das Leben zu nehmen. Lange Zeit war sie international als Modell gefragt gewesen. Doch dann begann das Unheil seinen Lauf zu nehmen. Wegen einer sich zuspitzenden Magersucht mit körperlichen Beschwerden ging sie in eine psychiatrische Klinik. Dort wurde liebevoll mit ihr umgegangen, aber als sie wieder entlassen wurde, waren alle Verträge geplatzt. Sie war als Kandidatin zu unsicher geworden. Die Kunden fragten sich, was wohl passierte, wenn sie bei einer Modenschau plötzlich ausfiel! Auch ihre vielen bisherigen Freunde waren wie vom Erdboden verschwunden und ließen sich verleugnen. Dabei hatte sie ihnen doch immer so freigiebig jene Kleidungsstücke geschenkt, die sie manchmal nach Modenschauen behalten durfte.

Nun musste sie sich beim Arbeitsamt anmelden. Aber was sollte sie denn tun? Sie konnte doch nichts! Und wie sie sagte, unter tausend Euro am Tag lohnte es sich doch gar nicht, extra aufstehen! So etwas war sie nicht gewöhnt. Allmählich wurde ihr Geld knapp, sie hatte nicht gespart, sondern es immer mit vollen Händen ausgegeben. Zu den Eltern konnte sie nicht ziehen, die hatten sich getrennt und lebten mit jeweiligen neuen Partnerschaften im Ausland, bisher hatten sie auch kaum Interesse an ihr gezeigt. Also machte es aus ihrer Sicht eigentlich Sinn, sich die Pulsadern aufzuschneiden und Tabletten zu nehmen, oder?

Nur zögerlich gewann sie Vertrauen zu mir. Da war ein Mensch, der sich wirklich für sie interessierte. Dann überlegten wir gemeinsam, worin die ersten kleinen selbstwirksamen Schritte bestehen könnten, ein neuer Gedanke tauchte dazu bei ihr auf. Stets hatte sie in ihrer Branche den enormen Druck verspürt, immer erfolgreich sein zu müssen. Ständig musste sie die Erwartungen der anderen erfüllen, möglichst schlank sein und auf ihr Äußeres achten. Nie hatte sie sich richtig frei gefühlt. Dabei hatte sie sich selbst wieder und wieder in Frage gestellt und meistens fühlte sie sich dabei einsam. Vielleicht wäre es ja auch mal schön, tatsächlich irgendetwas zu tun, ohne auf das Geld zu achten? Einfach etwas, das ihr Spaß machte? Einige Tage später kam sie und berichtete mir mit Stolz, einen Job gefunden zu haben. Zwar konnte man davon wirklich nicht reich werden, aber er machte zumindest Spaß. Sie war Hundesitterin geworden und ging mit ihren Schützlingen im Englischen Garten spazieren. Und als sie einige Wochen später auf ihrem Weg an einer teuren Boutique in der Münchner Maximilianstrasse vorbei spazierte, schaute sie ganz spontan aus altem beruflichem Interesse hinein. Die Besitzerin merkte rasch, dass sie Ahnung von Kleidern hatte und mit Kunden umgehen konnte. Sympathisch wirkte sie auch. Sie bot ihr einen Vertrag an und dadurch, dass sie dann dort arbeitete, wurde sie tatsächlich wieder selbstwirksam. Bald darauf lernte sie dann auch noch einen liebenswürdigen Mann kennen.

Und so hatte Abraham Lincoln durchaus recht, wenn er sagte: Die beste Möglichkeit, die Zukunft vorherzusagen, ist sie zu gestalten! Wenn man in einer Ohnmacht aus sich herausgeht und nach seiner Möglichkeit schöpferisch tätig wird, dann wird die Ohnmacht zu einem festen Boden, auf dem man stehen und gehen kann.

Hier ein Tipp für Begleitpersonen: Claudia musste selbst auf die Lösungen kommen! Ein Zuviel an Fürsorge oder anderen Maßnahmen könnte entmündigend wirken, da sonst der Glaube »selbst wirksam« zu sein, sinkt.

Ermuntern Sie lieber den Menschen an Ihrer Seite, sich wieder mit kleinen Schritten Erfolgserlebnisse zu verschaffen. Starten Sie kleine Aktionen, auch mit Ihrer Begleitung. Bestärken Sie ihn, den Weg fortzusetzen und sich nicht von Misserfolgen aufhalten zu lassen. Später dürfen die Aufgaben größer werden, aber am Anfang sollte ein Schritt so ausgerichtet sein, dass er auf jeden Fall zu bewältigen ist. Sie geben Sicherheit!

Aggressionsumkehr – von der eigenen Person zurück in äußere konstruktive Bahnen

Unter einer »gesunden« Aggression ist erst einmal eine konstruktive Energie und Entwicklungskraft zu verstehen, die positiv gelenkt in kreativen Prozessen ihren Ausdruck findet. Ein Säugling, der auf seine Umgebung angewiesen ist, hat von Geburt eine freudig aktive auf die Umwelt gerichtete Aktivität, mit der er sich zu anderen Menschen in Beziehung setzt. Von seinem Wesen her ist der Mensch wohl eher nicht, wie Sigmund Freud dachte, mit einem »Todestrieb« ausgestattet, sondern ursprünglich schöpferisch.

Aber in einem gruppendynamisch destruktiven Umfeld wird auch die Aggression als Ausdruck einer ungelösten Konfliktdynamik immer negativer. Erfährt das Kind keine fördernden zwischenmenschlichen Beziehungen, sondern Gleichgültigkeit oder Feindseligkeit, und werden seine Lebensäußerungen nicht adäquat beantwortet, so bleiben Bereiche in seiner Persönlichkeit unstrukturiert, es kann seine Aggressionen nicht in einer schöpferischen Weise ausbilden, sie werden zu einer zerstörerischen Kraft, richten sich immer öfter wie ein »innerer Kritiker« gegen die eigene Person und gegen den eigenen Körper. Bei der Aggression geht es immer um eine Beziehungsdynamik.

Wer nie seinen Ärger äußern durfte, merkt gar nicht mehr, wenn er aggressiv ist. So kann er sich auch nicht mit dem Gegenüber, dem der Ärger gilt, adäquat auseinandersetzen. Stattdessen bleibt er freundlich und bekommt u. a. Magenschmerzen oder eine Panikattacke und begeht im folgenschwersten Fall einen Suizid. Die Wendung der Aggression gegen das Selbst kommt bei allen Depressionen, Angststörungen und anderen psychischen Leiden als Form der Abwehr vor.

Bleibt es dabei oder lässt sich das wieder ändern? Wenn man mit Freud bei der Beantwortung dieser Frage davon ausgeht, dass die Aggression gegen das eigene Ich als Ausdruck von Selbstentwertung und Schuldgefühlen stattfindet und in dieser Steigerung zum Suizid führt, dann würde die Heilung darin bestehen, im zwischenmenschlichen Kontakt auch wieder die Schleusen einer konstruktiven Transformation zu öffnen.

Dabei geht es aber nicht darum, dem Betroffenen ständig narzisstische Zuwendung in Form von Bestätigung, Lob und Zuwendung zu gewähren, sondern ihn in seiner gesamten Person ernst zu nehmen, Interesse an ihm zu bekunden, ihn zum Tun und zur Aktivität aufzufordern und eine emotional tiefe Begegnung anzubieten.

Verbote, Lebenseinengungen, Bestrafungen, Zwänge, Gewalt, Missbrauch und Misshandlung zerstören Kontakt und behindern die Persönlichkeitsentwicklung des Betreffenden. Das Gleiche gilt für Verwöhnungs- und Versagungsbeziehungen. Vielmehr muss es darum gehen, die Aggressionen wieder in konstruktive und gestalterische Bahnen zu lenken, also in eine Kraft, die dazu dient, Hindernisse des Lebens zu beseitigen. Ist das nicht in der Kindheit geglückt, so ist es im späteren Leben umso wichtiger, das nachzuholen.

Geht der Suizidforscher Erwin Ringel davon aus, dass eine Entwicklung hin zum Suizid immer dadurch forciert wird, dass die Aggression sich von anderen ab und hin zur eigenen Person wendet, so gilt es, diesen Prozess wieder so umzukehren, dass neue Gestaltungsräume angeboten und erschlossen werden, wie in dem Gedicht von Hermann Hesse »Stufen«:

> Es muss das Herz bei jedem Lebensrufe
> Bereit zum Abschied sein und Neubeginne,
> Um sich in Tapferkeit und ohne Trauern
> In andre, neue Bindungen zu geben.

Weg von den Suizidfantasien – hin zu neuen Visionen

Es ist besser, ein einziges kleines Licht anzuzünden, als die Dunkelheit zu verfluchen!

Dieser Ausspruch von Konfuzius (551–479 v. Chr.) beschreibt den Begriff des lichten Momentes – lateinisch auch als Lucidum intervallum – recht gut. Gemeint ist der sowohl von den Medizinern als auch den Juristen beschriebene Zeitraum, in dem eine Person trotz ihrer zugrunde liegenden Einschränkung im Vollbesitz der geistigen Kräfte ist. Aber was bedeutet das?

In den Zeiten großer Verzweiflung sehen wir nur noch das Negative, dann reißt uns eine geistige Abwärtsspirale wie ein Strudel mit sich in die Tiefe. Es hilft in diesem Fall nur loszulassen, um aufzutauchen und nach Luft zu schnappen. Darum geht es auch bei lichten Momenten in Zeiten größter Not, sie sind es, die uns Energie zum Weiterleben schenken. Aber woran erkennen wir sie?

In diesem Zusammenhang stelle ich meinen Patienten oft eine simple Frage: Bei welchen Gelegenheiten fühlen Sie sich besonders lebendig? Falls sie dann nichts finden, frage ich weiter: Wann gab es in Ihrer Vergangenheit – vielleicht in Ihrer Kindheit – diesen Moment? Eine andere Frage wäre: In welchem Augenblick waren Sie besonders glücklich? Ist man in seiner Trauer versackt ist, fällt es schwer, sich daran zu erinnern und doch ist es möglich. Gestern antwortete mir ein Patient auf diese Frage: »Ich erinnere mich, dass gerade unerwartet etwas Nettes passiert ist ... ein Hund kam auf mich zu und begrüßte mich freundlich mit dem Schwanz wedelnd. Dann zog er an meinem Schnürsenkel und öffnete den Schuh. Die Besitzerin kam hinterhergeeilt und entschuldigte sich vielmals. Ich sagte ihr, dass es kein Problem sei und sie lächelte mich erleichtert an.« Während er mir das erzählte, schaute er zum ersten Mal ein bisschen fröhlicher.

Ein anderer Patient erinnerte sich plötzlich an seine Pubertät. Er saß mit einer Gruppe Gleichaltriger auf einer Burgmauer in Korsika und alle tranken gemeinsam billigen Rotwein. Er träumte davon, das eine Mädchen zu küssen. Daraus wurde damals zwar nichts, aber der Moment blieb für ihn trotzdem unbeschreiblich schön. Das war wohl ein lichter Moment, der niemals seinen Wert eingebüßt hat. Es ist wichtiger, Erinnerungen zu sammeln, als materieller Werte.

Aber was soll das jemandem helfen, der gerade etwas Schreckliches erlebt? Ich möchte Ihnen in diesem Zusammenhang die Geschichte einer Kriegsberichterstatterin erzählen, die ich vor vielen Jahren in der Süddeutschen Zeitung gelesen habe. Sie und ihr Mann waren wiederholt auf Einsätzen, bei denen sie über die schrecklichen Kriegserfahrungen berichtet hatten. Einmal kehrte ihr Ehemann zurück und sie merkte, dass er nach seiner Mission schwer traumatisiert war. Er wirkte geistig abwesend, wurde schnell aggressiv, beschimpfte im Straßenverkehr die anderen Mopedfahrer auf eine Art und Weise, die ihr Angst einjagte. Schließlich musste er in eine psychiatrische Klinik. Danach erhängte er sich, man hatte ihm nicht helfen können. Er war die Liebe ihres Lebens gewesen. Daraufhin wurde sie ebenfalls depressiv. Sie merkte, dass die Welt gleichgültig für sie wurde und dass sie ebenfalls dazu tendierte, ihrem Mann zu folgen. Da sie aber eine kleine Tochter hatte, fühlte sie auch die Verpflichtung, für ihr Kind zu sorgen. Monate vergingen und als sie im Herbst mit ihrer kleinen Tochter an der Hand durch die Münchner Leopoldstraße ging, bemerkte sie plötzlich, wie wunderschön ein buntes Blatt aussah, das vom Baum herab segelte. Die Sonne schien und ließ die Farben aufleuchten. Sie kommen wieder, dachte sie, die Momente, in denen ich mich über etwas freuen kann. Es war für sie, als wäre sie aus einem geistigen Alptraum erwacht.

Immer wird es Augenblicke geben, an denen wir nicht achtlos vorbeigehen sollten. Auf der Biennale 2017 besuchte ich das »Theater der glühenden Dunkelheit« der dänischen Künstlerin Kirstine Roepstorff. Zunächst war das Publikum in völlige Finsternis getaucht. Wie eine Stimme erzählte, fühlte sich so auch die Seelenlage der Protagonistin an, die ihre Familie bei einem Verkehrsunfall verloren hatte. Irgendwann tauchten in dieser absoluten Dunkelheit kleine Lichtpünktchen auf, sie sahen wunderschön aus, allmählich wurden es mehr und sie erleuchteten einzelne Teile der Szenerie. Es waren sinnbildlich Lichtblicke, die Besserung aus dieser Trostlosigkeit versprachen.

Es geht doch nicht darum, das Leben perfekt zu gestalten, das wäre im Übrigen auch langweilig, sondern wir dürfen nicht versäumen, den Zauber im Alltag zu entdecken. Da ist die kleine Meise im Futterhäuschen, der Freund, der erkennt, wie schlecht es einem gerade geht und der einen umarmt, der Duft von frisch gebrühtem Kaffee oder von einem Stück selbstgebackenen Kuchen. Diese Form der Magie begegnet uns täglich, ohne dass wir sie in aller Regel bewusst registrieren. Vielleicht hilft es, solche Begebenheiten und Erlebnisse am Abend in ein Heft zu schreiben, um sie sich wieder zu vergegenwärtigen.

Selbst wenn man krank ist, Schmerzen hat oder gebrechlich ist, macht es Sinn, noch durch kleine besondere Erlebnisse an Lebensqualität zu gewinnen. Es kann sich um das Lächeln in den Augen des Partners handeln, um das eigene Lieblingsgericht oder um ein schönes Lied, das man hören kann.

Es geht um jene Momente, die trotz aller Schwierigkeiten noch in jedem Leben verbleiben und Gelegenheit zur Reflexion bieten. Immer wieder ist es möglich, dort einzukehren, im Großen wie im Kleinen: sei es beim Espresso im Café, beim morgendlichen Joggen oder beim abendlichen Gläschen Rotwein, bei einer Tasse Tee oder auch beim Kirchgang. Wir haben die Gelegenheit, kurz auszusteigen, innezuhalten, uns zu zentrieren, seelisch aufzutanken, um die inneren Ressourcen zu aktivieren.

Die Japanerin Kane Tanaka, die eine Zeitlang mit 117 Jahren die älteste Frau war, antwortete auf die Frage ihres Bürgermeisters, wann der glücklichste Moment in ihrem Leben war: »Jetzt« (Süddeutsche Zeitung, 6. November 2020).
Das, worauf wir unseren Fokus lenken, wird mehr. Deshalb sollten wir sorgsam damit umgehen.
Die schönste Zeit im Leben sind die kleinen Momente, in denen Sie merken, zur richtigen Zeit am richtigen Ort zu sein. Und manchmal begreifen wir erst das Glück, wenn es vorbei ist. Es kann sich in kleinen Alltagsdingen manifestieren, aber wir bemerken es nicht, weil wir damit beschäftigt sind, den (scheinbar) großen Dingen hinterherzujagen. In diesem Sinne: »Es blitzt ein Tropfen Morgentau, Im Strahl des Sonnenlichts. Ein Tag kann eine Perle sein und ein Jahrhundert nichts.« (Gottfried Keller)

Raus aus dem Tunnel – farbige Zukunftsvisionen

Stellen Sie sich vor, Sie befinden sich in einem dunklen Tunnel, sind von dicken Mauern umgeben, werden von allem Lebendigen abgeschirmt. Das Licht am Ende des Tunnels ist der Tod. So fühlt sich jemand mit Suizidfantasien. Das Lebendige und Anziehende scheinen sich irgendwo außerhalb seines Lebens zu befinden.

Solche Bilder im Kopf erzeugen Angst. Und dann gibt es andere, die vermitteln Mut und Zuversicht. Aber wie gelangen diese inneren Bilder in den Kopf? Und falls sie Angst erzeugen, wie lassen sie sich durch andere ersetzen?

Meine Patienten kommen zu mir, weil ihnen komplett die Vorstellung fehlt, dass es auch in ihrem Leben noch einmal besser sein könnte. Sie verzweifeln und wollen diesen Zustand möglichst rasch beenden.

Hat jemand Suizidgedanken, so sollte er sich zunächst neben der Situation, die ihm immer wieder durch den Kopf geht, vorstellen, welches Gefühl er dabei hat und welchen Satz er dabei denkt. Ist es Trauer wegen eines Verlustes, Wut wegen einer Kränkung – welches Gefühl ist es, das ihn antreibt? Dann sollte er dazu überlegen, wie das gegenteilige Gefühl, der gegenteilige Satz und die gegenteilige Situation aussehen könnten.

7.2 Raus aus dem Präsuizidalen Syndrom – ein Richtungswechsel

Die allermeisten Situationen sind nicht immer so ausweglos, wie es einem vorkommt, einer Trennung wohnt eine neue Möglichkeit inne, jeder Kündigung eine neue Jobchance, jedem wirtschaftlichen Ruin ein Neuanfang, jedem entronnenen Auftrag ein neuer. Wer am Ende ist, kann wieder neu beginnen. Umso wichtiger ist es, sich das genau auszumalen, mit dem entsprechenden Gefühl und dem besagten Satz.

Und wie können Sie als Angehörige dabei helfen?

Nehmen Sie mit dem Betroffenen ein Blatt Papier und stellen Sie sich vor ihrem geistigen Auge darauf eine riesige Bühne vor. Es handelt sich um Ihrer beider Lebensbühne. Gemeinsam beginnen Sie nun, diese Bühne mit all dem zu füllen, was Sie mit dem Begriff für Lebendigkeit verbinden. Sie zeichnen und schreiben einfach darauf los. Es kommt nicht darauf an, dass Sie Künstler sind. Sie füllen es mit allem, was Ihnen einfällt. Falls Sie etwas nicht zeichnen können, so schreiben Sie das Wort dafür hin.

Irgendwann versiegt der Arbeitsfluss wieder. Dann legen Sie Ihre Stifte beiseite und betrachten gemeinsam das Blatt. Wieviel Platz räumt sich jeder von Ihnen beiden ein? Was gefällt Ihnen noch nicht? Was aber gefällt Ihnen beiden? Was machen Sie gemeinsam, was macht jeder extra?

Und nun nehmen Sie ein weiteres Blatt. Wieder beginnen Sie darauf zu malen, dieses Mal überlegen Sie beide, was noch besser sein könnte als auf dem ersten Blatt. Arbeiten Sie wieder drauf los und überlegen Sie nicht lange. Nachdenken ist in diesem Fall kontraproduktiv, da es doch die Arbeit des Unterbewusstseins unterbricht. Erschaffen Sie als Regisseure Ihres Lebens eine neue Welt. Auch dieses Bild wird irgendwann fertig sein. Wir alle haben zwei Leben und das zweite beginnt, sobald man erkennt, dass man nur eins hat. Und so stehen wir vor einer Entscheidung.

Albert Einstein sagte einmal dazu: »mehr als die Vergangenheit interessiert mich die Zukunft, denn in ihr gedenke ich zu leben.« Und manchmal ist das Einzige, was zum Überleben hilft, sich zu entschließen, die schwere Zeit mit einem winzigen Funken Hoffnung durchzustehen.

Ermuntern Sie als Angehörige den Suizidgefährdeten, sich wieder positivere Visionen zu erschaffen. Sonst läuft er mit seinen Gedanken wie ein Pferd an der Longe immer im Kreis. Er wünscht sich dann eine bessere Zukunft, aber aus Angst realisiert er sie nicht. Hinter jedem nicht zugelassenen Wunsch steckt Angst, sie macht klein und begrenzt die Möglichkeiten. Deshalb fällt es so schwer, den Kreis zu verlassen, doch genau an diesem Punkt können Sie ihn unterstützen. Wichtig ist es durchzuhalten, denn Veränderungen passieren nicht von heute auf morgen.

8 Was Sie als Angehöriger sonst noch tun können – Sie könnten dem Betroffenen einen Brief schreiben …

> *In jedem Winter steckt ein zitternder Frühling,*
> *und hinter dem Schleier jeder Nacht verbirgt sich ein lächelnder Morgen.*
> Khalil Gibran

Manchmal fehlen den Angehörigen oder auch Freunden Worte, die mitteilen, wie wichtig es ihnen ist, dass der Suizidgefährdete seinen Entschluss noch einmal überdenkt. Unter Umständen kann es dann helfen, eine Vorlage für diesen Brief zu besitzen, der noch individuell angepasst werden kann.

Liebe/Lieber …,
momentan weiß ich nicht genau, wie es Dir geht, aber Du sollst wissen, dass ich mir Sorgen um Dich mache. Ich würde Dir gern helfen, weiß aber nicht genau, wie das am besten gehen könnte, deshalb schreibe ich Dir diesen Brief. Er gibt Dir auch die Gelegenheit, in Ruhe über den Inhalt nachzudenken und ihn gegebenenfalls öfter zu lesen.

Ich werde Dir nicht sagen, dass Du nicht an Selbsttötung denken sollst. Denn da Du diese Zeilen liest, gehe ich davon aus, dass Du Dich so schlecht fühlst, dass Du diese Gedanken auch nicht ohne Weiteres abstellen kannst. Es wäre am besten, neben Dir zu sitzen und mit Dir von Angesicht zu Angesicht offen und ohne Umschweife darüber zu sprechen. Aber ich habe dann Angst, dass mir die richtigen Worte fehlen.

Ich schreibe Dir diese Zeilen, weil Du mir wichtig bist und ich Dich auf keinen Fall verlieren möchte. Und ich frage mich, was ich tun kann, um Dich besser zu verstehen. In der letzten Zeit erschien es mir so, als ob Du Dich immer weiter zurückgezogen hast. Du sollst wissen, dass ich das schade finde.

Vielleicht steckst Du ja in einer Krise. Aber eine solche lässt sich immer am besten gemeinsam bewältigen. Dann wächst man daran und vermutlich wachse ich mit! Krisen sind erst einmal Herausforderungen, die dazu auffordern, sie zu bewältigen.

Ein möglicher Suizid ist keine freiwillige Handlung, sondern ein Gedanke, der uns von selbst überkommt, wenn unser Leid stärker ist als unsere Fähigkeit, mit diesem Leid fertig zu werden. Dazu möchte ich Dir ein paar Worte mitgeben. Glaube nicht, Du seist verrückt, egoistisch oder schwach, weil Du daran denkst, Dich umzubringen. Du bist auch kein schlechter Mensch. Wenn Du Dir das Leben nehmen möchtest, so muss das auch nicht zwingend bedeuten, dass Du tatsächlich sterben willst. Vielmehr ist es ein Ergebnis Deiner Verzweiflung. Deshalb solltest Du auch nicht Leuten zuhören, die Dir sagen: »Wegen so einer Kleinigkeit bringt man sich doch nicht um.« Sie können und wollen Dich nicht verstehen, sondern mit einer Floskel abspeisen.

Denn es kann Gründe geben, die in einem Menschen den Gedanken wachsen lassen, sich umbringen zu wollen. Und je nachdem, wie sensibel jemand ist, so ist auch der Schmerz für ihn mehr oder weniger erträglich. Was der eine im Leben aushält, muss nicht unbedingt für den anderen gelten. Es hängt auch von den Kräften ab, die dem Betroffenen zur Verfügung stehen, um mit diesem Leid fertig zu werden. Fühlt er sich darin überfordert, können Suizidgedanken auftauchen. Sie sind erst einmal weder gut noch schlecht und auch kein Ausdruck eines Charakterfehlers. Hinsichtlich einer moralischen Bewertung sind sie neutral. Sie entstehen lediglich aus einem Ungleichgewicht zwischen den inneren Ressourcen, den äußeren Hilfsmöglichkeiten und dem Leid.

Aber es gibt auch einen Ausweg. Du kannst Deine Suizidgedanken wieder verringern, vielleicht irgendwann sogar ganz abstellen. Dazu musst Du Kraftquellen suchen, an die Du vielleicht bis jetzt noch nicht gedacht hast. Eine davon ist die Möglichkeit, nicht aufzugeben und Dich doch noch jemandem anzuvertrauen. Das kannst Du mir gegenüber tun, aber es kann auch jemand anders sein.

Der vorweggenommene Tod ist nur scheinbar eine Erleichterung. Um sie wirklich zu empfinden, muss man das Leben spüren. Du findest sie nicht, wenn Du nicht mehr lebst. Deshalb ist der selbstgewählte Tod keine gute Lösung.

Oft sieht es auch so aus, als ob man nie wieder aus diesem tiefen Tal der Verzweiflung gelangen könnte. Dann ist es wichtig, sich einfach nur auf den nächsten Schritt zu konzentrieren und alles andere auszublenden. Und darauf zu hoffen, dass irgendwann alles besser sein wird, wenn der Schmerz nicht mehr an den Eingeweiden nagt. Ich weiß, dass dieser Tag kommen kann und es wäre schade, wenn Du ihn nicht mehr erlebst. Du sollst wissen, dass es schade um Dich wäre. Es gibt genau Dich nur einmal auf der Welt. Und auch, wenn vielleicht nicht alle Eigenschaften toll sind an Dir, so trägst Du auch welche, die Dich zu einem liebenswerten Menschen machen. Du musst es nur zulassen. Falls Du dabei Unterstützung brauchst, die ich Dir nicht geben kann, so schadet es nicht, wenn Du Dir dabei professionelle Unterstützung suchst. Du hast ja scheinbar nichts mehr zu verlieren, da macht es doch nichts, wenn Du das einfach mal ausprobierst. Und wer weiß – vielleicht hilft es Dir ja auch und Du entdeckst Gedanken, die Du so niemals hattest. Neugier und Offenheit für die Welt sind sicherlich dazu geeignet, dass Du Dinge in der Welt entdecken kannst, die Dir bisher verschlossen geblieben sind. Es wäre schade, wenn Du diese Möglichkeit ungenutzt verstreichen ließest. Und indem Du Dich wieder öffnest, entdeckst Du vielleicht weitere Leute, die sich wirklich für Dich interessieren und die gut zu Dir passen. Vielleicht erkundest Du auch neue Interessen, Länder, die Du zuvor so noch nie auf Deinem Plan hattest. Vergiss nicht, die Welt hält auch für Dich Möglichkeiten bereit, selbst wenn es zurzeit nicht so aussieht.

Ich werde an Dich glauben und würde mich freuen, wenn Du mich darin bestärkst.

Was Du aus meiner Sicht zuerst lernen musst, ist, Dich selbst zu lieben. Vielleicht hat Dir auch die Krisensituation das Gefühl vermittelt, dass Du es nicht wert bist zu leben.

Falls das der Fall sein sollte, dann überdenke bitte das Folgende: Stell Dir vor, man zerknüllt einen Fünfhundert-Euro-Schein und wirft ihn in eine Ecke. Aber selbst dann behält er seinen Wert. Jemand, der ihn findet, würde ihn sofort aufheben. Und Du behältst den Deinen auch, egal wie es gerade um Dich steht.

Sicherlich ist Deine Situation schwer auszuhalten, aber sie ist nicht ausweglos. Es gibt Menschen, die sich in einer ähnlichen Situation wie Du befinden, aber auch sie haben später eine gute Lösung für ihre Probleme gefunden. Nimm auch Du diese Chance wahr und lass Dir noch ein wenig Zeit mit Deiner endgültigen Entscheidung.

Vielleicht sagst Du Dir, dass Du noch einen Tag abwartest, eine Woche, einen Monat, oder noch länger. Bereits während Du diese Zeilen gelesen hast, warst Du mehr damit beschäftigt, diese Gedanken nachzuvollziehen, als Dir das Leben zu nehmen. Und das ist gut. Ein Teil von Dir möchte sterben, ein anderer gleichzeitig weiterleben. Richte bitte Deine Aufmerksamkeit auf diesen zweiten Teil. Das Leben bedeutet Veränderung. Immer wieder taucht Neues auf und es lässt uns staunen. Bis zum letzten Augenblick bleibt nichts wie es war. Wir haben bis dahin die Möglichkeit uns zu verändern, zu wandeln und auf Abenteuer einzulassen.

Indem wir den Tod akzeptieren, aber nicht idealisieren, gewinnen wir die Einsicht, welche Chance wir haben zu leben und welche großartigen Möglichkeiten damit verbunden sind. Das Leben ist ein Geschenk. Wir können es auspacken oder auch nicht. Es liegt an uns.

Ich wünsche Dir von Herzen, dass Du es schaffst.

Sei gegrüßt, ...

9 Schlusswort an das Leben ...

Die Kunst zu leben besteht darin zu lernen,
im Regen zu tanzen,
anstatt auf die Sonne zu warten.
Pierre Augustin Caron de Beaumarchais

Lohnt es sich, über den Sinn des Lebens nachzudenken? Was ließe sich jemandem entgegnen, der keinen sieht? Am Ende muss man doch sowieso gehen? Es ist fruchtbar, einmal den Staub vom Seelenspiegel zu wischen, um selbst eine gewisse Klarheit zu den Sinnfragen unseres Lebens zu gewinnen.

Vom Universum aus betrachtet wohnen wir auf einem winzigen Planeten. Unsere Sonne ist nur einer von vielen Milliarden Sternen in der Galaxie, die wiederum nur eine von unzähligen weiteren Galaxien ist.

Und nun stellen wir uns vor, dass wir vom Mars aus mit einem riesigen Teleskop auf die Erde blickten. Wir sähen, wie jeder Mensch auf unserem Planeten seinen Tagesgeschäften nachgeht. Vieles, was sich abspielt, bliebe so unverständlich und es wäre vermutlich schwer nachzuvollziehen, welche gewichtige Bedeutung die Leute all ihrem Handeln und ihren Äußerungen beimessen. Dabei ist ihre Zeit auf der Erde nur ein Flügelschlag der Geschichte. Unser Planet entstand vor 4,5 Milliarden Jahren, eine Milliarde Jahre später tauchten die ersten einzelligen Organismen auf und vor wenigen hunderttausend Jahren in einem Sekundenbruchteil der kosmischen Zeit tauchten wir Menschen auf. Gemessen daran währt unsere Existenz nur einen Augenblick, währenddessen sich unser Leben wie auf einer Bühne als Drama zwischen Gut und Böse abspielt. Und nun betrachten wir es individuell.

In gewisser Weise ähnelt unser Leben einer Reise mit dem Segelboot. Wir steigen ein und schon nehmen wir Fahrt auf. Manchmal wogen haushohe Wellen, dann wieder ist das Meer spiegelglatt. Was in der Tiefe des Meeres geschieht, bleibt für uns rätselhaft, wir spüren nur die Wirkung der Wellen auf unser Boot.

Je nachdem, woher der Wind weht, treibt er unser Boot mal in die eine und mal in die andere Richtung. Die Weite des Ozeans scheint dabei unüberschaubar zu sein und sie wird es ein Leben lang bleiben. Manchmal bereiten die Stürme des Lebens Extremes und Unvorhersehbares, ein anderes Mal treffen wir auf verborgene Strömungen und müssen lernen, mit ihnen umzugehen. Aber zum Glück sind wir nicht allein.

An Bord treffen wir zuerst unsere Eltern. Zunächst glauben wir, dass sie immer mit uns reisen werden. Wie sollen wir uns vorstellen können, dass sie irgendwann nicht mehr da sind? Aber dann steigen sie an irgendeinem Hafen aus und scheinen danach spurlos und für immer verschwunden zu sein. Wir müssen unsere Reise ohne sie fortsetzen, manch einer ist darüber erleichtert, aber viele sind bei dem Gedanken unendlich traurig.

Andere Menschen sind zugestiegen, Geschwister, Partner, Freunde, Kollegen, Nachbarn, Lehrer und viele weitere Begleiter. Ständig kommen neue Reisende an, während andere das Boot verlassen. Bei manchen merken wir nicht, dass sie ausgestiegen sind, andere vermissen wir schrecklich.

Immer wieder halten wir an den verschiedensten Häfen, mal ist es dort schön, mal auch furchtbar. Wir erleben angenehme Überraschungen oder erleiden tiefste Traurigkeit, Verzweiflung und Wut. Einige Menschen betrachten die Reise als Vergnügungsfahrt, andere werden seekrank.

Auf dieser Reise fällt auch manches buchstäblich ins Wasser. Es kann sich um eine zerbrechende Beziehung handeln, um einen Erfolg, für den wir unseren ganzen Einsatz gegeben haben, oder vielleicht um den Verlust unserer Ehre, weil sich herausstellt, dass wir doch nicht so tugendhaft sind, wie wir es uns gern wünschen würden und auch vorgemacht haben. Und dann würden wir am liebsten unser Lebensschiff verlassen, um hinterher zu springen. Wir gehen an der Reling auf und ab, überlegen, verwerfen, denken immer häufiger an den Sprung ins kalte Wasser, in uns tobt ein Kampf. Welche Seite wird gewinnen? Sind wir sicher, dass wir bei unserem kühnen Satz das finden, was wir uns erträumt haben? Oder ist es vielmehr eine Flucht vor den Lebensumständen, die nicht mehr auszuhalten sind? Wir müssen uns klar darüber werden, dass es nur ein Teil von uns ist, der springen möchte, während ein anderer weiterleben möchte. Genau dieser andere Teil ist stark und hat uns auch bisher immer am Leben gehalten. Falls es irgendwie möglich ist, sollten wir uns diesem zuwenden, denn sobald wir das tun, nimmt unser Leben wieder Fahrt auf.

Doch ob wir springen werden oder auch nicht, irgendwann werden wir am großen Welthafen eintreffen, den auch andere schon vor uns erreicht haben und nach uns erreichen werden.

Aber bis dahin werden sich unsere Lebensumstände wieder und wieder verändern, entweder durch uns oder durch äußere Ereignisse. Plötzliche Wendungen können unser ganzes Leben in negativer oder positiver Richtung auf den Kopf stellen. Mag eine Lage von außen auch hoffnungslos aussehen, sie muss dauerhaft nicht so bleiben: Nach einem Jahr, oder auch schon früher, kann der Wind wieder aus einer anderen Richtung wehen. Darauf müssen (und dürfen) wir uns einstellen.

Falls nötig, sollten wir eine Möglichkeit erkunden, Sitzplätze, die ungünstigen Witterungsbedingungen ausgesetzt sind, zu wechseln – sei es, dass wir bislang neben den falschen Leuten sitzen oder den falschen Beruf oder Arbeitsplatz ergriffen haben. Nur dann können wir uns neu entdecken. Es ist eine alte Weisheit: Wer am Ende ist, kann wieder neu anfangen, indem er die Stürme des Lebens als Herausforderung begreift und versucht, sie einfallsreich zu überwinden.

Im Nebel segeln wir nur auf Sicht und im Leben sind wir bei unlösbar erscheinenden Aufgaben häufig gut beraten, uns nur auf den darauffolgenden Schritt zu konzentrieren. Wie bei der Balance über eine Hängebrücke konzentrieren wir uns nur darauf, wohin wir unseren Fuß als nächstes setzen werden, statt in den lähmenden Abgrund zu blicken.

Falls aber, wie bei einer Krankheit oder unabwendbaren Not, keine Veränderung möglich ist, fällt es mitunter schwer, das Für und Wider des Weiterlebens gegeneinander abzuwägen. Eine solche Situation kann uns zu der Frage führen, ob unser Dasein für uns notwendigerweise noch einen Sinn hat – eine Frage, die wir uns in glücklichen Zeiten nicht oder seltener fragen würden.

Auf unsere Existenz übertragen heißt das, wir besinnen uns darauf, wo es uns noch gelingen kann, mit der Hilfe unserer geistigen Freiheit unser Leben bis zum letzten Atemzug sinnvoll zu erleben. Das schaffen wir nicht nur, indem wir uns selbst die Gelegenheit geben, die Schönheit, Natur und Kunst zu erleben oder selbst Schöpferisches hervorzubringen, sondern auch, indem wir uns vergegenwärtigen, dass das Schicksal, der Tod und auch die Not zu unserem Leben dazugehören. Die letzte Möglichkeit besteht dann darin, dass wir uns auf diese erzwungene Einschränkung unseres Daseins einstellen.

Aber warum sollte man sein Leiden aushalten müssen? Viktor Frankl beschreibt es so:

»[…] jene Einmaligkeit und Einzigartigkeit, die jeden einzelnen Menschen auszeichnet und jedem einzelnen Dasein erst Sinn verleiht, kommt also sowohl in Bezug auf ein Werk oder eine schöpferische Leistung zur Geltung, als auch in Bezug auf einen andern Menschen und dessen Liebe. Diese Unvertretbarkeit und Unersetzlichkeit jeder einzelnen Person ist jedoch das, was – zu Bewusstsein gebracht – die Verantwortung, die der Mensch für sein Leben und Weiterleben trägt, so recht in ihrer ganzen Größe aufleuchten lässt.« (Frankl 1998, S. 89).

Der Philosoph Friedrich Nietzsche fasste es mit seinen Worten so zusammen: »Wer ein Warum im Leben hat, erträgt fast jedes Wie.«

Aus dieser nicht gerade einfachen Lage das Beste zu machen, ist schwierig und umso wichtiger ist es dann, jemanden an der Seite zu wissen.

In der heutigen Zeit fühlen sich zu viele Menschen oft auf sich allein gestellt. Sie werden zu Einzelkämpfern, die verzweifeln, weil sie sich unverstanden fühlen. Zudem vermuten sie rasch, dass sie aufgrund ihrer Verzweiflung von den anderen abgewertet werden. Wie entlastend ist für sie der erste Schritt, wenn sie feststellen, dass es da doch noch jemanden gibt, dem sie vertrauen können, der sie versteht und unterstützt.

Einen Sinn an sich werden wir im Leben vergeblich suchen, denn im Gegenteil sind wir es, die dem Leben einen Sinn geben. Welcher das sein kann, ist für jeden Menschen komplett unterschiedlich und er wechselt auch immer wieder im Leben. Jeder Mensch, der vor mir in der Praxis sitzt, findet seinen ganz eigenen Sinn im Leben, der sich nicht mit dem eines anderen vergleichen lässt. Für den einen ist es die Familie, für den anderen seine Lebensaufgabe. Der Sinn des Lebens wechselt von Mensch zu Mensch und von Augenblick zu Augenblick. Allgemein kann diese Frage nicht beantwortet werden. Insofern kann man aus dem Leben keinen Sinn herausziehen, sondern man gibt ihn hinein. Insofern ist er auch jeweils ganz konkret. Dadurch hat jeder sein individuelles und einzigartiges Schicksal.

Der japanischen Philosophie zufolge hat ein jeder Mensch von uns seinen ganz eigenen Ikigai, seinen individuellen Grund für ein lebenswertes Leben. Der Begriff bedeutet wörtlich übersetzt »Lebenswert« (»iki« steht für »Leben« und »gai« für »Wert«) und das Konzept dreht sich darum, zu ermitteln, was das Leben für jeden Einzelnen lebenswert macht. Vereinfacht gesagt: Mit Ikigai könnten Sie herausfinden, aus welchem ganz persönlich lohnenden Grund Sie jeden Morgen aufstehen und einen neuen Tag beginnen. Ihren individuellen Sinn im Leben herauszufinden kann der Schlüssel zu einem langen, erfüllten Leben sein.

Besonders geprägt wurde der Begriff auf der japanischen Insel Okinawa, denn dort leben die ältesten Menschen der Welt, die meisten Hundertjährigen. Außer täglicher moderater Bewegung, gesunder Ernährung und einem Leben in Gemeinschaft mit Anderen wird im »Ikigai« einer der entscheidenden Gründe für ihr hohes Alter vermutet. Dort kennen die Menschen den Begriff »Ruhestand« nicht, sie bleiben zeitlebens aktiv. Ihr ganz persönliches Ikigai, ihr individueller Lebenssinn, gibt ihnen die nötige Motivation, am Morgen aufzustehen. Aber wie lässt sich der eigene Daseinssinn am besten ermitteln?

Im Ikigai geht man in diesem Zusammenhang von vier bedeutsamen Lebensbereichen aus, innerhalb derer sich in der Mitte eine Schnittmenge zusammenfindet und den eigenen Lebenssinn generiert. Im Einzelnen geht es darum, was man gern tut und liebt, was die Welt von einem braucht, womit man Geld verdienen kann und worin man talentiert ist. Anhand dessen lässt sich herausfinden, wer man selbst ist und wer man werden möchte.

Zum Einstieg in diese Thematik stellen sich die Japaner ein paar Fragen:

Was würden Sie tun, wenn Geld keine Rolle spielt? Was erfüllt Sie vollkommen? Wie könnten Sie die Welt ein Stück besser machen? Was würden Sie als Erstes tun, wenn Sie etwas in ihrem Leben verändern müssten? Es geht darum herauszufinden, ob man sich aus den falschen Gründen an bestimmte Dinge klammert und mit der Situation abfindet.

Aber nicht nur Fragen stellt das Ikigai, sondern es gibt auch ganz grundlegende lebensverbessernde Richtlinien an die Hand, auf deren Umsetzung sich der Einzelne im Alltag besinnen kann.

Nach dieser Auffassung ist es wichtig, sich mit Freunden und Menschen zu umgeben, die einen mögen, stets aktiv zu bleiben, ausreichend Selbstfürsorge zu betreiben, sich Zeit für die eigenen Träume zu nehmen und sie zu genießen, dankbar zu sein auch für die kleinen Dinge, hin und wieder Zeit in der Natur zu verbringen und stets neugierig zu bleiben.

Neugier ist eine wunderbare Grundeinstellung! So lange wir es schaffen, der Welt mit Offenheit zu begegnen, kann immer wieder auch eine Veränderung der Lebensumstände eintreten.

Ein neues Leben kann keiner anfangen, aber jeden Morgen einen neuen Tag beginnen. Und der gibt einem die Gelegenheit, etwas besser zu machen als zuvor. Falls man dabei nicht allein ist, sondern jemanden an seiner Seite hat, der sich für einen interessiert, Verständnis für die Sorgen und Nöte hat, dem man sich zutiefst verbunden fühlt, dann ist dieses Leben bereits deshalb schon lebenswert.

Ich möchte Ihnen in diesem Zusammenhang eine Geschichte erzählen, die aus einem Buch von Thomas Macho (2017, S. 97) stammt: Ursprünglich 1781 in der Correspondance secrète veröffentlicht erzählt die Geschichte von einem suizidalen Schuster aus Faubourg Saint-Germain.

> Gesegnet mit einer herrischen Gattin, einer widerspenstigen Tochter und einem unbegabten Sohn, pflegte der Schuster während des Tages Maß zu nehmen und seine Verkäufe abzuwickeln. Dann eilte er nach Hause, um in seinem Zimmer das dort versteckte Geld nachzuzählen und verbrachte den Abend in der Taverne, um mit seinen Freunden über Literatur zu diskutieren. Als er einmal spät in der Nacht, gegen Jahresende, nach Hause zurückkehrte, musste er entdecken, dass seine Frau mit dem Vorarbeiter durchgebrannt war, dass seine Tochter im Gefängnis saß, weil sie Fremden auf der Straße un-

ziemliche Avancen gemacht hatte, dass sein Sohn in die Armee eingetreten war, und dass, am schlimmsten von allem, sein ganzes Geld gestohlen war. Erschüttert von diesem Unglück beschloss der Schuster, sich das Leben zu nehmen. Er war schon dabei, sich die Kehle durchzuschneiden, als ihm einfiel, dass es in Paris nicht nur Mode war, Suizid zu begehen, sondern eben auch üblich, einen erklärenden Abschiedsbrief zu hinterlassen. Er legte also sein Messer nieder, ergriff die Feder, kritzelte wenige Zeilen und schloss mit einigen passenden Versen von Molière. Molière? Oder war es Jean-Baptiste Rousseau, fragte er sich. In Sorge, posthum einen Narren aus sich zu machen, entschied er, den Suizid auf den nächsten Tag zu verschieben, gerade lange genug, um seine Freunde über die Quelle der Verse konsultieren zu können. Der eine schrieb sie Corneille zu, der andere Marmontel. Am Ende gaben sie einander eine Woche, um die Angelegenheit zu klären. Während dieser Woche erkannte der Schuster, dass ihm seine Frau einen Gefallen getan hatte, indem sie ihn verließ, dass seine Tochter erhalten hatte, was sie für ihr Fehlverhalten verdiente, dass sein Sohn die Ehre hatte, dem König zu dienen, und dass er im Laufe der Zeit das Geld ersetzen konnte, das er gehortet und verloren hatte. So viel zu Suizidgedanken!

Was dem Schuster in seiner größten Not blieb, waren seine Freunde, seine Aufgabe und seine Ehre. Gemeinsam suchten alle nach einer Lösung, und er bemerkte gar nicht, dass ihm das genau half, wieder im Leben Fuß zu fassen.

Zu diesem Stichwort möchte ich ein kurzes Erlebnis schildern, dass vielleicht zum Nachdenken anregt und einen weiteren Punkt verdeutlicht.

Vor einigen Jahren rief mich in der Vorweihnachtszeit traurig eine Patientin an. Ihr Ehemann war ein brasilianischer Musiker, der unter anderem regelmäßig mit seiner Band in einer zentral gelegenen, bekannten Jazz-Bar in der Stadt auftrat. Am Abend zuvor war er plötzlich während seines Auftrittes auf der Bühne zusammengebrochen und schlagartig ins Koma gefallen. Der Notdienst brachte ihn auf eine Intensivstation. Dort wurde ein Aneurysma – eine kleine Gefäßausbuchtung im Gehirn – diagnostiziert. Es war geplatzt und hatte eine Hirnblutung verursacht. Kurz darauf verstarb er. Viele Jahre hatten er und seine Frau mal mehr und mal etwas weniger glücklich miteinander gelebt und sich immer geliebt. Und nun war er gerade in der Vorweihnachtszeit verstorben. Ich machte mir Gedanken, wie es gerade in dieser emotional aufgeladenen Zeit mit ihr weitergehen würde, als mich eine Nachricht auf dem Handy erreichte. Ich wurde eingeladen zu »seinem letzten Konzert«. Wie es weiter hieß, würden auch seine Bandmitglieder und weitere brasilianische Bands aus der Stadt kommen, um für ihn zu spielen.

Am Telefon bat mich die Patientin noch einmal darum zu kommen, weil sie Angst vor dem Abend hatte. Als ich eintraf, war die Bar brechend voll.

Auf der Bühne stand ein Stuhl für den Verstorbenen, »sein Stuhl«. Auf ihm befand sich ein Bild vom Verstorbenen, eine brennende Kerze und »sein Café«. Sehr liebevoll wurde seine deutsche Frau von den anderen Gästen umhegt.

Dann traten die Musiker nacheinander auf, spielten und sangen noch einmal für ihn und während sie ihre Lieder spielten, standen die Leute in der Bar einer nach dem anderen im Raum auf und begannen zu tanzen, bis die Tanzfläche dicht gefüllt war.

Zunächst fand ich es ungewohnt und seltsam, aber dann begriff ich die Absicht dahinter. Im Angesicht des Todes, der ständig und immer um uns alle herumschwebt, begreifen wir umso stärker, dass wir noch leben dürfen und dass es Sinn macht, sich lebendig fühlen zu können. Der Tod wurde nicht ausgeklammert, sondern er war präsent und integriert, auch durch den Stuhl mit dem Bild des Verstorbenen darauf symbolisiert. Die Bands spielten sich buchstäblich die Seele aus dem Leib, es war traurig und schön zugleich, aber genau so ist das Leben.

Wir sind umso lebendiger, je mehr wir das Leben bewusst im Kontrast zum Geheimnis des Todes sehen. Das Einzige, was wir sicher wissen, ist, dass wir jetzt in diesem Moment die Chance haben, bewusst zu leben und unsere Zeit zu nutzen, statt nur zu existieren. Wenn uns klar wird, dass wir sowieso sterben und den Tod als Teil unseres Lebens begreifen, werden sich Türen öffnen und wir werden wieder verstehen, was es bedeutet, zu leben.

Denn eines ist klar: Was nach dem Tod kommt, weiß keiner von uns. Anthony Hopkins hat es treffend formuliert: »Keiner von uns kommt lebend hier raus. Also hört auf, Euch wie ein Andenken zu behandeln. Esst leckeres Essen. Spaziert in der Sonne. Springt ins Meer. Sagt die Wahrheit und tragt Euer Herz auf der Zunge. Seid albern. Seid freundlich. Seid komisch. Für nichts anderes ist Zeit.«

Der Tod macht das Leben kostbar. Durch ihn wird uns bewusst, dass jeder Augenblick im Schlechten, aber auch im Guten unwiederbringlich ist und wir beginnen, unsere Zeit anders zu nutzen. Wir können sie genießen. Wir sprengen Grenzen, schreiten mutiger voran, setzen uns leichter über Konventionen hinweg, was haben wir zu verlieren? Wann sollen wir leben, wenn nicht jetzt?

In der Kommunikation mit jemandem, der überlegt, von sich aus dem Leben zu scheiden, sollten wir die eigene innere Haltung zum Leben nicht außer Acht lassen und reflektieren. Was macht eigentlich gerade mein Leben so lebenswert? Es lohnt sich, sich darüber im Vorfeld des Gespräches Gedanken zu machen, um sich darauf bewusst vorzubereiten und einzubringen.

Aus dem Blickwinkel unseres Universums betrachtet dauert unser Leben, wie gesagt, nur einen kurzen Augenblick. Wir bekommen diesen Moment hier auf der Erde als Geschenk. Wir können es auspacken oder wir lassen das bleiben. Es handelt sich da lediglich um die Option, bei der wir bis zuletzt selbst entscheiden dürfen.

Jeder ist seines Glückes Schmied, so heißt es jedenfalls. Allerdings kann es beim Schmieden unseres Glücks auch passieren, dass der Hammer den Daumen trifft. Dann fällt es schwer, nicht aufzugeben und weiterzumachen. Entscheidend ist, dass wir uns empfänglich halten für die Angebote, die das Leben uns macht. Tun wir das, können wir unser Potenzial entfalten und verhindern, dass wir unter unseren eigenen Möglichkeiten bleiben. Wir können offen und empfänglich sein, uns auf die Welt, auf die Menschen und die Natur einlassen.

Eines dabei ist klar: Unser Leben bleibt bis zum Schluss ein Spiel mit ganzem Einsatz und absolut unsicherem Ausgang. Unzählige Versuche, sich des Sinnes unseres Daseins zu versichern, wurzeln immer darin, die dem Leben innewohnende menschliche Unsicherheit zu überwinden. Aber gerade seine fortwährende Unberechenbarkeit bleibt eine fortwährende Einladung zur Selbstwerdung und zur Gestaltung des eigenen Lebens. Und das gelingt nur gemeinsam und niemals im Alleingang.

Und wir sind alle miteinander verbunden. Keiner kann isoliert auf dieser Welt leben. Deshalb sollten wir auch füreinander da sein, da wo es möglich ist, nur so hat das Leben auch eine Qualität. Die Werte im Leben sind eher im menschlichen Miteinander als in Konsum und Wirtschaftswachstum zu finden.

Der Sinn des Lebens ist das Leben selbst, wir geben unserem Leben eine individuelle Bedeutung.

Wenn wir uns lernend in diese Richtung bewegen, uns wieder mehr füreinander interessieren und uns alle ein bisschen mehr die Hand reichen statt einander zu bewerten, dann ist das Anliegen des Buches erfüllt.

Literatur

Alvarez A (1985) Der grausame Gott. Eine Studie über den Selbstmord. Frankfurt a. M.: Fischer.
Améry J (2012) Hand an sich legen. Diskurs über den Freitod. 14. Aufl. Stuttgart: Klett-Cotta.
Bandura A (1997) Self Efficacy. The Exercise of Control. New York: Worth.
Bauersima I (2003) Norway.today. Frankfurt am Main: Fischer.
Bleuler E (1983) Lehrbuch der Psychiatrie. 15. Aufl. Heidelberg: Springer.
Bloch E (1985) Das Prinzip Hoffnung. Bd. 3. 1. Aufl. Frankfurt a. M.: Suhrkamp.
Brandt H (2010) Am Ende des Lebens. Alter, Tod und Suizid in der Antike. In: Zetemata. hrsg. v. J Grethlein, M Korenjak und H-U Wiemer in Verbindung mit T Baier und D Timpe. München: C.H. Beck. S. 45–56.
Bräuning P (2019) Welttag der Suizidprävention: »Wer darüber spricht, der tut es nicht?« Vortrag von Prof. Dr. Bräuning am 10.9. 2019, Vivantes Humboldt-Klinikum Berlin.
Bridge JA et al. (2020) Journal of the American Academy of Child & Adolescent Psychiatry. Vol. 59 Issue 2. Reasons Why and Suicide Rates in the United States: An Interrupted Time Series Analysis. S. 11.
Bronisch T (2007) Der Suizid. Ursachen. Warnsignale. Prävention. 5. Aufl. München: C.H. Beck.
Bronisch T (2011) Depression und Suizidalität aus: Psychotherapie. Bd. 16, Heft 2. München: CIP-Medien: 347–362.
Bronisch T (2002) Suizidforen im Internet. Eine Stellungnahme zu Georg Fiedler und Reinhard Lindner; In: Wedler H, Wolfersdorf M, Fartacek R (Hrsg.) Suizidprophylaxe 29. Heft 3. Regensburg: Roderer. S. 111.
Bründel H (1993) Suizidgefährdete Jugendliche. Theoretische und empirische Grundlagen für Früherkennung. Diagnostik und Prävention. Weinheim/München: Juventa.
Bründel H (2004) Jugendsuizidaliät und Salutogenese. Hilfe und Unterstützung für suizidgefährdete Jugendliche. Stuttgart: Kohlhammer.
Buber M (2008) Ich und Du. Stuttgart: Reclam.
Durkheim E (1983) Der Selbstmord. Frankfurt a. M.: Suhrkamp.
Eisenberger N, Liebermann MD, Kipling W-D (2003) Does Rejection Hurt? An fMRI Study of Social Exclusion. In: Science. Bd. 302: 290–292.

Eink M und Haltenhof H (2009) Umgang mit suizidgefährdeten Menschen. 3. Aufl. Köln: Psychiatrie-Verlag.

Esch T (2014) Die Neurobiologie des Glücks. Stuttgart: Thieme.

Etzersdorfer E (2007) Psychodynamik der Suizidalität. Was fangen wir in der Praxis damit an? In: Wolfersdorf M (Hrsg.) et al. Theorie und Praxis der Suizidprävention. Regensburg: Roderer. S. 74–90.

Frankl VE (1998) ... trotzdem Ja zum Leben sagen. Ein Psychologe erlebt das Konzentrationslager. München: dtv.

Frankl VE (2020) Über den Sinn des Lebens, Weinheim: Beltz.

Freud S (1917) Trauer und Melancholie. Ges. Werke X. London: Imago.

Freud S (1999) Massenpsychologie und Ich-Analyse. Die Zukunft einer Illusion. Frankfurt a. M.: Fischer.

Gerngroß, J (Hrsg.) (2020) Suizidalität und Suizidprävention bei Kindern, Jugendlichen und Erwachsenen. Stuttgart: Schattauer.

Goethe, JW von (2005) Die Leiden des jungen Werther. Stuttgart: Reclam.

Haenel T und Walter P (1986) Erkennung und Beurteilung der Suizidalität. In: Kisker KP, (Hrsg.) Psychiatrie der Gegenwart. Bd. 2. Krisenintervention, Suizid. Konsiliarpsychiatrie. Berlin: Springer. S. 107–132.

Hegel GWF (2004) Grundlinien der Philosophie desRechts oder Naturrecht und Staatswissenschaft im Grundrisse. Werke in 20 Bänden mit Registerband, Band 7. 8. Aufl. Frankfurt am Main: Suhrkamp Verlag.

Henseler H (1984) Narzisstische Krisen. Zur Psychodynamik des Selbstmords. Opladen: Westdeutscher Verlag.

Hesse H (2011) Stufen. Ausgewählte Gedichte. 5. Aufl. Berlin: Insel.

Horn P (2011) Person droht zu springen. Ein Leitfaden zur Verhandlung mit Suizidanten. In: Notfall Rettungsmedizin 14. Heidelberg: Springer: 491–496.

Jaspers K (1932) Philosophie in 3 Bänden. Bd 2: Existenzerhellung. 1. Aufl. Berlin: Julius Springer.

Joiner Jr. et al. (2009) The Interpersonal Theory of Suicide. Washington DC: American Psychological Association.

Lindner-Braun Ch (1990) Soziale Motivationstheorie zur Erklärung von Selbstmord- und Selbstmordversuchshandlungen. in: Soziologie des Selbstmords. Opladen: Westdeutscher Verlag.

Lindner R (2006) Suizidale Männer in der psychoanalytisch orientierten Psychotherapie. Gießen: Psychosozial-Verlag.

Macho T (2017) Das Leben nehmen. Suizid in der Moderne. 2.Aufl. Frankfurt am Main: Suhrkamp.

Mann JJ, Currier D (2007) A review of prospective studies of biological predictors of suicidal behavior in mood disorders. Archives Suicide Research. London: Taylor & Francis.

Menninger K (1978) Selbstzerstörung. Frankfurt a. M.: Suhrkamp.

Niederkrotenthaler T, Voracek M et al. (2010) The role of media reports in completed and prevented suicide – Werther versus Papageno effects. British Journal of Psychiatry 197: 234–243.

Nietzsche FW (2014) Also sprach Zarathustra. Stuttgart: Kröner.
Omer H, Elitzur A (2003) Wie spricht man mit dem Menschen auf dem Dach? Psychotherapie im Dialog 4: 354–359.
Ostwald J (2017) Selbstmord? Suizid? Freitod? Selbsttötung? Suizidprophylaxe, Heft 3.
Patterson W et al. (1983) Evaluation of suizidal patients: the SAD PERSONS scale. Psychosomatics 24(4): 343–345, 348–34.
Philips D (1974) The Influence of Suggestion on Suicide: Substantive and Theoretical Implications of the Werther Effect. American Sociological Review Vol. 39: 340–54.
Platon (1990) Der Sophist. Ditzingen: Reclam.
Pöldinger W (1968) Die Abschätzung der Suizidalität. Bern: Huber Verlag.
Pöldinger W (1982) Erkennung und Beurteilung der Suizidalität. In: Christian Reimer (Hrsg.) Suizid. Ergebnisse und Therapie. Berlin: Stuttgart. S. 13–23.
Ringel E (1953) Der Selbstmord. Abschluss einer krankhaften psychischen Entwicklung. Wien: Mandrich.
Ringel E (1974) Selbstmordverhütung. Med. Mschr 3: 104–110.
Ringel E (1995) Die österreichische Seele. Zehn Reden über Medizin, Politik, Kunst und Religion. Wien: Europa Verlag.
Roeger L et al. (Jan 2011) Ärzteblatt PP 10: 25.
S3-Leitlinie/NVL Unipolare Depression (2015) 2. Aufl. Vers. 5, Langfassung: 162, Tab. 25.
Sato K (2021) IKIGAI. Wohlbefinden steigern nach fernöstlicher Philosophie. Japans Geheimnis für mehr Seelenruhe & ein erfülltes Leben. Independently published.
Schäfer M, Quiring O (2013). Gibt es Hinweise auf einen »Enke-Effekt«? Die Presseberichterstattung über den Suizid von Robert Enke und die Entwicklung der Suizidzahlen in Deutschland. Publizistik: 58 (2). S. 141–160.
Schmidtke A (1988) Verhaltenstheoretisches Erklärungsmodell suizidalen Verhaltens. Regensburg: Roderer.
Seligmann MEP (2016) Erlernte Hilflosigkeit. 5. Aufl. Weinheim: Beltz.
Sonneck G, Kapusta N, Tomandl G, Voracek M (Hrsg) (2016) Krisenintervention und Suizidverhütung. 3. Aufl. Stuttgart: UTB. S. 15, S. 201.
Stiglmayr C et al. (2005) Aversive tension in patiens with borderline personnality disorder. a computer-based controlled field study. Acta Psychiatrica Scandinavica 111(5): 372–379.
Teismann T, Dorrmann W (2014): Suizidalität. Göttingen: Hogrefe.
Turecki G, Brent D (2016) Suicide and suicidal behavior. The Lancet 30(1): 1227–1239.
Wolfersdorf M. (2008) Suizidalität. Nervenarzt 79: 1319–1334.
Wolfersdorf M, Etzersdorfer E (2022) Suizid und Suizidprävention. 2. Aufl., Stuttgart: Kohlhammer.

Zanarini MC et al. (2008) The 10-year course of physically self-destructive acts reported by borderline patients and axis II comparison subjects. Acta Psychiatric Scandinavica 117:117–184.
Zimbardo PhG, Gerring RJ (2008) Psychologie. München: Pearson..

Internetquellen

Bräuning P (2004) Psychoedukation bei bipolaren Erkrankungen. (http://www.dgpe.de/mediapool/60/601302/data Psychoedukation bei bipolaren Erkrankungen Psychoedukationskongress_1_Berlin_Abstracts.pdf, Zugriff am 25.01.2021).

Business Insider (2019) Woman charged in Boyfriend's suicide being arraigned. (https://www.businessinsider.de/international/woman-charged-in-boyfriends-suicide-being-arraigned-2019-11, Zugriff am 24.08.2021).

Deutsche Gesellschaft für Suizidprävention (DGS) – Hilfe in Lebenskrisen e. V. (http://www.suizidprophylaxe.de/Flyer%20DGS.pdf, Zugriff am 15.04.2021).

European School Survey (2013) Project on Alcohol and Other Drugs (http://www.drugcom.de, Zugriff am 29.01.2021).

Gupta S (2021) An Inspiring Story – Teaching great Lessons About Life (https://gkindshivani.wordpress.com/2015/11/06/did-you-know-what-were-the-last-words-of-steve-jobs, Zugriff am 24.08.2021).

Hahn T (2020) Kane Tanaka. Die 117 Jahre alte Japanerin wird nun zur Fackel- und Hoffnungsträgerin für die Olympischen Spiele. (https://www.sueddeutsche.de/meinung/profil-kane-tanaka-1.5107384, Zugriff 07.11.2020).

Hippokrates (2007) »Die epidemischen Krankheiten. Erstes Buch«, in Sämtliche Werke. Übersetzung Fuchs R. München, Lüneburg 1895, S. 106–107.

Kästner E (2007) »Kleines Solo«, in: Gedichte über die Liebe und andere unvermeidliche Dinge. Arche Verlag, Hamburg (vgl. auch https://www.deutschelyrik.de/kleines-solo.html).

Linija J (2017) Litauen: ein Land im Kampf gegen Selbstmord. (https://www.profil.at/ausland/litauen-selbstmord-8328230, Zugriff am 12.02.2021).

Max-Planck-Gesellschaft (2010) Gendefekt erhöht Selbstmord-Risiko. (https://www.scinexx.de/news/biowissen/gendefekt-erhoeht-selbstmord-risiko, Zugriff am 08.05.2021).

Medscape (2020) National Physician Burnout & Suicide Report 2020. The Generational Divide. (https://www.medscape.com/slideshow/2020-lifestyle-burnout-6012460, Zugriff am 24.08.2021).

Meidinger H-P (2006) Mobbing in der Schule. (https://www.bildungsklick.de/schule/detail/mobbing-in-der-schule, Zugriff am 14.04.2021).

Nationales Suizidpräventionsprogramm (2021) Suizidprävention ist möglich. http://www.suizidpraevention-deutschland.de, Zugriff am 24.08.2021).

Ng K (2021) Woman who almost jumped off bridge returns to post »Notes of hope« to save other people's live. (https://www.independent.co.uk/life-style/paige-hunter-sunderland-bridge-suicide-b1859195.html, Zugriff am 06.06.2021).

Psychiater im Netz (2018) Narzisstische Persönlichkeitsstörung oft kombiniert mit weiteren Störungsbildern. (https://www.neurologen-und-psychiater-im-netz.org/psychiatrie-psychosomatik-psychotherapie/ratgeber-archiv/meldungen/article/narzisstische-persoenlichkeitsstoerung-oft-kombiniert-mit-weiteren-stoerungsbildern, Zugriff am 14.02.2021).

Psylex (2015) Selbstmord, Suizid: Religion, Spiritualität. (https://psylex.de/stoerung/suizid/faktoren/religion, Zugriff am 20.02.2021).

Rowling JK (2015) (https://www.sueddeutsche.de/gesundheit/beruehmte-depressions-patienten-wenn-mein-schwarzer-hund-zurueckkehrt-1.2519325, Zugriff am 20.03.2020).

Ringel E (2015) Menschliche Fehlentwicklungen – Erkenntnisse und Lösungen. You Tube Interview in der Reihe Wertorientierte Entwicklungen. (https://www.youtube.com/watch?v=IeHsdhki8k4, Zugriff am 18.12.2020).

Schosser A (2019) Wie Gene das Suizidrisiko beeinflussen. (https://www.derstandard.de/story/2000109585198/wie-die-gene-das-suizidrisiko-beeinflussen, Zugriff am 7.010.2020).

Statista Research Department (2021) Anzahl der Suizide in Deutschland im Vergleich zu ausgewählten Todesursachen in den Jahren 2012 bis 2019. (https://de.statista.com/statistik/daten/studie/318378/umfrage/anzahl-der-suizide-in-deutschland-im-vergleich-zu-ausgewaehlten-todesursachen, Zugriff am 24.03.2021).

Statistisches Bundesamt (2021) Todesursachenstatistik: Suizide. (https://www.destatis.de/DE/Themen/Laender-Regionen/Internationales/Thema/bevoelkerung-arbeit-soziales/gesundheit/Suizid.html, Zugriff am 15.02.2021).

Till B, Arendt F, Scherr S, Niederkrotenthaler T (2018) Papageno – Effekt. Aufklärung durch andere Menschen mit eigenen suizidalen »Erfahrungen« kann Suizidgedanken verringern. (https://www.meduniwien.ac.at/web/ueber-uns/news/detailseite/2018/news-im-november-2018/papageno-effekt-aufklaerung-durch-andere-menschen-mit-eigenen-suizidalen-erfahrungen-kann-suizidgedanken-verringern, Zugriff am 24.02.2020).

Uhlmann B (2015) Wenn mein schwarzer Hund zurückkehrt. (https://www.sueddeutsche.de/gesundheit/beruehmte-depressions-patienten-wenn-mein-schwarzer-hund-zurueckkehrt-1.2519325, Zugriff am 12.12.2020).

Webb R, Kapur N (2015) Suicide, unemployment, and the effect of economic recession. (https://pubmed.ncbi.nlm.nih.gov/26359886/, Zugriff am 15.01.2021).

Woolf V (2022) https://de.wikipedia.org/wiki/Virginia_Woolf, Zugriff am 18.04.2022, Wikipedia, Virginia Woolf).

Sachwortregister

A

Abschiedsbrief 28, 64, 111, 128, 134, 213
Abweichung, sexuelle 75, 77
Adrenalin 39, 61, 192
Aggression, Aggressionen 29–31, 33, 45, 72, 112, 121, 138, 141, 174, 183, 195–197
Aggressionsumkehr 152, 153, 174, 195
Alkoholiker 70
Alkoholkonsum 68–70, 125
Alkoholmissbrauch 69, 124
Alter 18, 56, 64, 68, 88, 123–128, 131, 211
Ambivalenz 14, 33, 112, 150, 151, 172
Ambivalenzkonflikt 33
Amygdala 38, 39
Angst, Ängste 11–13, 15, 17, 37, 38, 51, 59–65, 67, 76, 82–84, 89, 99, 107, 116, 124, 125, 127, 128, 130, 131, 139, 142, 143, 145, 153, 158, 165, 166, 172, 173, 187, 198, 200, 202, 203, 214
Antike 20, 26, 81, 175
Anzeichen 133–135, 146

B

Behandlung, medikamentöse 74, 155
Beratungsstellen 70, 162, 163

Bewegung 87, 181–187, 211
Bewusstsein 17, 19, 20, 29, 179, 210
Beziehungen 20, 32, 33, 43, 45, 47, 54, 72, 73, 81, 83, 88, 107, 121, 122, 130, 177, 196
Bilanzsuizid 87–89
Bipolare Störung 55
Borderline 71–74
Borderline-Persönlichkeitsstörung 71

C

Christentum 24
Cortex, präfontaler 100

D

Denkeinengung 152
Depression 17, 29, 37, 40, 46, 47, 50–54, 56, 65, 108, 114, 121, 143, 153, 155, 163, 165, 185, 193
Dopamin 39, 40, 85, 186, 192

E

Einengung 26, 45, 138, 152, 153, 174
Einsamkeit 46, 69, 71, 73, 78–80, 85, 88, 121, 124, 138
Entschluss 18, 41, 74, 88, 112, 134, 144, 145, 150–152, 172, 203
Epigenetik 41
Erkrankungen, körperliche 125
Erwägung 59, 112, 150

223

Exclamo 104
Freitod 22, 23, 25, 26, 137

F

Fremdbestimmung 94, 95, 191

G

Gene 39, 41, 58, 66
Gesprächsleitfaden 165
Grundbedürfnisse 85, 86

H

Hilflosigkeit 15, 82, 141, 154, 155, 193
Hirnforscher 22

I

Identität 74, 83, 119
Ikigai 211, 212
Impulsivität 39
Impulskontrolle 72

J

Jugendliche 39, 68, 69, 101, 119, 121, 122, 142, 162, 163

K

Karoshi 97
Komorebi 99
Kontrollverlust 38, 130, 190
Krankheitsmodell 28, 36
Krise 30, 32, 36–39, 52, 80, 82, 83, 90, 91, 106, 109, 111, 113, 116, 137, 146, 153, 160, 168, 174, 187, 188, 204
Krisenkompass 164
Krisenmodell 36

L

Lebenskrise 89, 175
Liebeskummer 40, 85–87, 121, 142, 166, 181

M

Mandelkerne 120
Melancholie 30, 31
Mobbing 47, 99–101, 103–106
Mobbingopfer 103, 104

N

Nachahmungseffekt 10, 107
Narzissmuskrise 32
Netflixserie »13 reasons why« 109, 114
Noradrenalin 39, 41, 192
Notfallkoffer 74, 157
Notfallplan 160

P

Panikstörung 61
Papageno-Effekt 111–114
Patienten, depressiv 41
Politischer Suizid 107
Präsuizidales Syndrom 152
Psychologische Konzepte 28
Psychotherapeut 63, 143, 164, 173
Pubertät 90, 121, 136, 198

R

Reifungskrisen 90
Religion 43, 89, 188, 189
Ressourcen 34, 62, 97, 140, 199, 204
Risikofaktoren 46–48
Rituale 74, 178–181, 188

S

SAD-PERSONS-Skala 46
Schizophrenie 63–66
Schlafstörungen 36, 51, 57, 61, 62, 98, 147
Schuldgefühle 31, 51, 53, 131, 133, 146, 154, 159
Schutzfaktoren 46–48, 189
Sekten 116
Selbstmord 22, 23, 25, 42, 116, 134, 135, 152
Selbsttötung 15, 18, 23, 24, 27, 29, 45, 69, 87, 88, 107, 109, 111, 121, 128, 203
Selbstvertrauen 47, 63, 84, 155, 190
Selbstwertgefühl 32, 34, 54, 82, 85, 87, 101, 124, 153, 171
Selbstwirksamkeit 34, 190–193
Sinn 10, 18, 24, 28, 31, 35, 42, 51, 57, 91, 122, 136, 139, 150, 170, 173, 181, 184, 185, 193, 194, 199, 207, 209–211, 214, 216
Smartphone-App 104
Sozialpsychiatrische Dienste 163
Spiritualität 188, 189
Stadieneinteilung nach Pöldinger 150
Stress 34, 37, 40, 42, 73, 95, 107, 123, 172, 174, 192
Stress-Bewältigungsmodell 34
Suchterkrankungen 69
Suizid, erweiterter 118
Suizidäquivalente 27
Suizidfantasien 30, 152, 154, 174, 197, 200
Suizidforen 114–116
Suizidrate 15, 42, 55, 97, 106, 109, 177
Syndrom, postsuizidales 154

T

Telefonseelsorge 162, 164, 169
Theorie, interpersonelle 35
Theorie, verhaltenspsychologische 33
Todestrieb 31, 196
Trauer 30, 31, 92, 198, 200
Traumatisierung 35
Trennungen 33, 40, 54

V

Verlustgefühle 85
Vernunfthirn 37–39
Visionen 95, 130, 174, 197, 201

W

Warnsignale 69, 146
Wendung der Aggression 30, 196
Werther-Effekt 109–111
Wille 16, 22

Z

Zwischenhirn 37

Namensregister

A

Améry, Jean 137
Aristoteles 24

B

Bandura, Albert 109, 190–192
Bauersima, Igor 116
Beck, Aaron T. 54
Binder, Elisabeth 41
Bleuler, Eugen 33
Bloch, Ernst 12
Bräuning, Peter 56
Bronisch, Thomas 94
Buber, Martin 13

C

Christie, Agatha 181, 182

D

Derek, Humphry 110
Durkheim, Émile 42, 43, 45

E

Eisenberger, Naomi 100
Enke, Robert 110, 114
Esch, Tobias 192
Etzersdorfer, Elmar 47

F

Frankl, Viktor E. 91, 92, 150, 210
Freud, Sigmund 17, 28–32, 36, 128, 152, 176, 196

G

Gerngroß, Johanna 114, 121, 130
Gibbs, Jack P. 45
Goethe, Johann Wolfgang von 108, 181

H

Hale, Dorothy 134, 142
Hegel, Georg Wilhelm Friedrich 16
Hegesias 117
Henseler, Heinz 30, 32, 33, 83
Herrndorf, Wolfgang 137
Hesse, Hermann 59, 197
Hippokrates 90
Hoche, Alfred 87
Hopkins, Anthony 214
Hunter, Paige 156, 157

J

Jaspers, Karl 93, 131

Namensregister

K

Kahlo, Frida 134, 135
Kandel, Eric 63
Kapur, Navneet 106
Konfuzius 197

L

Lincoln, Abraham 195
Lindner, Reinhard 124
Loest, Erich 135

M

Macho, Thomas 212
Menninger, Karl 40
Merton, Robert King 45

N

Narziss 81, 82
Nietzsche, Friedrich 25, 210

P

Papageno 107, 111–114
Philips, David 109
Platon 22, 24
Pöldinger, Walter 148, 150

Q

Quiring, Oliver 110

R

Ringel, Erwin 29, 38, 96, 138, 152, 154, 174, 197
Roeger, Leigh 101
Rowling, Joanne K. 51

S

Sartre, Jean Paul 100
Schäfer, Markus 110
Schosser, Alexandra 39
Seligman, Martin 54, 193
Sonneck, Gernot 30, 36

T

Tanaka, Kane 200
Turecki, Gustavo 39

W

Walter T. Martin 13, 45, 52, 54, 59
Webb, Roger 106
Wolfersdorf, Manfred 27, 47, 171
Woolf, Virginia 64

Z

Zanarini, Mary C. 71